예민함의 힘

세상을 다르게 감지하는
특별한 재능

예민함의 힘

젠 그랜만 · 안드레 솔로 지음
고영훈 옮김

SENSITIVE

21세기북스

지나치게 과도한 세상 속 깊은 생각의 힘,

섬세하면서 예민한 사람들 모두에게

목차

1장 예민함: 약점일까? 특별한 능력일까? 21

과도한 자극으로 가득한 세상 | 예민함과 수치심 | 예민함이란? | 예술가와 천재
만 예민한 것은 아니다 | 나는 얼마나 예민할까? | 예민할수록 뛰어나다 | 그들의
특별한 능력 | 예민한 사람의 뇌 작동 방식 | 뛰어난 지능과 공감 능력 | 예민함의
특징 | 예민함을 손가락질하는 사회 | 예민한 사람들의 관점: 센서티브 웨이

2장 예민함이라는 재능 59

전설적인 록가수의 예민함 | 예민함을 결정하는 유전자 | 사회적 예민성 유전자 |
센서티브 부스트 효과 | 예민함의 3가지 유형 | 트라우마와 예민함의 연결 고리 |
태아기 스트레스와 예민함의 강도 | 유전인가, 환경인가? | 장점을 극대화하는 특
성: 밴티지 예민성 | 예민한 사람의 무한 성장 | '지금'을 결정하는 능력

8장　예민한 사람들의 업무 능력　237

예민한 직원과 예민한 리더 | 예민한 직장인의 업무 환경 | 예민한 직장인의 정서 환경 | 의미 있는 일에 대한 열망 | 그들에게 가장 좋은 직업 | 딥 워크와 느린 생산성 | 예민한 사람들의 딥 워크 | 잡 크래프팅: 지루한 일을 의미 있는 일로 바꾸기 | 잡 크래프팅의 효과 | 업무 방법 조정 | 건강한 업무 관계 맺기 | 직급에 따른 잡 크래프팅 | 가치 있는 일

9장　예민함이 필요한 사회　267

예민함과 성공한 뉴딜 정책 | 능력 기르기, 자신감 키우기 | 예민한 리더의 강점 | 세심한 직관 따르기 | 수치심의 악순환에서 벗어나기 | 예민하다는 자부심 | 예민함 포용 연습 | 타인에게 나의 예민함 소개하기 | "왜 그렇게 예민해?"라는 말은 가스라이팅이다 | 예민함을 받아들이는 사회

한 소년과 한 소녀의 이야기로 시작해보자. 한 번도 만난 적이 없지만, 그들의 이야기는 똑같이 시작된다. 미국 중서부 출신인 소년과 소녀는 부모님이 노동자이고, 가정 형편은 넉넉하지 않다. 두 가족 모두 소년과 소녀를 어떻게 대해야 할지 모른다. 다른 아이들과는 다르다는 것이 서서히 나타났기 때문이다.

때때로 소년은 정상적으로 보인다. 유치원의 규칙을 잘 따르고, 선생님께 공손하며 다른 아이들에게도 친절하지만, 쉬는 시간만 되면 움츠러든다. 놀이터의 무언가가 소년에게 너무 과한 것 같다. 그래서 소년은 발야구나 술래잡기, 정글짐에 참여하는 대신 도망친다. 그렇게 소년은 비명과 웃음소리를 피해 그가 찾을 수 있는 유일한 공간인 오래된 배수관으로 숨는다.

처음에는 선생님들도 눈치채지 못했다. 하지만 어느 날 그는 공을 가지고 사라진다. 귀엽게 보일지도 모르지만, 다른 아이들은 소년이 공을 가지고 도망치는 것을 보고 불평한다. 그때 선생님들이 그를 발견하고 걱정하기 시작한다. 부모 또한 소년이 왜 배수관에 숨는지, 거기서 무엇을 하는지 이해하지 못한다. 조용하기 때문이라는 그의 대답은 도움이 되지 않는다. 부모는 소년에게 아무리 시끄럽고 지나치게 자극적이더라도 다른 아이들과 노는 법을 배워야 한다고 말한다.

그에 반해 소녀는 도망치지 않는다. 오히려 소녀는 사람들의 마음을 읽는 데 재주가 있다. 그녀는 친구들의 리더가 되어 아이들이 무엇을 원하는지, 무엇이 그들을 행복하게 해줄지 쉽게 알아챈다. 곧이어 소녀는 게임과 상품이 가득한 가족 모임, 핼러윈을 위한 유령의 집 등 동네 이벤트를 맡아서 꼼꼼히 준비한다. 이벤트는 몇 주간에 걸친 노력이 필요한 일이지만, 소녀는 모든 세부 사항을 빠짐없이 준비한다. 하지만 정작 중요한 그날이 오면, 소녀는 다른 아이들처럼 인형극을 보면서 재미있다고 소란을 떨거나 게임을 즐기며 신나게 돌아다니지 않는다. 대신에 신경이 예민해진다. 지나치게 많은 사람과 지나치게 많은 감정, 지나치게 많은 웃음과 소리가 있기 때문이다. 사람들이 웃고 떠드는 야단법석에 소녀는 기가 질린다.

소녀가 과도한 자극을 받는 것은 이뿐만이 아니다. 옷감이 피부를 자극하지 않도록 옷을 수선해 입어야 한다(엄마의 말에 따르면 소녀가 아기였을 때는 양말이 달린 유아복에서 양말을 잘라야 했다고 한다). 여름에는 일주일간 열리는 캠프에 가는 것이 신나지만, 엄마는 그녀를 매일 일찍 집에 데리고 와야 한다. 수 십 명의 어린 소녀들의 감정과 호기심에 시끄러운 침대에서 잠을 잘 수 없기 때문이다. 소녀의 예민한 행동은 사람들을 놀라게 하고 실망하게 하며, 사람들의 반응은 거꾸로 소녀를 놀라게 하고 실망하게 한다. 부모는 소녀의 행동을 보며 '아이가 현실 세계를 감당할 수 없으면 어쩌지?' 하는 걱정을 시작한다. 그럼에도 엄마는 최선을 다해 소녀를 격려하고, 아빠는 머릿속으로만 생각하지 말고 소리 내어 말해야 한다고 소녀에게 상기시켜 준다. 하지만 소녀는 생각이 너무 많다. 사람들은 그녀에게 예민하다고, 그건 고쳐야 할 부분이라고 말한다.

반면 소년을 예민하다고 말하는 사람은 아무도 없다. 자신의 학년을 뛰어넘는 수준에서 글을 읽고 쓰는 것을 보고 어른들은 그를 영재라고 부르며, 점심시간을 학교 도서관에서 보내도 좋다고 허락한다. 그는 급식실의 와자지껄한 소리에서 해방되어 마음이 편안해진다. 친구들은 소년을 두고 어른들과 다르게 말한다. 이상한 아이라고, 심지어 '쪼다'라고 부르기도 한다. 하지만 그는 감정을 숨기지 못하고, 학교에서 울기도 하며, 자신이 피해자가 아니더라도 괴롭힘을 당하는 것을 보면 마음이 무너진다.

소년은 해가 갈수록 점점 더 그렇게 되어간다. 다른 아이들은 파티에 가는 대신 소설을 쓰고, 축구 경기보다는 숲에서 산책하는 것을 더 좋아하는 꿈 많은 소년을 존중하지 않는다. 그리고 그도 다른 아이들의 인정을 받기 위해 경쟁하는 데 관심이 없다. 하지만 소년은 그에 대한 대가를 치른다. 아이들은 복도에서 소년을 밀치고, 점심시간에는 조롱하며, 체육 수업에서 게임을 할 때는 그에게 집중포화를 쏟아붓는다. 소년은 너무 순하고 약해서, 심지어 학년이 높은 한 여학생은 소년의 셔츠에 매직펜으로 외설스러운 글을 쓰면서 소년을 괴롭힌다. 괴롭히는 사람을 다루는 방법은 그 사람의 얼굴에 주먹을 날리는 것이라고 아빠는 말하지만, 소년은 자신이 당하는 일들을 부모님에게 털어놓지 않는다. 그리고 소년은 그 누구에게도 주먹을 날린 적이 없다.

소녀와 소년은 각자의 삶에서 자신과 같은 사람은 세상에 없다고 생각한다. 그리고 둘 다 탈출구를 찾는다. 먼저 소녀에게 해결책은 집에 틀어박히는 것이다. 고등학교에 진학하면서부터는 하루하루가 숨 막히고, 피곤해서 집에 돌아오면 친구들을 피해 방에 숨는다. 가끔 아파서 학교에 가지 않고 집에 있으면 부모님은 괜찮다 하시지만, 그녀는 부모님이 자신을 걱정하는지 궁금하다. 소년은 탈출구로 강하게 행동하는 법을 택한다. 마치 모든 사람과 대적할 수 있는 것처럼 누구도 신경 쓰지 않는 것이다. 그런 태도는 어른이 쓰는 군모처럼 그에게 잘 맞는다. 의도한 것은 아니지만 다른 아이들은 소년을 존중하는 대신에 완전히 피한다.

곧 소년은 학교를 빼먹고 자신과 같은 감정을 느끼고, 세상을 보는 방식에 대해 비판하지 않는 예술가 무리와 어울리게 된다. 소녀는 사이비 교회에 들어간다. 교회 사람들은 그녀를 이상하다고 생각하지 않고, 마음의 안식을 준다. 자신들이 말하는 모든 것을 따르는 한, 그들은 그녀가 특별한 힘, 심지어 특별한 목적을 가지고 있다고 생각한다.

예민한 사람을 정상이라고 말하는 사람은 아무도 없다. 하지만 예민한 사람이 그 재능을 사용하는 법을 배운다면 놀라운 일들을 할 수 있다.

누락된 성격 특성, 예민함

일반적으로 '예민하다'는 것은 '감정을 크게' 느낀다는 의미일 수 있다. 기뻐서 울고, 상대의 따뜻함에 어쩔 줄 모르며, 비판에 풀이 죽는 것이다. 또한 온도, 향기, 소리에 예민한 '신체적'인 것일 수도 있다. 점점 더 많은 과학적 증거가 이 2가지 유형의 예민함이 실재하고, 실제로 동일하다는 것을 보여준다. 신체적 예민함과 정서적 예민함은 매우 밀접하게 연관되어 있기 때문에 두통을 없애기 위해 타이레놀을 복용하면 약효가 사라질 때까지 공감 테스트 점수가 낮아진다는 연구 결과가 있다.

예민함은 인간의 본질적인 특성이며, 우리 인간의 가장 좋은 자질과도 관련이 있다. 하지만 과학계가 예민함에 대해 많은 연구를 하고 있음에도 여전히 대중에게는 널리 알려지지 않았다. 오늘날 과학자들은 기술의 발전 덕분에 사람이 얼마나 예민한지를 안정적으로 테스트할 수 있다. 기능적 자기공명영상(fMRI) 촬영으로 예민한 사람들의 뇌에서 차이를 발견할 수 있으며, 과학 연구를 통해 예민한 사람들의 행동을 정확하게 파악할 수 있고, 예민할 때 얻을 수 있는 강력한 이점도 파악할 수 있다. 하지만 사람들(당신의 상사, 부모님, 배우자 등) 대부분 예민함을 실제 측정 가능한 성격 특성으로 생각하지 않는다.

더 큰 문제는 예민함이 부정적인 기질로 여겨지는 경우가 많다는 것이다. 우리는 아이들에게는 "그만 울어!" 또는 "유난 떨지마!"라고 말하며 용기를 잃게 하고, 어른들에게는 "넌 과민 반응이야."

또는 "넌 너무 예민해."라고 말하며 상처를 주기도 한다. 우리는 이 책이 이러한 인식을 바꾸기를 바란다. 면접이나 첫 데이트에서 "저는 매우 예민해요."라고 말해도 좋게 생각할 수 있도록 '예민하다'는 말이 일상적인 대화에서 흔히 쓰이는 세상을 상상해본다. 어려운 일이지만 불가능한 것은 아니다. 한때는 내성적이라는 단어도 꺼리는 단어였지만, 오늘날에는 자신을 내성적이라고 소개하는 것이 이상하지 않다. 우리는 예민함에 대해서도 마찬가지인 세상을 만들고 싶다. 이 인간 본연의 특성을 폄하하지 않는다면 예민한 사람들은 자신의 역량을 제대로 펼치며 성공하게 될 것이라고 믿는다. 그리고 사회는 그들의 독특한 재능으로부터 이익을 얻을 것이다.

지난 10년 동안 우리는 예민함이란 무엇인지에 대해 사람들에게 알리기 위한 목적으로 많은 대화를 해왔다. 예민함에 대해 알게 되면 빠져있던 퍼즐이 제자리로 돌아가 채워지는 느낌이 든다. 내가 누구인지 그리고 왜 내가 이렇게 행동하며 이 일을 하고 있는지 깨닫게 되거나 예민한 아이, 동료, 또는 배우자를 지금까지와는 다른 방식으로 이해할 수 있게 된다. 그러므로 우리는 예민함이 종종 누락된 성격 특성이라고 생각한다. 예민함은 일상적인 대화와 사회적 인식에서 빠져 있다. 학교, 직장, 정치, 제도, 가족, 인간관계에서도 누락되어 있다.

이 누락된 인식의 회복이 중요하다. 예민한 사람들이 앞의 소년과 소녀처럼 자신을 숨기거나, 세상과 위화감을 느끼는 것도 이 때문이다. 아마도 예민함에 대한 인식은 당신의 삶에서도 사라졌을 것이다. 그렇다면 이 책에서 위안을 얻고 자신에 대해 더 깊이 이해하게 되기를 바란다.

이 책을 읽어야 할 사람들

이 책은 3가지 유형의 사람들을 위한 책이다. 첫 번째는 자신이 예민하다는 것을 이미 알고 있는 독자이며, 심지어 자신이 '매우 예민한 사람'이라고 생각하는 사람이다. 당신이 여기에 해당한다면 이 책의 모든 내용이 도움이 될 것이며 새로운 것을 배울 수 있다. 우리는 여러 분야에 걸친 최신 연구를 바탕으로 당신의 엄청난 재능을 활용하고 과도한 자극으로부터 자신을 보호하는 데 필요한 도구를 제공하고자 한다. 예민하다는 것에 대한 세상의 편견을 뒤집을 수 있도록 돕는 것이 우리의 목표다. 강압적인 세상에서 성공하는 방법, 수치심에 기반한 패턴을 바꾸는 방법, 리더가 필요할 때(당신이 리더처럼 느껴지지 않더라도) 어떻게 나서야 하는지를 배울 것이다. 우리는 당신이 점점 더 시끄럽고 잔인한 세상에서 예민함이 정상으로 받아들여지는 더 나은 시대를 앞장서 주장할 수 있길 바란다.

두 번째는 자신이 예민하다고 생각한 적이 없지만 이제야 의문을 품기 시작한 사람이다. 아마도 당신은 상황에 대해 생각하고 반응하는 방식이 남들과 다름을 알고 있었을 것이다. 당신은 겉으로 드러나지 않는 내면의 깊은 예민함을 가지고 있었을지도 모른다. 아니면 지금까지 설명한 내용에서 자신의 일부를 인식하기 시작한 것일 수도 있다. 당신이 이 유형이라면 이 책이 당신에게 몇 가지 답을

예민함의 힘

줄 수 있기를 바란다. 다른 사람들도 당신과 마찬가지로 고군분투하고 있고, 당신 혼자만의 경험이 아님을 알면 마음이 편안해질 수도 있다. 그리고 자신을 예민한 사람이라고 지칭하는 것에 기분 좋아질 수도 있다. 예민한 사람들이 이미 알고 있듯이 단어, 이름, 호칭에는 힘이 있다. 어떤 것에 이름을 붙이면 그것을 이해하고 건강한 방식으로 받아들이며 육성하는 데 도움이 된다.

세 번째 유형의 사람은 우리의 소중한 손님이다. 이 책을 친구, 배우자, 자녀, 직원에게서 건네받은 독자들이다. 책을 건넨 사람은 자신이 예민한 사람이라는 것을 알고 있고, 당신이 자신을 이해해주기를 원하고 있다. 이는 신뢰의 표시이며 그는 남들이 약점으로 볼까 봐 지금까지 예민함을 드러내는 데 신중했을 것이다. 또는 자신이 예민하다는 것을 말로 표현하려고 고심했을 수도 있다. 그 사람은 당신이 자신의 경험과 욕구를 이해하고 타당한 것으로 받아들여 주길 바라고 있을 것이다. 당신이 자신의 편이 되어달라고 요청하고 있다.

이 책이 담고 있는 내용

이 책의 전반부에서는 예민하다는 것이 실제로 무엇을 의미하는지, 예민한 사람들이 세상에 가져다주는 강점은 무엇인지 명확하게 파악할 수 있다. 그리고 자신이 어떤 부분에 예민한지 알아보고 자신이 예민한 사람인지 스스로 판단하는 데 도움이 될 것이다. 우리는 예민함의 과학적 근거와 모든 예민한 사람들이 가지고 태어난 다섯 가지의 강력한 재능에 대해 알아볼 것이다. 또한 이러한 재능에 따른 대가인 과도한 자극과 예민한 사람들이 어떻게 그 대가를 극복하고 성공할 수 있는지에 대해서도 살펴볼 것이다. 마지막으로, 오해받는 재능 중 하나인 공감을 확대하여 상처의 원천에서 세상을 변화시키는 힘으로 바꾸는 방법을 살펴본다.

이 책의 후반부에서는 구체적인 내용을 다룰 것이다. 예민한 사람은 어떻게 삶에서 성공하고, 그들의 욕구는 덜 예민한 사람과 무엇이 다른지, 사랑과 우정, 예민한 아이 키우기, 의미 있는 커리어 구축, 예민한 리더의 강력한 특성들을 살펴볼 것이다. 마지막으로, 예민함을 숨기지 않고 소중히 여기는 방법을 통해 다음 단계로 나아갈 수 있는 그림을 그려본다. 시끄럽고, 빠르고, 너무 많은 정보가 넘쳐나는 세상, 점점 더 각박해지고 분열되는 세상에 살고 있지만, 지금이 바로 예민함을 키우기에 가장 좋은 시기라고 믿는다. 예민한 사람들의 강점을 인식할 수만 있다면 그들은 지금 이 세상에 가장 필요한 리더, 치유자, 선구자이다.

예민한 사람은 강하다

소년과 소녀가 깨달은 것처럼 이 모든 것이 쉬운 일은 아니다. 성인이 된 두 사람은 해결책의 절반만 찾았다. 소년은 마음의 자유를 위해 독립적인 생활 방식을 구축했고, 책을 쓰는 동안 자전거를 타고 멕시코를 횡단하며 별빛 아래에서 잠을 잤다. 그것은 의미 있는 삶의 방식이었고, 과도한 자극에 대해 걱정할 필요도 없었다. 하지만 그는 여전히 자신이 예민하다는 것을 부정했고 자신의 강렬한 감정을 숨겼다.

소녀는 자신이 예민하고 모든 일을 마음으로 이끌고 있다는 것을 잘 알고 있었지만, 자신에게 맞는 삶을 만들기 위해 고군분투했다. 그녀는 자신의 삶을 의미 있는 것으로 채우기 위해 언론, 마케팅, 교육 등의 경력을 쌓았지만, 그 일들은 매일 그녀의 예민한 마음을 강타했다. 그녀는 다시 지쳐가는 자신을 느낄 수 있었다.

그러던 중 두 사람이 만났고, 신기한 일이 일어났다.

소녀는 소년에게 예민하다는 것이 무엇을 의미하는지 알려주었고, 소년은 마침내 자신의 감정을 숨기지 않게 되었다. 소년은 소녀에게 더 이상 지치지 않는 다른 삶을 사는 방법을 알려주었다. 곧 그들은 힘을 합쳤다. 그들은 함께 일하기 시작했고, 웹사이트를 설립했으며 조금씩 행복한 삶을 구축해 나갔다.

그리고 이 책의 저자가 되었다.

그 소녀와 소년이 바로 우리다. 젠은 사이비 교회에서 벗어나 타인의 인정이 아닌 자기 내면에서 힘을 얻는 삶을 만들었다. 안드레는 자전거 여행을 중단하고(언제 또 떠날지 모르지만), 자신의 예민한 마음에 자부심을 느끼는 법을 배웠다. 그리고 함께 예민한 사람들을 위한 세계 최대 규모의 웹사이트인 센서티브 레퓨지Sensitive Refuge를 만들었다. 우리는 예민한 사람이고, 이를 자랑스럽게 생각한다.

우리의 이야기는 예민한 사람이 강해질 수 있는 수많은 방법의 하나에 불과하다. 모든 예민한 사람은 자신의 길을 선택할 수 있다. 하지만 우리가 모두 취해야 할 한 가지 단계가 있는데, 그것은 바로 예민함을 결점으로 보지 않고 재능으로 보는 것이다.

1장

예민함: 약점일까?
특별한 능력일까?

혼란을 참을 수가 없다. 나는 시끄러운 환경을 아주 싫어한다.
예술은 나를 울게 하지만 나는 이상한 사람이 아니다.
매우 예민한 사람의 전형적인 예일 뿐이다.

-앤 마리 크로스와이트 Anne Marie Crosthwaite

과도한 자극으로 가득한 세상

피카소가 물랑루즈에서 춤을 추었던 1903년, 밤새도록 클럽에는 불이 꺼지지 않았으며, 유럽의 도시들은 떠들썩하게 새로운 시대를 맞이했다. 전차는 통근자들을 마차로 가득 찬 거리로 빠르게 실어 날랐고, 전보는 멀리 떨어진 곳들을 연결했으며, 속보는 단 몇 분만에 대륙을 가로질러 전달되었다. 축음기에서는 파티를 위한 음악이 요란하게 흘러나오는 등 기술은 집 안으로 들어와 사람들을 매료시켰다. 이 노래는 영화관에서 저녁 시간을 보내는 전주곡이었을 수도 있고, 현대식 하수도를 설치하기 위해 도로를 뜯어내는 소리를 덮어버렸을 수도 있다. 농촌 또한 처음으로 기계화된 장비를 사용하는 농민들이 생겨나면서 활기가 넘쳤다. 삶은 변화하고 있었고, 사람들은 진보는 좋은 것이라고 믿었다.

독일 도시 드레스덴도 뒤처지지 않으려 했다. 드레스덴의 지도자들은 드레스덴의 발전을 과시하고 다른 도시들의 성취를 따라 하길 원했다. 엑스포 개최를 위한 투표가 진행되고 위원회가 구성되었으며, 도시 전역에 걸쳐 열린 엑스포에는 일련의 공개 강연이 진행되었다. 연설자 중 한 명은 초기 사회학자 게오르크 짐멜Georg Simmel이었다. 지금은 거의 아는 사람이 없지만 당시만 해도 짐멜은 영향력 있는 학자였다. 그는 인간의 상호 작용에 과학적 접근법을 최초로 적용한 사람 중 한 명이었고, 인간의 행복에 있어 돈의 역할에서부터 사람들이 바람을 피우는 이유까지 현대 생활의 모든 부분을 다루었다. 시 공무원들은 그가 문명의 진보를 칭송하길 바랐지만 그건 큰 오산이었다. 짐멜은 연단에 올라 자신에게 주어진 연설 주제를 빠르게 버렸다. 그는 현대 생활의 찬란한 아름다움이 아닌 그것이 인간의 영혼에 미치는 영향에 대해 설파했다.

그는 혁신이 우리에게 더 많은 효율성을 가져다주었지만, 인간의 두뇌와 그 능력에는 부담을 가중했다고 주장했다. 짐멜은 시끄럽고, 빠르며, 과도한 일정에 시달리는 세상에서 '외부 및 내부의 자극'이 끊임없이 쏟아져 나온다고 설명했다. 그는 인간은 한정된 '정신력'을 가지고 있으며 현재 우리가 어느 정도 알고 있는 것처럼 매우 자극적인 환경이 인간의 정신력을 훨씬 더 많이 소모한다고 말했다. 우리 정신의 한 측면인 성취와 일을 중심으로 구축된 측면은 지속할 수도 있겠지만, 정서적 측면은 완전히 소모되었다고 설명했다.

짐멜이 특히 우려한 것은 사람들의 대처 방식이었다. 모든 새로운 정보에 의미 있게 반응할 수 없었던 사람들은 과도한 자극에 무덤덤해지거나 쉽게 '심드렁'해지는 모습을 보였다. 사람들은 감정을 억누르는 법, 업무적으로 서로를 대하는 법, 필요 이상의 신경을 쓰지 않는 법을 알게 됐다. 그럴 수밖에 없었다. 사람들은 전 세계로부터 2만 8천 명의 목숨을 앗아간 펠레산의 폭발이나 아프리카의 영국 강제 수용소에서 벌어진 충격적인 일과 같은 끔찍한 소식을 매일 들었다. 그러는 동안 거리는 노숙자들이 발에 챌 정도로 넘쳐났고, 전차 안에 빽빽이 들어찬 사람들은 서로 무관심의 대상이었다. 이런 상황에서 어떻게 만나는 모든 사람에게 공감을 보이거나 심지어 간단한 인사를 건넬 수 있었겠는가? 이렇듯 사람들은 필요에 의해 마음을 닫았다. 너무 많은 것을 요구하는 외부 세계는 사람들의 내부 세계와 내부로의 연결 능력을 철저히 망가트렸다.

짐멜은 그런 과부하가 우리의 삶을 '악화하고 집어삼키는' 상황에 직면하게 한다고 경고했다. 예상대로 그의 말은 처음에는 비웃음을 샀다. 하지만 이러한 내용을 담은 책은 출간되자마자 가장 많이 회자되는 에세이가 되었다. 이 글은 많은 사람이 은연중에 느끼고 있던 것을 말로 표현했기 때문에 빠르게 퍼져나갔다. 세상은 너무 빠르고, 지나치게 시끄러워졌으며 버거워졌다.

이는 삶의 많은 부분이 여전히 말과 마차의 속도로 움직였던 120년도 더 전의 일이다. 인터넷, 스마트폰, 소셜 미디어가 발명되기 훨씬 전이다. 오늘날 우리는 긴 시간을 일하고, 자녀와 노부모를 돌보며, 가족을 위해 이 일 저 일을 하느라 바쁜 틈틈이 친구와 문자를 주고받는 등 더욱 바쁘게 살아가고 있다. 이런 세상에서 우리가 스트레스를 받고, 지치고, 불안한 것은 당연하다. 심지어 세상 자체도 짐멜이 살았던 시대보다 더 지나치게 자극적이다. 한 추정에 따르면 우리는 르네상스 시대에 살았던 사람이 평생 접하는 정보보다 더 많은 정보에 매일 노출되어 있다고 한다. 2020년 현재 우리는 '하루에' 2,500경 바이트의 데이터를 생산하는데, 이 속도라면 인류 역사상 약 90%의 데이터가 지난 5년간 생성된 것이다. 이 모든 데이터는 누군가의 뇌를 겨냥한 것이다.

인간은 무한한 정보를 받아들이도록 설계된 동물이 아니다. 오히려 우리의 뇌는 예민한 기구다. 이 기구를 연구하는 연구자들은 이제 짐멜이 경고한 것처럼 뇌가 처리할 수 있는 양이 한정되어 있다는 데 동의한다. 그 한계를 넘어서면 사람들은 성격이나 강인함에 상관없이 결국 과부하에 걸리게 된다. 반응은 느려지고, 결정을 내리기 힘들어지며 화가 나거나 계속 밀어붙이다 보면 완전히 지치게 된다. 이것이 지능적이고 감정적인 인간의 현실이다. 과로한 엔진처럼 우리의 똑똑한 뇌는 식힐 시간이 필요하다. 짐멜이 간파했듯이 인류는 정말 예민한 존재이다.

그러나 짐멜이 몰랐던 것은 모든 사람이 같은 정도로 예민한 것은 아니라는 점이다. 사실 다른 사람들보다 신체적, 감정적으로 더 예민하게 반응하는 사람들이 있다. 이 사람들, 즉 예민한 사람들은 우리의 과도한 세상을 매우 깊게 느낀다.

예민함과 수치심

이 책을 읽고 있는 당신은 '매우' 예민한 것은 고사하고 예민한 사람이라는 소리를 듣고 싶지 않을 수도 있다. 많은 사람에게 '예민하다'는 말은 꺼리는 말이다. 약점이나 죄책감을 인정하는 것처럼 들리거나 더 심하게는 불쾌함을 주는 말처럼 들리기도 한다. 일반적으로 '예민하다는 것'은 많은 의미를 담고 있지만, 대부분 수치심에 기반한다.

- 우리가 누군가를 예민한 사람이라고 할 때의 의미는 농담을 받아들이지 못하거나, 쉽게 화를 내거나, 지나치게 울거나, 너무 쉽게 기분이 상하거나, 피드백이나 비판을 제대로 받아들이지 못한다는 것이다.
- 자신이 예민하다고 말할 때 이는 과민 반응하는 습관이 있다는 의미다.
- 예민함은 부드러움, 여성스러움과 관련이 있으며 일반적으로 남성은 예민한 사람으로 비춰지는 것을 원하지 않는다.
- 예민함에 대한 주제는 듣는 사람을 불쾌하게 하거나, 마음을 상하게 하거나, 화나게 하거나, 당황하게 할 수 있는 주제이다.
- 마찬가지로 '예민하다'는 단어는 '지나치게', '너무'와 같이 강조하는 부사와 짝을 이룬다("'너무' 예민하게 굴지 마.", "왜 그렇게 '지나치게' 예민해?").

이러한 정의에 비추어 볼 때 예민하다는 말을 들으면 화를 낼만도 하다. 좋은 예가 이 책을 쓰면서 우리가 경험한 것들이다. 책을 쓴다니까 호기심 많은 친구와 가족들이 무엇에 관한 책인지 물었다. 우리는 '매우 예민한 사람들'이라고 대답했다. 가끔은 이 말의 의미를 알고 흥분하는 사람들도 있었다. 그들은 우리에게 "그런 사람이 나야!", "바로 내가 그래."라고 열광적으로 말했다. 하지만 대부분의 사람은 우리가 하는 말에 대해 잘못 생각하고 있었고, 예민함에 대해 잘못된 인식을 하고 있었다. 어떤 사람들은 우리 사회가 어떻게 정치적으로 올바르게 변했는지에 대한 책을 쓰고 있다고 생각했다. 또한, 쉽게 기분이 상하지 않는 방법에 대해 조언하는 책을 쓰고 있다고 생각하는 사람들도 있었다(눈송이*라는 단어가 두 번 이상 등장했다).

또 한번은 이런 경우도 있었다. 우리는 출간 경험이 있는 친구에게 책의 초안을 읽고 피드백을 달라고 부탁했다. 책을 읽으면서 그녀는 자신도 예민한 사람이며 사귀는 남자 친구 또한 예민한 부분이 있다는 사실을 깨달았다. 그녀에게 이 깨달음은 매우 긍정적이었다. 하지만 남자 친구에게 이 이야기를 꺼내자 남자 친구는 방어적인 태도를 보였다. 그리고 "누가 나보고 예민하다고 하면 정말 기분이 나쁠 거야."라며 쏘아붙였다고 한다.

예민함은 인간 성격의 한 차원으로 불운한 평판을 얻었다. 예민함은 결점과 잘못 연관돼 반드시 고쳐야 할 결함으로 생각되는 것이다. 구글에 '예민함sensitive'이라는 단어를 입력하면 다음과 같은 의미가 뜬다. 2021년 12월 기준으로 관련 검색 상위 3건은 '의심 많

---

* 날씨에 따라 녹는 눈송이처럼 예민한 사람을 일컫는 신조어

은', '쑥스러운', '열등한'이었다. 또는 "나는 너무 예민해."라는 문구를 입력하면 "지나치게 예민한 나. 어떻게 하면 강해질 수 있을까?"와 "어떻게 하면 지나치게 예민해지지 않을 수 있을까?"와 같은 제목의 기사를 찾을 수 있다. 예민함에 대한 잘못된 인식 때문에 예민한 사람들조차도 자신에 대한 수치심을 내면화했다. 오랫동안 우리는 예민한 사람들을 위한 온라인 커뮤니티인 센서티브 레퓨지를 운영해왔다. 이 주제를 둘러싼 인식이 높아지고 있지만, 독자들은 여전히 "어떻게 하면 지나치게 예민해지는 것을 멈출 수 있을까요?"라는 질문을 자주 한다.

물론 우리는 예민해지는 것을 멈추지 말라고 대답한다. 사실 이러한 수치심에 기반한 정의들은 예민하다는 의미가 전혀 아니기 때문이다.

예민함이란?

이 실험은 아기들에 대한 간단한 관찰로 시작되었다. 1980년대 심리학자 제롬 케이건Jerome Kagan과 그의 연구진은 약 500명의 아기를 대상으로 일련의 실험을 수행했다. 아기들 앞에 곰돌이 푸 인형을 매달고, 희석된 알코올에 적신 면봉을 아기들 코에 가져다 대며, 괴상한 합성 음성으로 말하는 것 같은 얼굴을 화면에 띄웠다. 아기들 일부는 전혀 반응하지 않고 45분 동안 내내 침착한 태도를 유지했다. 반면, 끊임없이 움직이고 발을 차며 몸부림치고 등을 구부리며 울기까지 하는 아기들도 있었다. 케이건은 이 아기들을 '고반응성'이라고 분류했고, 나머지 아기들은 '저반응성'이거나 중간 반응을 보이는 아기들이라고 했다. 고반응성 아기들은 환경에 더 예민한 것으로 보였고 아마도 태어날 때부터 이런 기질이 있었을 것으로 생각됐다. 하지만 이런 기질이 평생 이어질지는 의문이었다.

오늘날 아기의 기질이 평생 이어진다는 사실이 확인됐다. 케이건과 동료들은 아기들이 성인이 될 때까지 추적 관찰했다. 고반응성 유아들은 이제 30, 40대의 고반응성 성인이 되었다. 그들은 여전히 많은 사람 앞에서 긴장하고, 지나치게 많은 생각을 하며, 미래에 대해 걱정한다고 털어놓는다. 하지만 그들은 열심히 일하고 많은 면에서 뛰어나다. 대부분 학교에서 높은 점수를 받았고, 좋은 경력을 쌓았으며 다른 사람들과 마찬가지로 쉽게 친구를 사귀었다. 그리고 많은 이가 어떻게 예민함을 유지하면서 삶에서 자신감을 쌓고 침착함을 유지해 왔는지 설명했다.

케이건은 이 기질을 편도체(뇌의 '공포 센터')와 연결하여 두려움, 걱정과 연관시켰지만, 오늘날 우리는 예민함이 건강한 특성이라는 것을 안다. 수십 명의 연구자들이 이 사실을 확인했는데, 예민성 연구 분야의 창시자인 일레인 아론Elaine Aron이 가장 유명하다(사실 케이건이 일부 고반응성 아이들에게서 관찰한 두려움은 성인이 되었을 때 대부분 사라졌다). 오늘날 케이건이 연구한 것과 동일한 특성은 다양한 이름으로 알려져 있다. 매우 예민한 사람들(HSPs)highly sensitive people, 감각 처리 예민성sensory processing sensitivity, 상황에 따른 생물학적 예민성biological sensitivity to context, 예민성 편차differential susceptibility, 심지

　　　　　　예민함의 힘

어 '난초와 민들레orchids and dandelions'라는 이름도 있다(예민한 사람들이 난초). 각기 다른 이름이지만 전문가들은 이 용어들이 모두 동일한 특성을 지칭한다는 데 동의한다. 그리고 최근에 이러한 이론을 '환경적 예민성environmental sensitivity'이라는 포괄적인 용어로 통합하려는 움직임이 있다. 우리는 이 연구자들로부터 힌트를 얻었고 이 특성을 환경적 예민성 또는 줄여서 예민성이라고 부를 것이다.

무엇이라고 부르든 예민함은 환경을 인식하고, 처리하며, 깊이 반응하는 능력으로 정의된다. 이 능력은 (1) 감각을 통해 정보를 인식하는 것과 (2) 그 정보에 대해 깊이 생각하거나 그것과 다른 기억, 지식 또는 아이디어와의 연결점을 찾는 것의 2가지 수준에서 나타난다. 예민한 사람들은 다른 사람들에 비해 이 2가지를 더 많이 한다. 이들은 자연스럽게 환경으로부터 더 많은 정보를 받아들이고, 더 깊이 처리하며, 결과적으로 그에 따라 더 많은 영향을 받는다. 이러한 깊은 정보 처리의 대부분은 무의식적으로 이루어지며, 많은 예민한 사람들은 자신이 그렇게 하고 있다는 사실조차 인식하지 못한다. 이 과정은 예민한 사람들이 받아들이는 모든 것에 적용된다.

그러나 우리는 예민함을 더 간단하게 정의하고 싶다. 예민한 사람에게는 모든 것이 더 많은 영향을 미치지만, 그것으로 인해 더 많은 것을 할 수 있다고 말이다.

사실 예민함을 더 잘 표현하는 단어는 '잘 반응하는responsive'이라고 할 수 있다. 예민한 사람의 몸과 마음은 주변 세상에 더 많이 반응한다. 슬픔, 고통, 상실에도 더 반응하지만, 아름다움, 새로운 생각, 기쁨에도 더 많이 반응한다. 다른 사람들이 표면만 훑어보는 데 반해 더 깊은 곳을 본다. 다른 사람들이 포기하고 다른 것으로 넘어갈 때도 계속해서 생각한다.

예술가와 천재만 예민한 것은 아니다

예민함은 삶의 정상적인 부분이다. 모든 사람, 심지어 동물들도 어느 정도 환경에 예민하다. 누구나 스트레스로 울고, 감정이 상하며, 감당하기 힘들 때도 있고, 사색하고, 아름다움에 경탄하며, 매혹적인 주제에 대해 곰곰이 생각할 때가 있다. 그러나 근본적으로 다른 사람들보다 환경과 경험에 더 반응하는 사람들이 있다. 이 사람들이 매우 예민한 사람들이다.

다른 특성과 마찬가지로 예민함은 연속선상에 있으며, 모든 사람은 낮은 예민함, 중간 예민함, 높은 예민함에 이르기까지 어느 한쪽에 속한다. 이 3가지 범주 모두 정상적이고 건강한 특성으로 간주한다. 그리고 예민한 사람은 혼자가 아니다. 최근 연구에 따르면 매우 예민한 사람들은 전체 인구의 약 30%를 차지한다(다른 30%는 낮은 예민함을 가지고 있고, 나머지 40%는 이 둘의 중간에 있다). 다른 말로 하면 예술가와 천재만 예민함을 드물게 가지는 것이 아니다. 모든 도시, 직장, 학교에서 3명 중 1명은 예민한 사람이다. 예민함은 또한 남성과 여성 동일하게 나타난다. 남자들은 예민해서는 안 된다는 말을 들을 수도 있지만, 그렇다고 해서 그들이 예민하다는 사실이 바뀌지는 않는다.

예민함의 힘

당신에게 예민하다는 것은 어떤 의미인가요?

👤 "저는 예민한 편인데, 지인 중에 저와 비슷한 사람이 없었기 때문에 평생 제게 결함이 있다고 생각하며 살았어요. 하지만 이제 저는 예민함을 축복으로 생각해요. 저는 상상력이 매우 풍부한 내면의 삶을 살고 있어요. 그래서 지루한 적이 없어요. 자연과 예술, 우주의 깊고 내적인 조화를 경험하지 못한 채 겉핥기식 삶을 살아가는 친구들이 안타까워요. 그들은 생사에 관한 중대한 문제들에 대해 질문하지 않아요. TV에서 본 거나 다음 주 주말 어디로 갈 것인지에 대해서나 이야기하죠." ―샐리

👤 "어떤 사람들에게 '예민하다'는 단어는 과민하거나 약하다는 뜻으로 통해요. 하지만 내가 느끼는 감정뿐만 아니라 다른 사람의 감정에 예민하게 반응하는 것은 큰 장점이 될 수 있어요. 저는 예민하다는 것은 자신과 타인을 존중하고 친절하게 대하는 방법이라고 생각해요. 이것은 누구나 가질 수 없는 특별하고 중요한 인식이에요." ―토드

👤 "유해한 남성성toxic masculinity[사회적으로 고착화된 남성적 규범과 행동의 일부를 뜻함. 다른 사람을 지배하고자 하는 욕구, 지나친 경쟁심, 감정 표현의 억제 등을 들 수 있다-옮긴이]의 관점으로 본다면 예민한 사람으로 분류된다는 건 남자답지 못하고, 성격이 까다롭거나, 화를 잘 내는 사람으로 분류되는 것이에요. 전 그런 사람은 아니었어요. 저는 제 감정에 대해 과민하게 인식하고 있었고, 남자에 대한 잘못된 고정관념이 옳지 않다는 것은 알고 있었어요. 그러다 우연히 매우 예민한 사람들(HSPs)에 대한 글을 읽고서야 예민하다는 것이 무엇인지 이해하게 됐어요." ―데이브

👤 "저는 '예민하다'는 말을 부정적인 것으로 생각하곤 했어요. 아버지

가 저에게 '넌 너무 예민해'라고 말씀하시곤 했거든요. 이제 저는 이 단어를 다른 시각으로 바라봐요. 예민하다는 것에 만족하고, 예민함이 차가운 세상에서 긍정적인 역할을 한다는 것을 이제 아니까요. 가능한 한 제 예민함을 바꾸지 않을 거예요. 제 주변에 있는 모든 것에 깊이 감사할 수 있어서 너무 좋아요."

—르네

"저는 가족과 전남편이 제게 성장해야 한다거나 다른 사람의 말과 행동에 둔감해져야 하며, 제가 과민하게 반응한다고 끊임없이 말했기 때문에 예민하다는 걸 약점으로 생각하곤 했어요. 그것 때문에 끊임없이 비난받았고요. 하지만 이제 그들이 제 삶에서 벗어났기 때문에 예민함을 장점으로 사용하고 있어요. 직업을 바꿔 치료사가 되려고 대학원에서 두 번째 석사 학위를 받고 있거든요. 이제 저는 저의 예민함을 다른 사람들을 돕는 데 사용할 거예요."

—제니

나는 얼마나 예민할까?

아마도 당신은 파티 자리에서 누구보다 먼저 샤르도네 와인의 오크 향을 느끼는 사람일 수 있다. 베토벤 교향곡 9번을 듣고 벅찬 감정에 휩싸이거나, 반려동물 구조 동영상을 보면서 눈물을 흘릴 수도 있다. 또는 주변의 누군가가 계속 마우스를 클릭하는 소리에 집중하지 못할 수도 있다. 이것은 모두 예민함이 높아진 신호일 수 있으며, 많은 사람이 우리가 인식하는 것보다 더 예민하다.

따라서 다음은 예민한 사람들이 보이는 가장 흔한 특징들을 담은 체크 리스트를 소개한다. 체크한 항목이 많을수록 더 예민하다는 의미다. 예민한 사람으로 간주되려고 모든 항목에 체크하거나, 이 책에서 설명하는 모든 예민함의 특성과 자신을 연관시킬 필요는 없다. 앞서 말했듯 예민함은 낮은 예민함, 중간 예민함, 높은 예민함의 3가지 범주로 나뉘며 모든 사람이 이 3가지 중 하나에 속한다.

또한 삶의 경험이 나의 예민함을 표현하는 방식에 영향을 미칠 것이라는 것도 염두에 두자. 예를 들어 만약 어렸을 때부터 건강한 경계선을 정하는 법을 배웠다면, 일부 예민한 사람들처럼 사람들을 기쁘게 하거나 갈등을 피하는 데 어려움을 겪어본 적이 없을 것이다. 성격의 다른 측면도 각 문항과 얼마나 밀접하게 관련되어 있는지에 따라 달라질 수 있다. 예를 들어 만약 자신을 내향적인 사람보다 외향적인 사람이라고 생각한다면, 내향적인 예민한 사람보다 휴식 시간이 덜 필요할 수도 있다.

다음 중 본인에게 맞는 설명은 어떤 것인지 체크해보자.

□ 보통 행동하기 전에 잠시 멈춰 뇌가 작동할 시간을 준다.

□ 그림의 붓놀림 사이에 나타나는 약간의 음영 차이나 동료의 얼굴에서 빠르게 사라지는 미세한 표정 등 미묘한 세부 사항을 알아차린다.

□ 강한 감정을 느낀다. 분노나 걱정과 같은 격렬한 감정을 떨치기 어렵다.

□ 낯선 사람이나 뉴스에서만 보는 사람들에 대해서도 크게 공감한다. 쉽게 타인의 입장이 된다.

□ 다른 사람의 기분에 영향을 받는다. 타인의 감정을 쉽게 흡수하고, 그들의 감정을 자신의 감정처럼 받아들인다.

□ 붐비는 쇼핑몰, 콘서트, 식당과 같이 시끄럽고 바쁜 환경에서 스트레스와 피로를 쉽게 느낀다.

□ 기운을 유지하려면 충분한 휴식 시간이 필요하다. 감각을 진정시키고 생각을 처리할 수 있도록 사람들과 떨어져 있는 시간을 가진다.

□ 사람들의 마음을 잘 읽고 사람들의 생각과 느낌을 놀라울 정도로 잘 맞춘다.

□ 폭력적 혹은 무서운 영화를 보거나 동물이나 인간에 대한 잔인한 장면을 보기가 어렵다.

□ 서두르는 것을 싫어하고 신중하게 일하는 것을 선호한다.

□ 완벽주의자다.

□ 상사가 일을 평가하거나 경쟁에 참여할 때와 같은 압박을 받으면 최선을 다하려고 애쓴다.

□ 때때로 환경이 적이 된다. 등받이가 딱딱한 의자, 너무 밝은 조명, 너무 큰 음악 소리는 긴장을 풀거나 집중할 수 없게 한다.

□ 누군가가 몰래 다가와 내는 소리와 같이 갑작스러운 소리에 쉽게 놀란다.

□ 탐구하는 사람이다. 인생에 대해 깊이 생각하고 왜 그런 것인지 묻는다. 다른 사람들은 왜 나처럼 인간의 본성과 우주의 신비에 사로잡히지 않는지 늘 궁금하다.

□ 옷이 정말 중요하다. 따끔거리는 소재의 옷, 꽉 끼는 바지처럼 거칠고 움직임이 불편한 옷은 하루를 지치게 한다.

□ 다른 사람들보다 통증을 참지 못하는 것 같다.

□ 내면세계가 살아있다. 상상력이 풍부하고 창의적인 사람으로 사람들에게 인식되고 있다.

□ 생생한 꿈(악몽을 포함해)을 꾼다.

□ 다른 사람보다 변화에 적응하는 데 어려움을 겪는 것 같다.

□ 수줍음이 많고, 까다로우며, 열정적이고, 실제보다 더 크게 받아들이며 너무 예민하고, 신경을 많이 써야 하는 사람으로 알려져 있다.

예민함의 힘

□ 또한 양심적이고, 사려 깊으며, 현명하고, 통찰력이 있으며 열정적이고, 직관력이 있다고 한다.
□ 공간이 주는 느낌을 잘 읽는다.
□ 식단과 혈당 수치의 변화에 민감하다. 한동안 뭔가를 먹지 못하면 짜증이나 화가 날 수 있다.
□ 약간의 카페인이나 술이 도움이 된다.
□ 쉽게 운다.
□ 인간관계의 조화를 원하기 때문에 갈등이 매우 괴롭고, 몸까지 아프게 할 수 있다. 의견 차이를 피하고자 사람들을 기쁘게 하거나 모든 노력을 다하려고 한다.
□ 깊은 관계와 강렬한 감정을 원한다. 업무적이거나 표면적인 관계만으로는 충분하지 않다.
□ 마음이 빠르게 움직인다. 따라서 다른 사람들과 조화를 이루지 못한다고 느끼고, 매우 외로운 감정이 들 때가 있다.
□ 말이 정말 중요하다. 내게 상처를 주거나 비판하는 말을 쉽게 털어낼 수 없다.
□ 나의 장단점을 잘 알고 자기 성찰적이다.
□ 노래, 그림, 햇빛이 단풍을 비추는 모습 등 예술과 아름다움에 깊이 감동한다.

또는 나에게 쉬운 일과 어려운 일에 대한 다음의 간단한 자기 평가를 해보자. 만약 이 항목들 대부분에 해당한다면 예민한 사람일 가능성이 높다.

아마도 당신은 살면서 처음으로 자신이 예민한 사람이라는 것을 깨닫고 있을지도 모른다. 그렇다면 클럽에 온 것을 환영한다. 당

쉬운 일	어려운 일
사람들의 기분이나 의도를 파악한다.	다른 사람들의 강한 감정, 특히 분노, 스트레스, 실망에 대처한다.
천천히 신중하게 집중을 요구하는 일을 한다.	압박감 속에서 또는 면밀한 검토를 해야 하는 상황에서 빠르게 일한다.
다른 사람들이 무시하는 세부 사항을 알아차린다.	나의 욕구에 우선순위를 둔다.
전체에 이익이 되는 통합적인 해결책을 모색한다.	거슬리는 냄새, 질감 또는 소음을 무시한다.
일상에서 아름다움과 의미를 발견한다.	지나치게 바쁘거나 활동적인 환경을 견딘다.
예술을 창작하거나, 창의적이거나, 독특한 통찰력을 내놓는다.	불쾌하거나 거친 환경에서 시간을 보낸다.
다른 사람이 상처받았을 때 공감한다.	폭력 묘사를 보거나 읽는다.

신은 혼자가 아니다. 사실, 당신은 좋은 사람들과 함께 있다. 역사상 가장 위대한 학자, 예술가, 지도자, 운동가 중 많은 사람이 예민했다. 예민한 인물들이 없었다면 다음과 같은 결과물은 세상에 나오지 못했을 것이다.

- 진화론
- 세균론
- 〈웨스트 사이드 스토리〉
- 〈스타워즈〉 테마 음악
- 아파르트헤이트의 종식
- 스튜디오 지브리
- 마야 안젤루의《새장에 갇힌 새가 왜 노래하는지 나는 아네》

- 넷플릭스
- 매슬로의 욕구단계설
- 구스타프 클림트의 〈키스〉
- 독립선언문
- 첫 번째 NFT(대체 불가능한 토큰)
- 메리 셸리의 《프랑켄슈타인》
- 〈로저스 씨 동네〉*

당신이 알아야 할 가장 중요한 점은 예민하다고 해서 절망하거나 잘못되지 않았다는 것이다. 사실 당신은 특별한 능력을 가지고 있다. 그리고 그것은 인류가 수백만 년 동안 의지해 온 능력이다.

예민할수록 뛰어나다

예민함은 단순히 정상적인 것 이상으로 좋은 것이다. 사실 과학자들은 예민함이 다양한 환경에서 생물들이 생존하는 데 도움이 되는 진화적 이점이라고 믿는다. 그 증거는 얼마나 많은 종이 이 특성을 발전시켰는지 살펴보기만 하면 된다. 고양이, 개, 물고기, 새,

---

* 찰스 다윈, 산마리노 프라카스토로, 제롬 로빈스, 존 윌리엄스, 넬슨 만델라, 미야자키 하야오, 마야 안젤루, 리드 헤이스팅스, 아브라함 매슬로, 구스타프 클림트, 토마스 제퍼슨, 케빈 맥코이, 메리 셸리, 프레드 로저스. 이들이 모두 자신을 예민하다고 생각했는지 확실히 알 순 없지만, 인터뷰, 전기, 그들이 한 말로 보면 매우 예민한 사람들에게 나타나는 공통적인 특성을 보인다.

설치류, 곤충, 수많은 영장류를 포함해 100종이 넘는 동물이 이 특성이 있다. 게다가 연구자들은 예민함이 다른 영장류 계통에서 여러 번 진화했음을 발견했는데, 이는 예민함이 생존과 사회적 이익에 기여한다는 강력한 신호이다. 붉은털원숭이를 따라다니며 관찰하는 것만으로도 그러한 이점이 작용하는 것을 알 수 있다. 한 연구는 어미가 돌봐주는 예민한 붉은털원숭이들이 스트레스에 잘 견디는 조숙하고 영리한 원숭이로 성장했음을 발견했다. 이들은 종종 무리의 지도자도 되었다. 예민함은 동물의 왕국 전체에서도 볼 수 있다. 새 모이통에서 약삭빠르게 먹이를 훔쳐 가는 다람쥐나, 매우 똑똑한 반려동물이 그 예다(우리가 매우 예민하다고 생각하는 젠의 고양이 중 한 마리는 수납장 문을 여는 법을 터득했다).

초기 인류에게는 예민함이라는 이점은 훨씬 더 중요했을지도 모른다. 그리고 여전히 오늘날에도 중요한 역할을 한다. 결국, 예민한 사람들이 패턴을 보고 중요한 세부 사항을 알아차리는 능력은 앞으로 일어날 일에 대한 예측을 잘한다는 것을 의미한다. 이들은 강한 직관력을 가지고 있다. 직관력과 예민함 사이의 연관성은 측정이 가능하다. 한 연구에 따르면 예민한 사람들은 도박 게임에서 다른 사람들보다 더 뛰어났다. 컴퓨터 시뮬레이션을 이용한 자연 선택 natural selection ['자연도태自然淘汰'라고도 한다. 생물의 생존 경쟁에서 유전적 변이 개체 중 생존에 유리한 것만이 살아서 자손을 남기는 일-옮긴이]에 대한 또 다른 연구는 시간이 지남에 따라 예민한 사람들이 덜 예민한 사람들보다 앞선 결과를 나타낸다는 것을 보여주었다. 실제로 예민한 사람들은 선택지를 세밀히 검토하고 과거의 결과와 비교하는 데 더 많은 시간을 할애했으며, 이를 통해 얻은 안목은 시간이 지남에 따라 자산이 됐고, 그간 들였던 시간과 에너지를 충분히 상쇄하고도 남았다.

따라서 연구자들은 예민한 사람들이 아마도 전체 인류의 생존 확률을 높인다는 이론을 세웠다. 예민한 사람들은 다른 사람들이 놓치고 있는 것을 보고 들으면서 더 능숙하게 포식자와 위협을 피하거나 자원을 찾을 수 있다. 실수로부터 잘 배워서 같은 실수를 두 번 하지 않고 다른 사람들이 함정을 피할 수 있도록 도와주는 역할을 한다. 그리고 다른 사람들이 말하지 않은 것을 포함해 타인의 마음을 잘 읽어 동맹을 맺고 서로 협력할 수 있도록 한다.

툰드라나 정글에서도 예민함은 장점이다. 예민한 사람들은 한때 우리의 기상 예측가, 정신적 조언자, 추적기 역할을 했을지도 모른다. 이러한 특성을 선생님, 주식 시장 트레이더 또는 CEO에게 적용하면, 비록 사회가 그렇게 생각하지 않더라도 예민한 사람들이 오늘날에도 성공할 수 있는 조건을 갖추었음을 알 수 있다.

그들의 특별한 능력

간호사인 그녀는 불평하는 것을 좋아하진 않지만, 뭔가 잘못되었다는 느낌을 떨쳐버릴 수 없었다. 그녀의 최근 환자인 중년 여성은 심장 판막 수술로부터 회복 중이었다. 그녀는 테드 제프Ted Zef의 책《예민함의 힘The Power of Sensitivity》에서 자신의 이야기를 들려주었지만, 익명을 원했다. 그러니 그녀를 앤이라고 부르자. 앤은 캐나다의 중환자실에서 20년 이상 일한 간호사였다. 그녀는 "저는 정신없이 빠르게 돌아가는 중환자실에서 인정받는 간호사지만, 쉬는 날에는 소파에 누워 영화를 보며 과도한 자극으로부터 회복해요."라고 말했다. 그리고 "동료들은 제가 쉬면서 하는 일이 일할 때 넘치는 아드레날린을 보이는 것과 너무 다르다고 저를 놀려요."라고도 말했다.

이때까지 앤의 환자는 잘 회복되고 있었고, 의사는 더 이상의 치료가 필요하지 않다고 판단했다. 앤은 환자 관리 명단에서 그녀의 이름을 빼고, 환자를 수술했던 수술 팀이 직접 관리하도록 하기가 쉬웠을 것이다. 하지만 그녀는 직관적으로 그러길 주저했다. 그러던 중 어느 순간부터 앤이 환자를 확인할 때마다 환자의 상태가 조금씩 나빠지는 것처럼 보였다. 우선, 환자는 오른쪽으로 누워야 편안함을 느꼈는데 이는 이례적이었다.

최근 자신이 예민한 사람이라는 것을 알게 된 앤은 그날 자신의 특별한 능력을 예민하게 인식하고 출근했다. 사무실에서 휴식을 취하던 중 그녀는 '만약 환자의 몸이 나에게 뭔가를 말하려고 한다면 그것은 뭘까? 그리고 내가 왜 그렇게 걱정하는 걸까?'라고 생각했다. 아마도 그녀는 예민한 사람이었기에 다른 간호사들이 보지 못한 것을 알아챈 것일지도 모른다. 보통 교대 근무가 끝나면 그녀는 아픈 사람들을 도왔다는 생각에 평온함을 느꼈지만, 오늘은 그런 기분이 들지 않았다.

앤은 의사들의 의견에 반박하면 어떻게 될까 생각했다. 규정을 벗어난 간호사들은 질책을 받거나 재교육을 받거나 심지어 해고되기도 한다. 최악의 상황이 발생하지 않더라도, 앤은 긴장된 관계가 환자의 치료를 위태롭게 할 수 있다는 것을 알았기 때문에 의사들을 불쾌하게 하거나 화나게 하고 싶지 않았다. 아닌 게 아니라 그녀는 환자의 상태를 감독하는 외과 주임 의사가 조금 무서웠다.

두려웠지만 앤은 용기 내서 말해야 한다는 것을 알았다. "제가 그녀를 살릴 유일한 사람일 수도 있다고 생각했어요."라고 그녀는 말했다. 한 의사가 그녀의 우려를 일축했지만, 그녀는 포기하지 않고 다른 의사에게 가서 말했다. 그는 앤의 말을 믿으며 휴대용 초음파 기계로 환자의 심장을 스캔해 주변에 체액이 쌓이고 있는지를 확인해야 하는지 물었다. 이것은 주임 의사의 동의 없이 검사를 해야 한다는 뜻이었고, 꺼려지긴 했지만 앤은 그래야 한다고 말했다. 검사 즉시 그녀의 직관이 옳았다는 것이 드러났다. 환자는 심장에 큰 혈전이 있었고, 심장이 멈추기 몇 분 전이었다.

환자는 급히 혈전 제거 수술을 받고 앤 덕분에 완전히 회복되었다. 나중에 앤은 자신이 그렇게 하지 않았다면 환자는 사망했을 것이라는 말을 들었다. "제가 가진 예민한 재능을 사용해 환자를 도울 수 있었다는 것에 큰 보람을 느꼈어요. 이제 저는 제 예리한 관찰력과 내면의 힘이 여러 각도에서 상황을 보는 데 도움이 되었다는 것을 알았어요. 그리고 목소리를 내서 말할 수 있다는 것도 알았기 때문에 앞으로도 우려되는 상황이 발생한다면 부드럽지만 강력하게 제 의견을 낼 거예요."라고 앤은 말했다. 만약 다시 그런 일이 있어도 그녀는 수술 팀의 반응을 두려워하지 않을 것이다. 그녀의 활약이 전해지자, 앤은 그 병동의 영웅이 되었다.

앤은 일에서 자신에게 장점이 되는 예민함을 가진 사람의 예이다. 그녀의 이야기는 예민함이 단지 개인의 특별한 능력이 아님을 보여준다. 예민함은 전 인류에게 이익이 되도록 진화된 특성이다. 만약 당신이나 당신이 사랑하는 사람이 아플 때, 앤은 곁에 두고 싶은 간호사이다. 예민함은 당신의 생명을 구할 수도 있다.

예민한 사람의 뇌 작동 방식

그렇다면 앤처럼 예민한 사람들은 어떻게 그렇게 느낄까? 왜 그들은 특별한 능력을 가질까? 답은 인간의 뇌가 작동하는 방식에 있다.

신경 세포인 뉴런에는 화물 열차의 굉음에서부터 사랑하는 사람의 미소 띤 얼굴까지 모든 종류의 입력이 처리되어야 할 데이터에 불과하다. 예민한 사람의 뇌는 다른 뇌보다 더 심층적으로 오랫동안 이 데이터를 처리한다. 뇌는 아르바이트를 하며 주변에서 일어나는 일의 절반을 놓치는 지루한 10대의 뇌일 수도 있고, 사건의 모든 세부 사항을 곰곰이 생각하는 변호사의 뇌일 수도 있다. 예민한 뇌는 변호사 같은 뇌이며, 최고의 변호사답게 쉬지 않고 일한다. 그들은 깊이 파고들도록 프로그램되어 있다.

과학은 이러한 차이를 뒷받침한다. 2010년, 자지아 재질로이즈 Jadzia Jagielowicz와 연구진은 예민한 사람들의 뇌를 들여다보기 위해 기능적 자기공명영상(fMRI)을 사용했다. 연구진은 울타리가 있는 집이나 들판의 건초 더미 같은 자연 풍경을 흑백으로 보여주면서 예민함이 높은 사람들과 덜 예민한 사람들을 관찰했다. 그리고 이미지들을 미세하게 바꾸면서 참가자들에게 다시 제시했다. 울타리에 기둥을 추가하는 등 큰 변화를 주기도 했고, 건초 더미 중 하나를 약간 확대하는 등 경미한 변화를 주기도 했다.

당신은 무슨 일이 벌어질지 안다고 생각할 수도 있다. 하지만 매우 예민한 사람들이 덜 예민한 사람들보다 더 빨리 차이를 발견했다고 추측했다면 오답이다. 오히려 매우 예민한 사람들은 변화를 알아차리는 데 조금 '더 오랜' 시간이 걸렸다. 특히 작은 변화일수록 더욱 그랬다. "예민한 사람일수록 장면의 미묘한 세부 사항에 더 자세히 주의를 기울이기 때문에 더 오래 걸렸을 것입니다."가 연구진의 설명이다(소셜 미디어에서 공유되는 다른 그림 찾기를 푸는 데 긴 시간이 걸리는 사람이라면 예민한 사람일 수도 있다).

과학자들이 뇌 스캔을 검토하자 또 다른 점이 드러났다. 매우 예민한 사람들은 단순한 표면적 특성보다는 복잡하고 세부적인 시각적 처리, 평가와 관련된 뇌의 주요 영역에서 현저히 더 큰 활성화를 보였다. 더 자세히 설명하자면, 매우 예민한 사람들은 두정엽 중간과 뒤쪽, 측두엽 및 좌측 후두엽 영역에서 더 많은 활동을 보였다. 이러한 차이는 연구진이 신경증이나 내향성과 같은 다른 특성을 통제했을 때도 유지됐다. 다시 말해서 예민한 사람들이 더 깊이 정보를 처리하는 이유는 다른 것이 아니라 바로 예민함이라는 특성 때문이었다.

그리고 이러한 깊은 정보 처리는 경험이 끝난 후에도 멈추지 않았고, 예민한 마음은 계속 이어졌다. 캘리포니아 대학교의 신경과학자인 비앙카 아세베도Bianca Acevedo는 휴식 중인 예민한 뇌를 연구해 이를 밝혀냈다. 아세베도와 연구진은 공감 과제를 수행하는 예민한 사람들의 뇌를 스캔했다. 실험 참가자들은 행복하거나 슬프거나 중립적인 이미지와 묘사를 본 다음, 자신에게 중요한 사람들과 낯선 사람들이 각 감정에 해당하는 표정을 짓는 것을 지켜봤다. 사진을 보는 중간에 참가자들은 '어떤 종류의 감정이든 경험했을 때의 영향을 지워내기 위해' 주어진 큰 숫자에서 일곱씩 숫자를 거꾸로 셌다. 또한 각각의 사진을 본 후에 어떤 기분이 들었는지 설명했고, 긴장을 푼 채 뇌 스캔을 받았다.

연구진은 감정적인 경험이 끝난 후에도, 그리고 그로 인한 감정을 씻어낸 후에도 예민한 사람들의 뇌는 여전히 경험을 깊이 처리하고 있다는 것을 발견했다. 아세베도는 이러한 심층 처리가 높은 예민함을 가진 사람들의 주요 특징이라고 설명한다. 따라서 다른 사람들에 비해 한참이 지난 후에도 여전히 어떤 것(생각, 경험, 일어난 일)에 대해 정기적으로 곰곰이 생각하는 사람이라면 예민한 사람일 수 있다.

뛰어난 지능과 공감 능력

이러한 뇌의 차이는 신체적 예민함과 감정적 예민함이 본질적으로 같은 특성인 이유를 보여준다. 예민한 사람은 머리맡 전등의 밝은 빛, 아이의 미소, 새로운 과학 이론 등 '무엇이든' 처리하는 데 더 많은 시간을 보낸다. 예민함은 곰곰이 생각하는 지능과 사람에 대해 깊이 공감하는 능력 등 여러 가지 방식으로 나타난다. 이 중 어느 한쪽에 더 많이 공감한다고 해서 예민하지 않다는 뜻은 아니며, 예민한 사람들은 이 중 한 방향으로 기울어지는 경우가 많긴 하지만 2가지를 다 갖춘 경우도 많다.

사실 예민한 마음이 하는 심층 처리는 매우 가치 있는 일이기 때문에 예민함은 명석함과 연결되기도 한다. 미국 덴버에 있는 영재 개발 센터Gifted Development Center의 책임자 린다 실버맨Linda Silverman은 대부분의 영재, 특히 지능 면에서 상위 1~2% 안에 드는 영재들은 매우 예민하다고 말한다. "영재 개발 센터에서 6,500명이 넘는 아이들을 대상으로 42년에 걸쳐 임상 연구를 진행한 결과, 영재성과 예민함 사이에 상관관계가 있음을 발견했습니다."라고 그녀는 말한다. IQ가 높을수록 매우 예민한 사람(HSP) 특성이 있을 가능성이 높다.

성공한 음악가들에 대한 연구도 이러한 결과를 뒷받침한다. 심리학자 제니퍼 O. 그라임스Jennifer O. Grimes는 미국에서 가장 크고 열광적인 헤비메탈 축제 중 하나인 오즈페스트Ozzfest에 참가한 음악가들을 연구했다. 그녀는 무대 뒤의 로커들이 화려한 무대 모습과 반대로 예민하고 내향적이라는 것을 발견했다. 이런 경향이 예술에서만 발견되는 것은 아니다. 예민하다는 것은 '어떤' 상황에서도 깊이 생각하는 것을 의미하기 때문에 높은 예민함은 과학에서의 혁신과 비즈니스의 훌륭한 리더십으로도 나타난다. 예민한 사람일수록 다른 사람들이 놓치기 쉬운 연결 고리를 더 많이 볼 수 있다. 또한 예민한 사람들의 따뜻함과 공감 능력은 거래를 더 좋게 만든다.

예민함의 특징

예민함이 무엇인지 이해하는 것만큼이나 중요한 것은 예민함이 '아닌' 것을 아는 것이다. 예민함의 특성은 내향성introversion, 자폐증, 감각처리장애sensory processing disorder 또는 트라우마trauma와는 다르다.

내향성[스위스의 정신의학자이자 심리학자인 칼 구스타프 융에 의해 정의된 마음의 에너지 방향. 정신적 에너지가 외부로 향하지 않고 개인 내부의 자아에 유지되는 상태-옮긴이]과 예민함을 쉽게 착각하고 있다. 최근 수전 케인의 획기적인 책《콰이어트》덕분에 내향성에 대한 낙인이 줄어들었다. 그러나 내향적이고 예민한 사람들은 정기적인 휴식 시간이 필요하고, 깊이 생각하며, 생생한 내면세계를 갖는 등 일부 같은 특성을 공유함에도 예민함은 여전히 큰 낙인이 찍혀 있다(아론을 포함한 일부 전문가들은 케인이 실제로 내향적인 사람들보다 매우 예민한 사람들에 대해 더 많이 썼다고 생각한다). 환경에 예민하다면 자극을 줄이기 위해 사람들과 함께 있는 시간을 줄이는 것은 타당하다.

하지만 내향적인 사람들과 예민한 사람들 사이에는 몇 가지 중요한 차이점이 있다. 내향성은 소수의 사람과 어울리는 것을 선호하고 혼자 시간을 보내는 것을 즐기는 사회적 성향을 말한다. 반면, 예민함은 환경에 대한 성향을 나타낸다. 그러므로 내향적인 사람들은 주로 사교 활동에 피로감을 느끼지만, 예민한 사람들은 사교 활동에 상관없이 자극적인 환경에 피로감을 느낀다. 아론은 예민한 사람들의 약 30%가 외향적이지만, 70%는 내향적인 사람들이라고 추정한다. 따라서 밖으로 표현을 잘하고 관계를 잘 맺는 외향적으로 예민한 사람이 있을 수도 있고, 고독과 조용한 것을 소중히 여기는 내향적으로 예민한 사람이 있을 수도 있다(다시 말해서, 예민하다고 해서 내향적인 것은 아니다).

마찬가지로, 자폐증 환자와 예민한 사람은 특정한 냄새, 음식, 질감을 피하거나 특정한 자극에 당황하는 것과 같은 몇 가지 특성을 공유할 수 있다. 하지만 아세베도의 연구에 따르면 자폐증이 있는 사람과 예민한 사람의 뇌에는 차이가 있다. 우선 자폐성 뇌와 예민한 뇌는 감정적, 사회적 신호를 처리하는 방식이 거의 정반대이다. 구체적으로 살펴보자면 예민한 뇌는 침착성, 호르몬 균형, 자기 통제, 자기반성적 사고와 관련된 영역에서 일반적인 뇌보다 높은 수준의 활동을 보인다. 반면 자폐성 뇌는 차분함, 감정, 사회성과 관련된 부분에서 덜 활동적이다. 자폐증 환자는 사회적 신호를 해석하는 방법을 배워야 하지만, 예민한 사람은 덜 예민한 사람보다 타인의 마음을 쉽게 읽는 것을 알 수 있다.

감각처리장애와 예민함은 모두 자극에 대한 예민함을 포함하기 때문에 이 2가지를 혼동하는 경우도 있다. 그러나 감각처리장애는 뇌가 감각으로부터 정보를 받고 반응하는 데 어려움을 겪을 때 발생한다. 예를 들어 이 장애를 가진 아이는 접촉하는 자극에 과민 반응하고 소리를 지르거나, 반대로 자극에 과소 반응하며 운동장에서 거칠게 놀 수 있다. 일부 감각적 불편함은 예민함의 특징이지만, 감각처리장애처럼 일상적인 기능을 손상시키지는 않는다. 감각적인 불편함만이 예민함의 유일한 특징도 아니다. 오히려 예민함은 대단히 깊고 정교한 정신적 처리를 의미한다.

트라우마는 지나치게 강렬한 경험으로 인해 신경계가 정보를 처리할 수 없는 것이다. 학대, 음식 부족, 폭력과 같은 심각한 상황은 트라우마를 일으키고, 소중한 관계(또는 반려동물)를 잃거나, 병에 걸리거나, 괴롭힘을 당하는 것과 같은 경험도 트라우마를 일으킬 수 있다. 트라우마를 경험하면 신경계가 근본적으로 변화하여 생존자를 과도한 경계와 과도한 각성 상태로 만든다. 예민한 사람도 깊은 정신적 처리 때문에 과다각성hyperarousal[정신적 및 생리적 긴장緊張이 항진된 상태로 동통, 불면증, 피로 등에 인내성이 현저히 감소한 것이 특징이다-옮긴이] 상태에 빠질 수 있다. 이러한 경험을 과잉 자극overstimulation이라고 하는데, 4장에서 더 자세히 논의할 것이다. 전문가들은 예민한 사람이 트라우마 자극을 포함한 '모든' 자극에 더 예민하게 반응하기 때문에 다른 사람보다 정신적 충격을 더 쉽게 받을 수 있다는 데 동의한다. 그러나 트라우마와 예민함은 본질적으로 같은 것이 아니다.

아세베도는 예민한 사람과 외상 후 스트레스 장애(PTSD)를 가진 사람의 뇌의 차이 또한 발견했다. 키가 크면서 왼손잡이인 사람이 있듯이, 예민함과 함께 또 다른 특성, 상태, 장애를 가질 수 있다. 예를 들어 예민한 사람이면서 PTSD(또는 우울증, 불안, 감각처리장애 등)가 있을 수 있다. 하지만 예민함 자체는 장애가 아니다. 예민한 사람은 과도한 자극에 대처하고 감정을 조절하는 방법을 배우면 도움이 되겠지만, 매우 예민한 사람이라고 '진단'되며 치료가 필요한 건 아니다. 어떤 사람들은 심지어 예민함을 신경 다양성neurodiversity[뇌신경의 차이로 인해 발생하는 다름 즉, 신경증과 일부 정신증, 발달장애 등 정신

질환과 그로부터 비롯된 행동 양상을 장애가 아닌 비장애의 범주에 포함하자는 인식 또는 운동-옮긴이]의 한 형태로 간주하기 시작했다. 신경 다양성 이론은 뇌의 차이를 결함으로 간주해서는 안 되며, 오히려 정상적인 인간 특성의 건강한 변형이라고 말한다. 예민한 사람들은 세상을 다르게 인식하고 덜 예민한 사람들과는 다른 욕구를 가지고 있다. 예민함은 평균 이하이거나 부족한 것이 아니다. 예민함은 우리 종의 번영에 도움이 된다.

예민함을 손가락질하는 사회

자신이 예민한 사람인지, 아니면 지인이 예민한 사람인지 생각해볼 때, 예민한 사람이 항상 예민한 사람처럼 보이지는 않는다는 점을 염두에 두어야 한다. 예민한 사람은 연애에서 감정의 깊이와 강렬함에 대한 남다른 욕구 때문에 자신이 사랑 게임과 어울리지 않는다고 느끼는 남자일 수 있다. 또는 다른 엄마들은 잘 해내는데, 왜 자신은 육아를 감당하지 못하는지 궁금해하는 초보 엄마일 수도 있다. 직장에서 경쟁이나 상사의 비윤리적인 행동에 괴로워하는 직원일 수도 있다. 자신의 직감으로 부대 전체를 안전하게 지키는 군인일 수도 있다. 끈질긴 질문으로 중요한 의학적 돌파구를 연 과학자일 수도 있다.

다시 말해서 예민한 사람들을 알아차리기 쉬운 것은 아니다. 많은 문화에서 사회는 우리가 예민함을 숨기도록 요구한다. 우리는 이

러한 태도를 강인함 신화toughness myth라고 부른다. 강인함 신화는
우리에게 다음과 같이 말한다.

- 예민함은 결함이다.
- 강한 자만이 살아남는다.
- 감정적인 모습은 나약함의 표시이다.
- 공감하는 모습을 보이면 이용당한다.
- 참을수록 좋은 것이다.
- 휴식을 취하거나 도움을 요청하는 것은 부끄러운 일이다.

결과적으로, 많은 예민한 사람들이 자신의 예민함을 경시하거나
부정한다. 이들은 어릴 때부터 자신이 다른 사람들과 다르다는 것
을 알았음에도 평범하게 보이기 위해 가면을 쓰기도 한다. 몸은 절
실하게 휴식을 원하는데도 피곤한 술자리에 가거나 힘든 일을 떠맡
는다. 아름다운 노래나 가슴 아픈 영화에 감동하지 않은 척하기도
한다. 집에서 조차도 우는 모습을 보이지 않으려 한다.

특히 예민한 남성은 강인함 신화의 대상이다. 많은 문화권에서
어린 시절부터 남자는 울지 않아야 하고, 진정한 남자라면 육체적,
감정적 고통을 이겨내야 한다고 배운다. 파비우 아우구스토 쿠냐는
남자다움을 용기, 힘, 권력, 때로는 폭력과 동일시하는 남성주의 문
화로 유명한 브라질에 사는 예민한 사람이다. 쿠냐는 "평생 남성들
이 해야 하는 전통적인 방식에 적응하는 데 어려움을 겪었어요. 저
는 남자들 사이의 경쟁적인 이야기에 전혀 적응할 수 없었어요. 다

른 사람들은 제가 느끼는 것을 느끼지 못하는 것 같았고, 제 예민한 영혼이 보는 방식으로 세상을 보지 않는 것 같았어요. 살면서 특히 10대였을 때 저는 억지로 적응해야만 했어요. 남자 친구들이 많았기 때문에 그들처럼 '터프'해지려고 노력했죠. 하지만 혼자 있을 때는 숨겨진 정체성이 있는 것처럼 몰래 책, 노래, 영화를 통해 제 자신과 저의 예민한 기질을 만났어요."라고 센서티브 레퓨지에 글을 남겼다.

여성 역시 강인함 신화의 대상이지만 너무 감정적이라는 이유로 무시당하는 등 그 방식은 다르다. 〈미녀 마법사 사브리나Sabrina the Teenage Witch〉를 제작한 작가이자 감독, 프로듀서인 넬 스코벨Nell Scovell은 처음으로 TV 작가 일을 맡았을 때 이 신화를 경험했다. 그녀는 에세이에서 "만약 남자 동료들이 내가 여자라는 것을 눈치채지 못한다면 계속 같이 일할 수 있을 거라고 생각했다."고 말한다. 그래서 30년 동안 그녀는 직장에서 감정을 억눌렀다. 그녀는 "나는 불합리한 지적을 무시했다. 괴롭힘은 웃음으로 넘겼다. 남자 상사가 나 대신 공을 차지하는 것이 왜 타당한지 설명했을 때 얼굴에는 미소를 띠며 머릿속에 울리는 비명을 막았다."라고 썼다.

실제로 스코벨은 남성들, 이른바 여성보다 더 강인한 사람들에게는 분노로 포장하는 한, 약함을 허용하는 아주 다른 기준을 준다고 말한다. 그녀는 한 남자 동료가 방송사와의 힘든 회의를 마친 후 방에 들어서는 동시에 욕을 하며 대본을 테이블 너머로 내던진 일화를 예로 들었다. "분노 역시 감정이라는 생각이 들었다. 하지만 아무도 그가 '이상하다고' 생각하지 않았다. 남자가 방을 뛰쳐나가면 열정적이라고 하지만, 여자가 뛰쳐나가면 마음이 불안정하고 프로답지 못하다고들 한다."

유색인종이나 성소수자(LGBTQ+)와 같이 사회에서 소외된 사람들은 강인함 신화에서 이중의 문제에 직면할 수 있다. 이미 차별과 고정관념을 경험한 이들은 예민한 사람으로 보이길 원하지 않을 수 있다. 피부색이나 성별 때문에 이미 정체성이 감시받고 있는 상황에서 '예민하다'는 용어는 그들의 정체성을 훨씬 더 좁히는 것으로 느껴질 수 있다. 하지만 자신의 예민함을 포용하는 것은 오히려 힘이 될 수 있다. 성소수자들을 위한 웹사이트 LGBT Relationship Network에 매우 예민하다는 것에 관한 글을 쓴 마이클 패리스는 이렇게 설명한다. "저의 HSP 특성을 이해하니 제 자신과 다른 사람들을 판단하는 데 도움이 됐어요. 그리고 성별에 대해 가졌던 불필요한 마음의 짐과 제가 동성애자인 사실로부터 자유로워졌어요."라고 말이다.

특히 흑인은 인종 차별이 주는 스트레스에 대처하기 위해 정신적으로 강인한 이미지를 투영해야 한다고 종종 말한다. 센서티브 레퓨지 기고가인 라니샤 프라이스는 이런 경험을 한 흑인 여성이다. 그녀는 켄터키주의 백인이 대부분인 마을에서 자랄 때 인종 비하 발언을 들은 적이 있다고 한다. 그때 그녀의 아버지는 그녀에게 자신감을 갖고 감정을 드러내지 않아야 한다고 강조했다(그리고 "내 엉덩이에 키스하고 꺼져."와 같이 응수하라고 말했다). 그녀는 "흑인 여성은 자라면서 '강한 사람이 되어야 한다'가 아니라 아예 '흑인은 강한 사람이다'라고 배웠어요. 하지만 셀 수 없을 정도로 많은 시간 동안 제 내면은 제가 '강해야 한다'고 들었던 것과는 전혀 다른 모습일 때가 많았어요. 매우 예민한 사람들은 자신의 생각과 감정을 처리하는 데 필요한 혼자만의 시간인 '나만의 시간'을 위해 방으로 들어가면 '웃긴 행동', '성미가 까다로운 사람'으로 분류되거나, 진찰이 필요한 심리적 문제가 있다고 조롱받아요."라고 썼다. 그 결과 프라이스는 자신에게 뭔가 문제가 있는 것은 아닌가 생각했다. 하지만 30대 후반이 되어서야 자신의 예민함을 수용하라는 치료사의 조언을 듣고, 마침내 더 이상 예민함을 숨길 필요가 없다고 생각하게 됐다.

예민함을 숨기게 만드는 사회의 지속적인 압력으로 인해 예민함은 세상에 대부분 드러나지 않는다. 우리 사회는 예민함 자체를 억누르려고 하는 동시에, 인생을 변화시키는 음악 앨범, 세상을 바꾸는 민권 운동 등 예민한 영혼의 업적을 칭찬한다. 이를테면 이런 식이다. 친절한 것도 좋지만, 지나치게 동정심이 많은 사람이 되지는 마라. 창의적인 것은 좋지만, 지나치게 이상하게 굴지는 마라. 감정을 표현하되 사람들이 심각하게 받아들일 정도로 너무 많이 표현해서는 안 된다. 다시 말해서 강인함 신화는 우리에게 무언가를 빼앗아 간다. 강인함 신화는 행복, 일과 삶의 균형, 서로를 대하는 방법에 대한 해로운 선택을 초래한다. 짐멜이 경고했듯이 대항하기 힘든 세계를 헤쳐 나가면서 우리는 정말로 연민의 마음을 잃어버릴 수도 있다.

그래서 지금이 아마도 새로운 무언가를 시도할 때이다.

예민한 사람들의 관점: 센서티브 웨이

드레스덴의 강의로 돌아가보자. 짐멜은 시민들이 감각적 입력의 폭격에 시달려 무감각해진 세상에 대해 이야기했다. 100년이 넘은 지금, 그 폭격은 더 악화되었을 뿐이다. 예민한 사람이라면 지나치게 과도한 이 세상을 깊이 느낀다. 사랑을 찾거나, 자녀를 키우거나, 직장에 다니면서도 느낀다. 지나친 것은 더 지나치게, 부족한 것은 더 부족하게 예민함을 느끼며 짐멜이 설명한 것과 같은 환경에서 쉽게 과도한 자극을 받는다.

결과적으로, 예민한 사람들은 다른 접근법을 보여준다. 예민한 사람들의 관점을 '센서티브 웨이the sensitive way'라고 하자. 센서티브 웨이는 삶의 질이 외형적인 성취보다 더 가치 있고, 남을 지배하는 것보다 인간관계가 더 만족감을 주며, 자신의 경험을 반성하고 마음을 따르며 사는 삶이 더 의미 있다고 믿는다. 강인함 신화와 달리 센서티브 웨이는 다음과 같다.

- 모든 사람에게는 한계가 있다(그리고 한계가 있다는 것은 좋은 것이다).
- 성공은 함께 일하는 것에서 비롯된다.
- 연민의 마음은 보답받는다.
- 감정으로부터 많은 것을 배울 수 있다.
- 자신을 돌볼 때 더 크고 더 나은 일들을 할 수 있다.
- 평온은 행동만큼 아름다울 수 있다.

예민함의 힘

만약 우리가 강인함 신화 대신 센서티브 웨이에 귀를 기울이기 시작한다면 어떻게 될까? 예민한 사람들이 목소리를 내기 시작하면 어떻게 될까? 만약 우리가 예민함을 숨기는 것을 멈추고 받아들이기 시작한다면 어떻게 될까? 드레스덴시 공무원들은 강연에서 짐멜에게 현대 생활이 영혼에 어떤 영향을 미치는지에 대해 말해달라고 하지 않았다. 짐멜 스스로 나서서 말한 것이다. 모든 사람이 비밀리에 알고 있는 것을 지적하기 위해서는 대담하면서도 관조적인 목소리가 필요했다. 짐멜은 경제적인 진보도 좋지만, 인간 행복의 진보가 더 나은 것이라고 목소리를 냈다.

이처럼 예민함은 저주처럼 느껴질 수도 있지만, 세상에 대한 선물이 될 수 있다. 이 책에서 우리는 예민한 사람이 가진 특별한 강점을 축하할 뿐 아니라 예민한 사람이 직면한 어려움을 줄이고 극복할 방법을 제공할 것이다. 이 책을 통해 당신이 가진 예민함을 좋은 것으로 보게 되길 희망한다(저자인 우리가 그랬듯이).

먼저 무엇이 우리를 예민하게 만드는지, 그리고 그에 따른 놀라운 이점에 대한 이해로 시작해보자.

2장

예민함이라는
재능

삶은 어린 시절의 경험을
정리하는 과정이라고 생각한다.
－브루스 스프링스틴Bruce Springsteen

전설적인 록가수의 예민함

브루스 스프링스틴은 공연을 할 때면 무대에서 폭발적인 에너지를 발산한다. 진정한 록의 전설인 그는 70대임에도 활력을 잃지 않고, 한 평론가가 '손에 땀을 쥐게 하고, 전율을 느끼게 하며 공연장의 열기가 천장을 넘어 성층권마저 뚫고 올라간 장장 3시간의 화려한 대규모 콘서트'라고 묘사한 공연을 선보였다. 이러한 에너지로 인해 그는 '보스'라는 별명을 얻으며 팬들을 열광하게 했다. 스프링스틴의 노래는 노동자들의 삶을 대변하고 있다. 팬들에게 스프링스틴은 그의 노래를 인용하자면 '항복하지 말자'고 제안하는 강인하고, 근면하며, 반항적인 미국 정신을 상징하는 인물이다. 팬들은 그를 여러 가지 별명으로 부르지만, '예민하다'는 아마도 그 목록에서 1위를 차지하지 않을 것이다.

팬들이 무대 밖에서 스프링스틴을 만난다면 놀랄지도 모른다. 그는 인터뷰에서 어린 시절 "매우 예민한 아이였고 불안감으로 가득 차 있었어요."라고 말했다. 그는 천둥이 치면 두려움에 떨며 소리 내 울었고, 여동생이 울면 옆으로 달려가 달랬다. 자칭 '마마보이'였던 스프링스틴은 때때로 너무 긴장해서 손가락을 깨물고 "1분에 수백 번 눈을 깜박였다."고 회고록《본 투 런Born to Run》에서 밝혔다. 그는 수줍음과 예민함 때문에 반 친구들에게도 항상 사랑받았던 것은 아니다. 스프링스틴은 자신이 '의도하지 않은 반항아, 계집애 같고 이상해서 왕따당하는 남자아이, 사회적으로 소외된 노숙자 처지'가 됐다고 회고했다. 불과 7살 때였다.

스프링스틴의 아버지 더글러스는 아들의 유명한 노래 중 여러 곡에 영감을 주었지만, 아들의 예민한 성향을 좋아하진 않았다. 황소처럼 강인한 그는 힘, 강인함, 맞서 싸우는 패기를 중요시하는 노동자였다. 스프링스틴의 회고록에 따르면, 스프링스틴의 성향과는 정반대로 그의 아버지는 냉담한 사람이었을 뿐 아니라 매일 밤 술을 마시고 그를 호되게 꾸짖었다(더글러스 스프링스틴은 나중에 조현병을 진단받았다). 아버지가 아들에 대해 자부심을 나타낸 몇 안 되는 순간 중 하나는 술에 취해 아내에게 소리를 지른 날이었다. 끔찍이 사랑하는 엄마에게 무슨 일이 생길까 봐 겁먹은 스프링스틴은 야구 방망이를 들고 아버지 뒤로 다가가 아버지의 어깨를 내리쳤다. 더글러스는 눈에 노기를 띠며 방안을 맴돌았지만, 분노를 쏟아내기는커녕 웃기 시작했다. 이 일화는 더글러스가 즐겨하는 이야기 중 하나가 되었다. 아마도 아들의 강인함이 좋았기 때문일 것이다.

스프링스틴만 이런 경험이 있는 것은 아니다. 많은 예민한 사람들이 어린 시절 마음에 상처받았을 것으로 보인다. 부모들은 직장 동료, 친구, 애인, 배우자가 그러하듯이 아이의 예민함을 고치거나 강인하게 키우기를 원한다. 하지만 이러한 노력은 효과가 없을 뿐 아니라 예민함이 강점이기 때문에 잘못된 것이다. 더글러스 스프링스틴이 경험했듯이 세상 모든 부모의 고함이 아이를 덜 예민하게 만들지는 못한다. 로큰롤 에너지를 뿜어내는 사람마저도 예민함은 자기 모습이기 때문이다.

그렇다면 무엇이 우리를 예민하게 만들까? 그리고 예민함은 삶에 어떤 도움을 줄까? 과학자들은 예민함의 원인에 대한 모든 해답을 가지고 있지는 않지만, 새로운 기술의 발전 덕분에 몇 가지 중요한 단서를 발견했다.

예민함을 결정하는 유전자

1990년대에 짧은 형태의 세로토닌 전달체(SERT)serotonin transporter 유전자가 발견되면서 연구자들은 이것이 우울증을 유발한다고 믿었다. 더 정확히 설명하자면, 우울증은 어떤 유전자로 설명할 수 있는 것보다 더 복잡하기 때문에 이 유전자가 우울증을 유발할 위험을 증가시킨다고 믿었다. 이 연관성에 대한 증거는 확실해 보였다. 여러 연구가 이 유전자 형태를 가진 사람들이 힘든 시기에 우울해지거나 불안해질 가능성이 높음을 보여주었기 때문이다. 그것은 타당한 결과였다. 짧은 SERT 유전자는 긴 유전자에 비해 한 영역에서 짧은 유전자 코드 부분을 가지고 있고, 기분, 행복, 만족감을 조절하는 데 중요한 역할을 하는 세로토닌 생성에 영향을 미쳤다.

따라서 많은 연구자는 짧은 SERT 유전자와 우울증 사이의 연관성을 사실로 받아들였다. 하지만 존 치아오Joan Chiao는 이 결론을 받아들이기 힘들었다. 신경과학자인 치아오는 자신과 마찬가지로 동아시아 혈통의 사람들이 이 유전자를 가지고 있을 가능성이 훨씬 더 높다는 데이터를 우연히 발견했다. 백인 서양인에 비해 거의 두 배에 가까운 확률이었다. 그러나 아시아인들과 아시아계 미국인들 사이에서 살아 온 치아오에게는 이들이 특별히 우울해 보이지 않았다. 물론 과학자인 치아오는 개인적인 경험을 근거로 삼지는 않았다. 그녀는 이 유전자를 가진 동아시아 지역 사람들에게서 우울증 발병률이 더 높은지 조사하기로 했다.

답을 얻기는 쉽지 않았다. 치아오는 수십여 가지의 연구와 세계 보건기구의 데이터를 모아 2010년 발표한 논문에 이 모든 데이터를 지도 한 쌍에 입력했다. 한 지도는 이 유전자가 가장 흔한 지역을 보여주었고, 반면 다른 지도는 우울증이 많은 지역을 드러냈다. 만약 이 짧은 SERT 유전자가 정말로 '우울증 유전자'였다면, 두 지도는 거의 동일하게 나타날 것이라고 치아오는 추론했다. 하지만 그렇지 않았다. 오히려 나란히 놓고 보면 어떤 면에서 두 지도는 '반대'였다. 우울증 유전자를 가진 사람이 많은 동아시아는 우울증 지도에서 거의 색깔을 드러내지 못했다. 반면 우울증 유전자를 가진 사람이 많지 않은 미국과 일부 유럽 지역은 우울증을 나타내는 밝은 빨간

색이 많았다.

지도로만 보면 이 유전자가 특정 사람들을 우울증에 걸리지 않게 한다고 생각할 수 있다. 하지만 성급한 결론을 내리길 주저하면서 치아오는 우울증이 서양에서는 과잉 진단되고 아시아에서는 과소 진단되는 것은 아닌지 다른 가능성도 조사했다(그럴 가능성도 있지만 큰 차이를 설명하기에는 충분하지 않을 수도 있다). 그러나 그녀가 추가 조사한 가능성 중 어느 것도 증거가 되지 못했다. 그렇다면 우울증 유전자를 가진 사람들은 왜 우울증에 걸리지 않았을까?

사회적 예민성 유전자

치아오만이 이 의문을 가진 것은 아니었고, 몇몇 연구자들도 단서를 찾고 있었다. 예를 들어 한 연구는 충분한 사회적 지지를 받는 경우, 충격적인 경험(이 연구의 경우 허리케인)을 견뎌낸 짧은 SERT 유전자를 가진 사람들이 긴 SERT 유전자를 가진 사람들보다 우울증에 걸릴 위험이 더 높지는 않다는 것을 발견했다. 그리고 오히려 사회적 지지가 부족하면 우울증에 걸릴 위험이 4.5배 더 높았다. 위탁 가정에 있는 10대들을 대상으로 한 또 다른 연구에서도 비슷한 결과가 나왔다. 짧은 SERT 유전자를 가진 10대들은 그들의 삶에서 신뢰할 수 있는 성인 멘토가 있는 경우 더 이상 우울증에 걸릴 가능성이 없었다. 하지만 멘토가 없는 경우 우울증에 걸릴 위험이 더 높았다.

그렇게 서서히 윤곽이 드러났다. 치아오는 지도를 비교하면서 짧은 유전자가 동아시아 국가들처럼 집단주의 문화가 있는 곳에서 더 흔하다는 것을 깨달았다. 아마도 이러한 지역에서는 오래 지속되는 관계와 가족 간의 친밀함 같은 문화적 특징이 더 많은 사회적 지원을 제공하여 우울증 발병을 막는 데 도움이 될 수 있다.

이는 관계가 유동적이고 쉽게 대체되는 미국과 같은 개인주의적 문화와 대조적이다. 짧은 SERT 유전자를 가진 사람들은 상대적으로 사회적 지지로부터 훨씬 더 많은 것을 얻을 수 있을지도 모른다. 예를 들어, 짧은 SERT 유전자를 가진 사람들이 긴 유전자를 가진 사람들에 비해 타인의 감정을 더 쉽게 읽고, 반응하며, 예측할 수 있다는 것을 발견한 연구들이 있다. 이들은 또한 위험을 더 정확하게 평가하고, 더 창의적이며, 공감할 수 있다. 이후 2010년에 두 명의 과학자 볼드윈 웨이Baldwin Way와 매튜 리버만Matthew Lieberman 또한 비슷한 결론을 내렸다. 그들은 연구에서 짧은 SERT 유전자에 '사회적 예민성 유전자social sensitivity gene'라는 이름을 새롭게 붙였다.

센서티브 부스트 효과

오늘날 과학자들은 인간의 특성을 설명하기 위해 SERT 유전자와 같은 단 하나의 유전자를 찾지 않는다. 키와 피부색처럼 단순해 보이는 유전적 특성도 대부분 하나의 유전자가 아닌 여러 유전자의 영향을 받는다(우리가 부모와 키가 똑같지 않거나 피부색이 똑같지 않은 이유도 바로, 이 때문이다). 이제 연구자들은 로봇 팔을 사용하여 화학적으로 반응하는 작은 트레이에 DNA 샘플을 떨어뜨려 한 사람의 전체 게놈genome[한 생물이 가지는 모든 유전 정보-옮긴이]을 스캔, 수백만 개의 유전자 변이를 한 번에 확인할 수 있다. 조상 확인에 사용하는 것과 같은 DNA 데이터베이스에서 추출한 충분한 크기의 샘플에 대해 이 과정을 반복하면 연구자들은 단일 형질에 관련된 수천 개의 유전자 변형을 식별할 수 있다. 이 유전자 중 어떤 것도 스스로 한 특성을 활성화하거나 비활성화하기에 충분하지 않다. 하지만 모든 유전자가 어떤 방식으로든 이에 영향을 미친다. 따라서 예민함(및 대부분의 다른 특성)은 개인의 전체 게놈에서 나타나는 패턴으로 볼 수 있다. 게놈이 패턴과 일치할수록 더 예민하다.

현재 예민도에 대한 연구는 아직 진행 중이며, 그 패턴이 완전히 밝혀지지는 않았다. 그러나 SERT 유전자는 아마도 패턴에 관련된 유전자 중 하나일 것이다. 연구자들은 SERT 유전자를 '가소성 유전자plasticity gene'라고 부르는데, 이는 사람들이 환경에 더 개방적으로 반응하여 자신을 더 많이 형성할 수 있게 하는 것으로 보이기 때문이다. 다른 가소성 유전자로는 뇌의 보상 중추인 도파민 시스템에 관여하는 모노아민 산화효소MAOA, 도파민 수용체 D4DRD4 등이 있다. 이 발견은 예민한 사람들이 세상을 다르게 경험할 뿐만 아니라 삶에서 다른 것들을 원한다는 것을 시사한다.

궁극적으로 반응성responsivity이라는 특성은 우울증과의 연관성을 설명할 수 있다. 분명 부정적인 사건들은 인생에서 일어나는 일들에 대해 더 강한 반응을 보이는 사람에게 더 큰 타격을 줄 수 있다. 예를 들어 이런 사람이 직업이나 중요한 관계를 잃으면 다른 사람보다 우울증에 걸릴 위험이 커진다. 하지만 반응성은 우울증과 연결 고리가 항상 존재하지 않은 이유를 설명하는 데에도 도움이 된다. 예를 들어, 가소성 유전자를 가진 사람이 지지, 격려, 긍정을 받으면 어떤 일이 일어날까? 이들은 여전히 자신의 상황에 대해 강한 반응을 보이지만, 이번에는 긍정적인 반응으로 다른 사람들이 받지 못하는 이점을 얻게 된다. 우리는 이러한 장점을 '센서티브 부스트 효과sensitive boost effect'라고 부른다. 이 부스트 효과로 인해 예민한 사람들은 기본적인 지지를 받으면 다른 사람들보다 훨씬 더 많이 도약할 수 있다. 따라서 이러한 사람들은 다른 사람들과는 다른 방식으로 환경의 강력한 긍정적 영향을 받기 때문에, 우울증에 걸릴 위험이 '낮다'는 것은 일리가 있다.

다시 말해, 예민한 사람일수록 좋은 경험이든 나쁜 경험이든 유전자에 의해 더 많은 것을 얻을 수 있다.

예민함의 3가지 유형

예민함이 단지 하나의 유전자에 의해 결정되지 않는다는 사실은 예민한 두 사람이 똑같지 않은 이유를 설명하는 데 도움이 된다. 지금까지 연구자들은 사람마다 예민도가 다른 3가지 유형을 밝혀냈다.

① **낮은 감각 역치를 가진 유형:** 이 경우의 예민한 사람은 시각, 후각, 청각, 촉각과 같이 감각을 통해 받아들이는 정보에 예민하다. 이런 사람은 '슈퍼 센서super sensor'이다. 이런 유형의 예민함은 한편으로는 환경에 얼마나 잘 적응할지, 다른 한편으로는 얼마나 빨리 과한 자극을 받을지를 결정한다. 다음과 같은 경향 중 하나에 해당한다면 당신은 낮은 감각 역치low sensory threshold[자극에 대한 반응을 일으키는 데 필요한 최소한도의 자극 세기를 나타내는 수치-옮긴이]를 가지고 있을 수 있다.

- 사람들로 붐비는 장소에서 피곤함을 느끼거나 빠르게 질린다.
- 소량의 카페인, 알코올, 치료 약, 기타 성분에 강한 반응을 보인다.
- 시끄러운 소리(경고음이나 고함 등), 긁히거나 불편한 질감(모직 스웨터 등), 밝은 빛 등에 매우 신경이 쓰인다.
- 실내의 미세한 온도 변화에 민감해, 덥고 추움을 쉽게 느낀다.

② **감정적인 자극에 쉽게 자극받는 유형:** 자신의 내면과 타인으로부터의 감정적인 자극에 쉽게 반응한다. 이런 사람은 '슈퍼 필러super feeler'이다. 이 예민함을 가진 사람은 사람들의 마음을 읽는 타고난 능력을 가지지만, 그만큼 사소한 일로 스트레스를 받거나 고통스러운 감정에 더 많이 시달릴 수 있다. 다음과 같은 행동이나 느낌을 경험한다면 이 유형의 예민한 사람이다.

- 다른 사람의 기분과 감정에 쉽게 전염된다.

- 신경계를 진정시키고 기운을 충전하기 위해 많은 휴식 시간이 필요하다.
- 짧은 시간에 많은 일을 해야 할 때 스트레스를 받거나 피곤함을 느낀다.
- 배가 고프면 쉽게 짜증과 화가 난다.
- 신체적 통증에 매우 민감하다(통증에 대한 내성이 낮다).
- 실수하지 않으려고 열심히 노력한다(실수하면 당혹감이나 수치심을 크게 느끼기 때문이다).
- 쉽게 깜짝 놀란다(놀람 반사startle reflex가 크다).

③ 미적 예민성이 높은 유형: 주변의 세부 사항, 특히 예술적 디테일에 세심한 주의를 기울인다. 예술과 아름다움에 특별한 심미안이 있는 '탐미주의자aesthete'이다. 다음과 같다면 미적 예민성이 높다는 신호다.

- 음악, 시, 예술 작품, 소설, 영화, TV 프로그램, 연극, 멋지게 꾸며진 방이나 자연의 놀라운 장면에 깊이 감동한다.
- 섬세한 향이나 맛(고급 와인과 같은)을 깊게 음미한다.
- 다른 사람들이 놓치는 작은 디테일을 알아차린다.
- 불편한 환경을 개선하기 위해 무엇을 바꿔야 하는지 안다(온도 조절기의 온도를 낮추고 조명을 부드럽게 하기 등).
- 상상력이 풍부한 내면세계를 가지고 있다.

예민한 사람은 3가지 유형 모두에 매우 크게 반응하거나, 한두 가지 유형에만 더 예민하게 반응할 수도 있다. 런던 퀸 메리 대학교의 행동 과학자이자 세계 최고의 민감성 연구자 중 한 명인 마이클 플루에스Michael Pluess는 이 3가지 유형의 예민함 외에도, 일부 예민한 사람은 단순히 부정적인 경험(유독 일이 안 풀리는 날, 경제적 손실, 트라우마 등)에 더 반응하거나, 긍정적인 경험(영감을 주는 영화를 보거나 상사로부터 칭찬을 받는 것 등)에 더 반응한다고 말한다. 이러한 예민함의 차이는 부분적으로는 유전자의 변이 때문에 발생한다. 《매우 예민한 뇌The Highly Sensitive Brain》의 저자 코리나 U. 그레븐Corina U. Greven과 주디스 R. 홈버그Judith R. Homberg는 "예민함은 유전자의 변이와 어린 시절의 환경을 포함한 삶의 경험에 영향을 받는, 다면적이고 매우 유연한 것으로 생각할 수 있다."고 설명한다.

이제 예민함을 야기하는 다음 원인인 엄마의 자궁 속에서 세상을 처음 경험하는 것을 포함해 어린 시절의 환경에 대해 살펴보도록 하자.

트라우마와 예민함의 연결 고리

2001년 9월 11일 아침, 수만 명의 사람들이 세계 무역 센터 주변에서 하루를 시작하고 있었다. 《오리진: 엄마 배 속 9개월에 관한 모든 오해와 진실Origins: How the Nine Months Before Birth Shape the Rest of Our Lives》의 저자 애니 머피 폴Annie Murphy Paul에 따르면 이들 중 약 1,700명이 임산부였다. 비행기가 충돌하고 쌍둥이 빌딩이 무너졌을 때 이 임산부들은 혼란에 휩싸였다. 일부는 구조물이 무너지기 전에 건물에서 탈출하기 위해 목숨을 걸고 싸웠다. 이웃 건물에서 이 무서운 광경을 목격한 임산부들도 있었다. 9·11 테러 생존자들에게서 흔히 볼 수 있듯이 이 임산부들의 약 절반이 이후 외상 후 스트레스 장애(PTSD)를 겪었다. 그날의 공포가 끝난 지 한참이 지나고 그들의 몸은 안전했지만, 여전히 위험에 처해 있다고 확신했다. 임산부들은 공황 발작과 악몽에 시달리고, 아주 작은 위험을 느껴도 움찔했다.

같은 날 아침, 약 25킬로미터 떨어진 곳에서 정신의학과 교수인 레이첼 예후다Rachel Yehuda는 브롱크스 보훈 의료 센터로 출근 중이었다. TV로 끔찍한 광경을 지켜본 예후다는 9·11 테러가 생존자들에게 미치는 장기적인 영향을 분석하기로 했다. PTSD 연구자인 그녀는 홀로코스트 생존자들과 베트남 전쟁 참전 용사들에 대한 연구를 전문적으로 해 오고 있던 터였다. 1993년, 그녀는 홀로코스트 생존자들의 치료를 전문으로 하는 세계 최초의 정신과 클리닉을 열었다. 나치의 잔인함을 직접 경험한 사람들로부터 전화가 쇄도할 것으로 예상했지만, 예상 밖의 전개는 그녀를 놀라게 했다. 생존자들보다 생존자들의 다 자란 자녀들로부터 약 5배 더 많은 전화가 걸려 온 것이다. 예후다는 자신의 책에서 "이 자녀 중 많은 사람이 PTSD 증상을 가지고 있었다."고 말한다. 이들은 특별히 충격적인 삶을 살고 있지 않은데도 부모와 똑같이 악몽, 불안, 심지어 과잉 각성hypervigilance[주변에 대한 경계 수준이 극도로 높은 상태-옮긴이]을 경험하고 있다고 말했다.

당시에는 트라우마 생존자의 자녀가 부모의 이야기를 듣고 그들의 어려움을 보면서 상처를 받았다고 추론했다. 이러한 경험으로 인해 아이들은 더 두려워하고, 더 불안해하며, 항상 존재하는 세상의 위험에 더 예민하게 반응하게 된다는 것이다. 하지만 예후다는 생각이 달랐다. 그 후 몇 년간 그녀는 트라우마가 생존자의 자녀에게 어떤 영향을 미치는지 조사하는 몇 가지 연구를 공동 수행했다. 그리고 9·11 테러 생존자의 아기들이 엄마와 비슷한 수준의 코르티솔cortisol*을 가지고 있다는 것을 발견했다. 코르티솔 수치는 어떤 사람에게 PTSD가 발병하고 발병하지 않는지를 보여주는 주요 예측 변수이고, 9·11 테러가 임신 3기에 발생했을 때 그 영향이 가장 컸다. 이후의 연구는 또 다른 전개를 보였다. 아빠가 아닌 엄마가 PTSD를 가지고 있으면, 아이들이 PTSD에 걸릴 가능성이 더 높다는 결과였다.

어떻게 이해해야 할까? 아이들은 너무 어려서 9·11 테러에 대해 엄마의 끔찍한 경험을 듣고 이해할 수 없었기 때문에, 일반적인 설명은 통하지 않았다. 그리고 트라우마가 임신 3기에 발생했을 때 영향이 가장 강했기 때문에, PTSD의 위험을 증가시키는 원인을 찾는 것은 유전자를 물려받은 아기들만큼 간단한 문제가 아니었다. 과연 산모가 경험한 트라우마가 태어나기도 전의 태아에게 전해질 수 있을까?

---

* 급성 스트레스에 반응해 분비되는 물질로, 스트레스에 대항하는 신체에 필요한 에너지를 공급해 주는 역할

태아기 스트레스와 예민함의 강도

예후다는 과학자들이 현재 '후생유전학$_{\text{epigenetics}}$'이라고 부르는 분야를 우연히 발견했는데, 이것은 우리의 경험이 유전자의 작동 방식을 어떻게 변화시키는지 연구하는 비교적 새로운 연구 분야이다. 그리고 유전자 발현에 영향을 미치는 것은 우리 자신의 경험뿐만 아니라 우리 조상들의 경험이기도 하다. 간단히 말해, 후생유전학적 표지는 특정 유전자를 켜거나 끄며 종들이 환경에 빠르게 반응할 수 있게 한다. 이 모든 변화가 영구적인 것은 아니며, 후생유전학적 표지가 실제로 DNA 코드를 바꾸지도 않는다.

유전자를 도서관이라고 생각해보자. 각각의 책에는 우리를 우리 자신으로 만드는 지침을 담고 있다. 후생유전학은 어떤 책을 읽고 어떤 책을 선반에 그대로 둘지 선택하는 데 도움을 준다. 전쟁, 홀로코스트, 9·11 테러와 같은 충격적인 사건은 유전자가 읽히거나 표현되는 방식을 바꿀 수 있지만, 평범한 일상적인 일들도 이를 바꿀 수 있다. 다이어트, 운동, 노화와 같은 것들도 유전자가 작동하는 방식을 바꿀 수 있다. 후생유전학은 또한 일부 사람들이 왜 예민한지를 설명하는 데 도움을 준다.

쥐처럼 생긴 작은 갈색 동물인 프레리들쥐에 대한 최근 연구는 후생유전학에 대한 증거를 내놓았다. 제이 벨스키$_{\text{Jay Belsky}}$와 연구진은 이 연구에서 일부 임신한 들쥐들을 스트레스가 많은 상황에 놓고(공격적인 들쥐와 같은 우리 안에 놓았다), 다른 임신한 들쥐들에게는 스트레스를 주지 않았다. 그런 다음 새끼를 입양 부모에게 보냈다.

양부모의 절반은 핥기, 손질 등 새끼 들쥐를 잘 돌보는 양부모로 구성했고, 나머지 절반은 돌보기에 태만한 부모들로 구성했다. 과학자들은 새끼 들쥐들이 성인 들쥐가 되었을 때, 불안해하는 정도를 측정했다.

결과에 대해 과학자들은 의심의 여지가 없었다. 어미 들쥐가 스트레스를 받은 후 좋은 부모에게 입양된 들쥐들이 가장 덜 불안했다. 심지어 어미 들쥐가 스트레스를 받지 않은 들쥐들에 비교해서도 그랬다. 태아기에 스트레스를 받은 후 나쁜 부모에게 입양된 들쥐는 가장 스트레스를 많이 받았다. 태아기에 스트레스를 받지 않은 다른 들쥐들은 스트레스 정도에서 이들의 중간에 있었고, 부모가 좋든 나쁘든 불안 수준에는 차이가 없었다.

언뜻 보기에 이 결과는 별것 아닌 것처럼 보일 수 있지만 실제로는 획기적인 결과이다. 그 전까지 과학자들은 9·11 테러 이후 다음 세대에 전해지는 트라우마와 같은 태아기 스트레스의 부정적인 측면에만 집중해 왔다. 그러나 천문학자가 먼지 한 점에 눈이 멀 수 있는 것처럼, 사회 과학도 인간이 가진 단순한 편견에 의해 시각이 흐려질 수 있다.

한 발달 연구자의 말처럼, 모든 것이 잘 돌아가고 있을 때 아이를 연구해 달라고 요청하는 사람은 아무도 없다. 따라서 예민함에 대한 초기 연구는 어려움을 겪고 있는 아이들에게 초점을 맞추었다. 벨스키는 플루에스와 함께 이를 다르게 보았다. SERT 유전자와 마찬가지로 태아기 스트레스가 어떻게든 가소성을 강화하여 태어나기 전에 아기에게 '메시지'를 보내는 것일 수 있다. "주의해!", "이곳

은 거친 세계야."라는 메시지는 출생 후 환경에 더 잘 반응하도록
준비시켜 태아기 스트레스가 적은 아이보다 변화하는 세상에 더
잘 대처할 수 있도록 하는 '센서티브 부스터 효과'를 발휘한다.

유전인가, 환경인가?

기질이냐 양육이냐를 놓고 벌이는 논쟁에서 대중적인 대답은 '둘
다'이다. 이러한 대답은 예민한 사람들에게 특히 잘 적용되는데, 이
들의 유전적 패턴이 양육에 더 반응하기 때문이다. 놀랍게도 과학
자들은 정확한 숫자로 이를 나타냈다. 유전자는 예민성 정도에 약
47% 영향을 미치고, 과학자들이 '환경적 영향'이라고 부르는 것이
나머지 53% 영향을 미친다(플루에스는 같은 유전자를 가졌지만, 다른
예민성 정도를 가진 쌍둥이들을 연구해 이를 알아냈다). 결과적으로 가족,
학교, 지역 사회와 같은 환경의 영향은 우리를 더 예민하게 만들 수
있고, 다른 특성보다 더 중요할 수도 있다.

연구자들은 어떤 경험이 우리를 더 예민하게 만드는지 덜 예민하
게 만드는지 정확하게 알 수는 없지만, 인생에서 처음 몇 년 동안의
경험이 특히 중요하다고 믿는다. "이것은 여전히 탐구해야 할 중요
한 질문 중 하나입니다."라고 플루에스는 인터뷰에서 말했다.

최근 지 리Zhi Li와 그녀의 동료들이 1년 동안 어린이들의 예민성
수준이 어떻게 변화하는지를 조사한 미국 연구에서 한 가지 힌트
를 찾을 수 있다. 거실처럼 꾸며진 실험실에서 아이들은 퍼즐을 풀

예민함의 힘

고, 게임을 했으며, 인내심 시험을 위해 간식을 먹지 않고 기다리기도 했다. 연구진은 창의력, 깊은 생각, 도전적인 일에 대한 끈기와 같은 예민함의 징후를 찾고 있었다. 연구원들은 아이들이 어떻게 반응하는지 보기 위해 특이한 행동을 하기도 했다. 한 실험에서는 검은색 비닐봉지를 쓴 낯선 사람이 방에 들어와 90초 동안 서성이다가 아무 말도 하지 않고, 아이도 쳐다보지 않은 채 자리를 떠났다. 예민한 아이들이 덜 예민한 아이들보다 더 두려워하는지 알아보기 위한 것이었다(그렇지 않았다). 또 다른 실험에서 리와 동료들은 머리나 무릎을 다친 척하며 고통스럽게 소리를 질렀다. 예민한 아이들이 더 많은 공감을 보이는지에 대한 실험이었다(그들은 공감을 보였다). 실험에 참가한 아이들은 첫 번째 실험에서는 3세 정도였고 두 번째 실험에서는 4세 정도였으며, 대부분의 실험은 반복되었다.

연구원들은 미묘한 반응을 찾도록 훈련받았다. 그들은 예민한 아이들이 다른 사람들과 긍정적인 관계를 형성하는 데 더 개방적이지만, 그 과정에서 더 내성적인 경향이 있다는 것을 발견했다. 리의 연구진은 예의 바르고 주의 깊게 지시를 따르며 실험자를 기쁘게 하려는 아이의 작은 신호를 찾았다. 그들은 또한 예민한 아이들이 결정을 내리기 전에 자신의 성과를 관찰하고 그 결과를 반영할 것이라고 기대했다. 그리고 예민한 아이들이 일반적으로 더 조심스럽고 감정과 충동을 조절하기 위해 더 열심히 노력할 것으로 생각했다.

리는 또한 아이들의 가정생활을 엿보고 싶었다. 아이들의 가정이 혼란스러운 가정인지 아니면 안심할 수 있고 안정적인 가정인지, 부모가 친절하고, 주의 깊으며, 이치에 맞게 행동하는 사람들인지 아니면 아이들이 실수하거나 잘못했을 때 소리를 지르며 비난하는 사람들인지 알고 싶었다. 이런 환경을 평가하기 위해 연구진은 엄마들이 최근 아이가 잘못했던 일에 대해 아이와 이야기하는 것을 지켜보았다. 또한 아이들의 인지 기능과 우울증, 주의력 문제, 공격성과 같은 행동 문제에 대해서도 평가했다.

마지막 실험이 끝나고 수치가 집계되자, 과학자들은 흥미로운 패턴인 U자형 그래프를 발견했다. 가장 극단적인 환경(매우 지지적이거나 방임적인 환경)에서 살았던 아이들은 1년에서 다음 해까지 일관된 수준의 예민성을 유지했다. 반면 중립적이거나 중간 정도의 환경을 가진 아이들(부모가 특별히 도움이 되는 것도 아니지만 그렇다고 소홀한 것도 아닌)은 예민성이 떨어져 있었다. 그리고 프레리들쥐 연구에서와 마찬가지로, 부모가 지원을 아끼지 않는 환경에서 자란 예민한 아이들은 모든 아이 중에서 가장 좋은 결과를 얻어 인지 기능이 가장 우수하고 행동 문제가 가장 적었다.

그 이유는 무엇일까? 과학자들은 확신할 수 없지만 이것이 에너지 사용 측면에서 신체에 합당함과 관련이 있다고 생각한다. 예민한 사람의 뇌는 열심히 일하고, 예민한 사람은 더 많은 에너지를 사용하며 주어진 일에 더 많은 시간을 보낼 수 있다. 부모가 지원을 아끼지 않는 환경의 아이들은 에너지를 많이 소모하긴 해도 예민한 것에 따른 이득을 볼 수 있는데, 예민한 덕분에 자신의 특별한 환경을 최대한 활용해 더 잘 배우고 성공할 수 있기 때문이다. 안타깝게도 열악한 환경의 아이들도 예민함을 통해 위협에 대한 경계를 유지하고 상황을 신중하게 평가하는 데 도움이 될 수 있다. 또한 예측하기 힘들거나, 자신의 욕구에 둔감하거나, 가혹한 훈육을 하는 보호자들의 요구를 따르는 데 도움이 된다.

중립적인 환경에서 자란 아이들은 예민함이 큰 도움이 되지 않기 때문에 예민해지지 않을 가능성이 높다. 이 아이들에게는 방어해야 할 위협이 거의 없고, 배울 수 있는 경험도 거의 없기 때문에 예민함은 이들의 에너지를 낭비할 뿐이다. 예민한 성인이라면 누구나 말할 수 있듯이, 주변 환경에 매우 예민하게 반응하는 것은 피곤하고 에너지 소모적인 과정이며 가벼운 일이 아니다.

지금까지 무엇이 예민함을 유발하는지에 대한 또 다른 단서를 살펴봤다. 어린 시절 열악한 환경에서 자랐다면 생존하기 위한 수단으로 더 예민해졌을 수 있다. 하지만 부모가 지원을 아끼지 않는 환경에서 자란 경우에도, 모든 혜택을 흡수할 수 있도록 더 예민해질 수도 있다.

장점을 극대화하는 특성: 밴티지 예민성

하지만 이러한 어린 시절의 경험은 실제로 얼마나 중요할까? 예를 들어 예민함에 대한 유전적 패턴을 많이 물려받지는 않았지만 어렸을 때 부모님이 많이 싸웠다면 성인이 된 후에도 예민성이 높은 사람이 될까? 꼭 그렇다고 할 수는 없다. 반면, 예민한 유전자를 물려받았지만, 중립적인 환경에서 자랐다면 그 환경이 예민한 유전자를 상쇄시킬까? 아마 아닐 것이다. 어린 시절의 경험이 예민성을 증가시키는 것처럼 보이지만, 유전적 요인이 먼저 존재해야 한다. 어린아이들에 대한 연구를 보면 이미 예민성에서 높은 점수를 받은 아이들은 1년 동안 다른 아이들에 비해 거의 변화가 없었는데, 아마도 유전자가 예민하게 만들어졌기 때문일 것이다. 낮은 예민성에서 시작한 아이들이 극한 환경에서 예민성이 많이 증가한 것은 환경에 적응했기 때문이다.

플루에스가 말했듯이 만약 예민함이 단순히 트라우마에 대한 반응으로 나타나는 것이라면 예민함은 꽤 드물게 나타날 것이다. 하지만 그렇지 않기 때문에 예민한 사람들은 어디에나 있고, 인구의 약 30%를 차지한다. 그리고 이 중 많은 사람은 평범함 어린 시절을 보냈다. 플루에스에게 이는 한 가지를 의미했다. 예민함은 과학자들이 처음에 생각했던 것보다 더 큰 이점을 준다는 것이다.

데이터를 검토하면서 그는 예민함이 주는 이점이 무엇인지 이해하게 됐다. 예민한 사람들에게 적절한 조건을 준다면 인생 후반에도 다른 사람들을 앞지를 수 있을지도 모른다고 생각했다. 플루에스는 이를 '밴티지 예민성vantage sensitivity'이라고 불렀는데, 높은 예민성은 어떤 형태의 지원이건 그 이점을 극대화하는, 적응력이 높은 특성이라는 이론이다.

이 이론을 검증하기 위해 플루에스는 우울증 연구를 자체적으로 진행했다. 이전의 연구들과는 달리 SERT 유전자가 아닌 예민성 자체에 기반한 연구였다. 중요한 점은 그의 연구가 유아기 발달 단계를 훨씬 지난 청소년들을 대상으로 했다는 점이다. 이들은 유아보다 나이가 더 많을 뿐만 아니라, 영국에서 경제적으로 가난한 지

역에 살고 있었다. 통계적으로 이들은 안정적인 가정에 속할 가능성
이 작았고, 따라서 우울증에 걸릴 위험이 높았다. 하지만 밴티지 예
민성이 맞다면, 가장 예민한 청소년들이 이를 가장 잘 극복할 수 있
어야 했다.

연구를 위해 이들은 우울증 예방 프로그램을 받았다. 프로그램
은 약 4개월 동안 진행되었고 청소년들에게 우울증 증상을 인식하
고 회복할 방법을 가르쳤다. 그리고 프로그램이 얼마나 도움이 되
는지 측정하기 위해 프로그램 실시 전과, 중간, 끝난 후에 우울증을
평가했다. 결과는 충격적이었다. 예민성 테스트에 따른 점수를 고
려하기 전까지는 청소년들에게 이 프로그램은 거의 영향을 미치지
않은 것으로 보였다. 하지만 예민하지 않은 청소년들은 프로그램의
혜택을 거의 받지 못한 반면, 예민한 청소년들에게는 프로그램이
큰 성공을 거둔 것으로 나타났다. 예민한 청소년들은 프로그램이
진행되는 동안과 연구원들이 확인을 중단한 후에도 최소 1년 동안
우울증을 극복했다. 예민한 청소년들이 보인 성공적인 프로그램 결
과는 이전의 연구를 비웃는 것처럼 보였다. 이 중에는 가장 힘든 어
린 시절을 보냈을 아이들이 이 프로그램을 통해 예민함을 키웠고,
그 예민함은 단순히 살아남는 데 도움이 된 것이 아니라 또래 친구
들을 뛰어넘는 발판이 되었다.

이러한 결과는 다른 연령대와 다른 환경에 처한 예민한 사람들
에게도 반복해서 나타났다. 이혼 직전의 예민한 성인이 관계 개입을
받으면 결혼 생활을 회복할 가능성이 더 높다. 좋은 보살핌을 받는
예민한 아이들은 똑같이 좋은 보살핌을 받는 덜 예민한 아이들보다

더 나은 사회성을 키우고, 더 나은 성적을 얻으며, 심지어 이타적인 행동에서 더 높은 점수를 받는다. 한편, 연구진은 모든 연령대의 예민한 사람들이 치료를 통해서 더 많이 나아지고 더 많은 것을 얻는 것 같다고 말한다. 성인이 되면 예민한 사람들은 덜 예민한 사람들보다 스트레스에 대한 회복력이 더 높을 수도 있는데, 이는 대부분의 사람이 생각하는 결과와는 정반대이다. 예민한 사람들은 가장 완벽한 조건이 아니면 시들어 버리는 온실 속의 화초가 아니다. 오히려 한 방울의 영양분도 놓치지 않고, 사랑스러운 꽃들로 가득 찰 때까지 계속해서 영양분을 흡수하는 다육 식물과 유사하다.

예민한 사람의 무한 성장

이러한 장점이 브루스 스프링스틴의 아버지와 같은 사람들, 그리고 오랫동안 많은 사회 과학자에 의해 인식되지 않는 이유는 직관적이지 않기 때문이다. 가장 쉽게 스트레스를 받는 사람이 어떻게 남들보다 앞서 나갈 수 있을까? 이는 언어의 문제이기도 하다. 나쁜 것에 더 취약한 사람이나 그것으로부터 더 보호받는 사람을 묘사할 말은 많다. 좋은 것으로부터 추가적인 혜택을 받는 사람을 뭐라고 불러야 할까? 프레리들쥐 연구를 진행하고 플루에스를 지도한 벨스키는 8개 국어를 사용하는 동료들에게 적당한 말을 물어보기까지 했다. 이들이 생각해 낸 가장 적당한 표현은 '운이 좋았다lucky'는 것이었다.

이것이 벨스키와 플루에스가 '밴티지 예민성'이라는 이름을 만들어낸 이유이며, 우리가 다소 전문적인 용어로 '센서티브 부스트 효과'라고 소개한 이유이다. 예민한 사람들은 멘토, 건강한 가족, 긍정적인 친구들과 같이 도움이 되는 사람들로부터 더 큰 힘을 얻는다. 이러한 부스트 효과는 올바른 방향으로 나아갈 때 더 많은 것을 할 수 있게 해준다. 예민한 사람들은 성장에 최적화되어 있다.

예민성 등식은 스프링스틴의 성장 과정을 떠올리게 한다. 화를 잘 내고 못마땅해하는 아버지 밑에서 자란 트라우마가 그의 민감성을 증가시켰다(그의 아버지가 그를 강하게 만들려고 했던 것이 그를 더 예민하게 만들었을지도 모른다). 반면 스프링스틴의 어머니 아델은 그의 아버지와 달랐다. 법률 비서였던 그녀는 가족의 생계를 책임지고 어린 스프링스틴의 혼란스러운 삶을 안정시키는 힘이었다. 스프링스틴에 따르면 아델은 친절하고, 인정이 많으며, 다른 사람들의 감정을 배려하는 사람이었다. 그녀는 또한 격려를 아끼지 않는 사람이었다. 예컨대 그가 록 스타가 될 수 있다고 생각했을 때, 그의 어머니는 그가 기타를 빌릴 수 있도록 돈을 마련해 주었다. 스프링스틴이 가진 예민함이 마침내 결실을 보았던 것은 한결같은 어머니의 지원 때문이었다.

'지금'을 결정하는 능력

브루스 스프링스틴은 60년에 걸친 커리어를 통해 아카데미상, 토

니상, 20개의 그래미상 등을 수상했다. 《롤링스톤》은 그가 공연한 2009년 슈퍼볼 하프타임 쇼를 최고의 공연 중 하나로 선정하기도 했다. 그는 로큰롤 명예의 전당에 올랐고, 세계에서 가장 유명하고 가장 많은 돈을 버는 음악가 중 한 명이다. 그의 아버지 더글러스는 그가 명성을 얻는 것을 보며 살았다. 결국 스프링스틴은 자신과 아버지가 생각보다 공통점이 많다는 것을 알게 됐다. 더글러스는 겉은 황소 같은 사람이었지만 속에는 '온화함, 소심함, 겁, 불안감을 숨기고 있는' 사람이었다. 스프링스틴이 보기에 아버지는 예민한 사람이었지만 단지 숨겼을 뿐이었다. 그는 회고록에서 "나는 한 마디로 '여렸다'. 아버지는 '여린' 것을 싫어했다. 하지만 아버지도 '여리게' 자랐다. 나처럼 마마보이였다."라고 말했다. 더글러스가 자신의 예민함을 맥주와 주먹다짐 속에 묻어두는 동안, 스프링스틴은 자신의 예민함을 받아들여 큰 성취를 이룰 수 있었다.

놀라운 성공에도 '나는 누구일까?'라는 한 가지 의문은 여전히 그를 괴롭히고 있다. 오랜 세월이 흘렀지만, 그는 여전히 알지 못한다. 브루스 스프링스틴은 자신이 '변하기 쉬운 창조물'이라고 말한다. 그는 《에스콰이어》와의 인터뷰에서 "다른 사람들처럼 내가 누구인지를 찾고 있어요. 정체성이란 것은 아무리 오랜 시간이 흘러도 알기 쉽지 않아요."라고 말했다. 더 중요한 점은 현재의 그를 만든 것은 무엇이고, DNA가 항상 그의 삶을 지배할까이다.

스프링스틴처럼 당신도 자신에 대해 같은 질문을 해본 적이 있을 것이다. 나는 왜 지금의 모습일까? 그것은 DNA 때문일까? 아니면 내가 거쳐 온 인생 경험 때문일까? 이제 우리가 찾은 답은 둘 다이다.

하지만 또 다른 답이 있다. 스프링스틴은 우리가 통제할 수 없었던 과거의 경험에 갇혀 있지 않다는 것을 보여준다. 당신은 평범한 어린 시절을 보냈거나 학대를 당했을 수도 있다. 하지만 이제 당신은 '센서티브 부스트 효과' 덕분에 어떤 사람이 되고 싶은지를 결정할 수 있는 능력을 갖게 됐다. 스프링스틴은 이를 잘 활용했다. 30대와 60대에 두 번의 정신적인 위기를 겪은 후 그는 치료 요법과 자기 분석으로 눈을 돌렸다. 어린 시절의 경험은 그를 힘들게 했지만, 예민함 덕분에 극복할 수 있었다. 다시 말해서 그의 예민함은 선물이었다.

3장

예민함의
다섯 가지 선물

재능이 있다는 건 무언가를 받은 것이 아니다.
당신이 사람들에게 줄 수 있는 무언가가 있다는 뜻이다.

- 이안 토마스 Iain S. Thomas

동물학자 제인 구달의 공감 능력

제인 구달이 2014년 PBS와 인터뷰를 했을 때, 그녀는 이미 동물 보호와 환경 운동의 상징적인 아이콘이었다. 침팬지를 안고 털을 쓰다듬는 모습으로 사람들의 머리에 각인된 구달은 생물학에서 유명한 인물 중 하나였다. 그녀는 수십 년간 획기적인 연구를 했을 뿐 아니라 생물학과 대중의 상상력 사이의 간극을 좁힌 여성이었다. 그녀는 한때 인간과 '영혼이 없는' 동물 사이에 그어져 있던 선을 지우며 침팬지의 믿을 수 없을 정도로 인간적인 행동과 감정을 최초로 우리에게 보여준 사람이었다. 고릴라 코코가 수화로 의사소통을 할 수 있었던 것은 부분적으로 구달 덕분이기도 했다. 인간이 영장류로부터 진화할 수 있었다고 생각해 볼 수 있는 것 역시 부분적으로 구달 덕분이다.

하지만 구달이 이런 획기적인 일을 할 수 있었던 것은 대학 교육 때문이 아니었다. 그녀는 대학을 다닌 적도 없고, 그저 아프리카에 와서 우연히 만난 교수의 지시에 따라 일을 시작했을 뿐이다. 또한 그녀는 침팬지에 대한 특별한 열정으로 연구를 시작한 것이 아니었다. 적어도 처음에는 그랬다. 《정글북》에 나오는 모글리같은 캐릭터를 우상화하며 자랐고 주빌리라는 이름의 침팬지 인형도 가지고 있었지만, 그녀는 멘토에게 어느 분야에서 가장 중요한 일을 할 수 있는지 물어본 후 침팬지 연구를 선택했다. 구달의 스승이던 인류학자 루이스 리키는 침팬지가 인간의 본성에 대해 힌트를 줄 수 있다고 믿었고 구달은 그의 제안을 기꺼이 받아들였다.

그렇다면 구달이 정식 교육을 받지 않고도 탁월한 성과를 낼 수 있었던 비결은 무엇일까? 그것은 그녀의 성격, 특히 연구 대상인 침팬지들을 바라보는 따뜻한 교감 방식이었다. 그 당시 다른 과학자들은 동물을 번호로 불렀지만, 구달은 동물에게 이름을 지어주었다. "과학자는 객관적이어야 하기 때문에 번호로 불러야 한다고 들었어요. 그리고 연구자는 연구 대상에 감정 이입을 해서는 안 됐어요. 저는 이것이 과학의 잘못된 부분이라고 생각해요."라고 구달은 인터뷰에서 말했다. 다른 과학자들은 관찰자인 자신과 연구 대상을 분리하며 떨어져서 관찰했지만, 구달은 침팬지들의 신뢰를 얻으며 침팬지들 사이로 걸어 다녔다.

그 결과는 놀라웠다. 예를 들어 멀리서 봤을 때는 지능적이지 않아 보였던 집짓기 행동을 가까이에서 관찰하니 인간이 집에 깊은 홈을 파는 행동과 흡사했다. 맥스 부인이라는 이름의 한 암컷 침팬지는 집을 정하기 전에 나무 꼭대기의 가지를 조심스럽게 확인했다. 구달은 이런 행동이 사람들이 호텔 침대를 확인하는 방식과 같다고 설명했다. 너무 딱딱한지, 너무 부드러운지, 너무 울퉁불퉁하지는 않은지, 그렇다면 다른 방을 요청해야 할지 확인한다는 것이다.

구달은 심지어 침팬지의 유머까지 이해하게 됐다. 어느 날, 그녀가 절벽을 따라 걷고 있을 때 수컷 침팬지 한 마리가 덤불에서 그녀를 향해 돌진해 왔다. 다른 생물학자라면 절벽으로 떨어지지 않기 위해 몸을 움츠리고 그 순간을 공격으로 기록했을 것이다. 하지만 구달은 이 침팬지가 장난을 좋아한다는 것을 알고 있었다. 그녀가 무서워하는 척하자 침팬지는 이내 장난을 멈췄고, 둘 다 각자의 방식으로 웃었다(침팬지의 웃음은 인간이 듣기에 끽끽거리는 숨소리처럼 들린다). 침팬지는 좋아하는 장난을 반복하는 유치원생처럼 이 장난을 4번 반복했다. 그리고 단 한 번도 구달을 건드리지 않았다.

어떻게 연구해야 할지를 알려주는 지침서가 부족했기 때문에 구달은 그저 자연스럽게 자신의 성격을 따라 공감했다. 정식 교육을 받지 않은 다른 관찰자라면 신체적인 몸짓으로만 침팬지의 행동을 식별하거나 다음에 또 일어날지 모를 공격에 대한 두려움 속에서 살았을지도 모른다. 심지어 침팬지를 힘으로 통제하려고 시도해 과학사의 끔찍한 이야기 중 하나가 되었을 수도 있다. 그러나 구달의 성격은 달랐다. 그녀는 따뜻하고 마음이 열려 있었으며, 사람(그리고 동물)의 감정을 이해하는 데 시간을 보내며, 침팬지를 포함한 모든 사람을 자신이 대접받고 싶은 방식으로 대했다. "공감은 정말 중요해요. 우리의 영리한 두뇌와 가슴이 조화롭게 일할 때만이 우리가 가진 진정한 잠재력을 발휘할 수 있어요."라고 그녀는 말했다.

그녀의 접근법은 성공적이었지만 큰 저항에 부딪혔다. 그 당시에는 동물을 의인화하는 것이 금지되었는데, 단지 이름을 지어주는 것만으로도 과학자의 경력은 끝날 수 있었다. 동물이 사람과 같은 내면의 감정을 공유할 수 있다고 가정하는 것은 엄청난 편견으로 여겨졌다. 생물학자들이 동물의 실제 감정을 간과하고 있을지도 모른다고 감히 말하는 것은 사실상 출판이 불가능했다. 영장류학자 프란스 드 발Frans de Waal은 2019년 인터뷰에서 오늘날에도 구달의 연구를 계승하는 연구자들은 주의해야 한다고 말했다. 침팬지를 간지럽히면 구달이 발견한 바와 같이 웃겠지만 동료 연구자들은 여전히 침팬지가 웃는 것으로 보지 않을 것이라고 그는 말한다. 그 대신에 연구자들은 침팬지들이 '헐떡거리는 소리'를 낸다고 분석한다는 것이다.

구달은 이런 식으로 실험 대상의 내면을 지우는 것이 가치 있다고 생각하지 않았다. 초기 연구에 대한 비판 이후에도 그녀는 영장류의 감정적, 사회적 측면과 때로는 인간과 같은 측면을 계속해서 연구했다. 결국 그녀는 침팬지의 감정이 실재하며, 관찰되고 기록될 수 있다고 추론했다. 따라서 그녀가 가진 공감과 열린 마음은 과학적 연구와 상충하지 않았다. 오히려 과학적 연구를 강화했다.

구달의 접근법은 과학의 역사를 바꿨다. 그녀의 연구는 영장류학자에게만 영향을 미친 것이 아니라 생태학과 환경주의와 같이 새로이 등장한 과학에도 영향을 미쳤다. 그리고 그녀의 멘토가 예견했듯이 그녀의 접근은 우리가 인간의 유산을 이해하는 데 도움을 주었다. 다른 분야에 혁명을 일으키고 여러 새로운 분야를 형성하는 데 도움을 주었다고 말할 수 있는 과학자는 극소수인데, 제인 구달은 이 극소수에 해당한다. 만약 누군가가 그녀에게 연구 대상에 공감할 필요가 없다고 설득했다면 구달의 기여는 발현되지 못했을 것이다.

2장에서 설명한 '센서티브 부스트 효과'를 넘어 예민함은 다섯 가지의 선물을 준다. 구달은 예민함의 가장 강력한 선물 중 하나인 공감을 보여준다. 나머지 네 가지는 창의성, 감각 지능, 깊은 인지적 처리, 깊은 감정이다. 이 모든 선물은 예민한 사람들이 타고난 환경, 즉 정신적 반응성을 기반으로 한다.

예민한 사람이라고 해서 이 다섯 가지를 다 가지는 것은 아니다. 잠재적으로 이 다섯 가지를 가질 수 있는 가능성은 있지만, 각자의 인생 경험에 따라 어떤 선물은 다른 선물에 비해 클 수 있다. 그러나 각각의 선물은 그 자체로 보물이며, 예민한 사람들을 더욱 돋보이게 해준다.

예민한 사람들은 공감 능력이 뛰어나다

'공감'이라는 단어는 현대에 만들어진 말이다. 공감은 예술을 아름답게 만드는 것에 대한 연구인 미학 분야에서 기원했다. 100여 년 전, 독일 철학자들은 모양과 색깔의 집합인 예술 작품이 어떻게 우리로 하여금 아름다움을 느끼게 하는지에 대해 토론했다. 이들이 내놓은 최선의 이론은 우리가 예술에 감정 이입을 해서, 보는 대상에 자신의 감정을 불어넣는다는 것이었다. 따라서 그림을 볼 때 자신이 그 그림을 그렸다면 느꼈을 감정을 상상하고, 화가가 느꼈을 감정과 비슷하게 느끼리라는 것이다. 타인의 감정은 다른 정보와 마찬가지로 물리적인 감각에 의해 전달될 수 있다. 이 개념은 심리학이라는 신생 과학에 빠르게 도입됐다. 우리가 예술 작품에 '감정 이입'을 할 수 있다면, 사람에 대해서도 '감정 이입'을 할 수 있다는 것이다.

예민한 사람들이 보통 사람들보다 공감 능력이 뛰어나다는 것은 뇌 스캔에서 볼 수 있다. 1장에서 설명한 한 연구에서 참가자들은 웃거나 슬퍼 보이는 사람들의 사진을 봤다. 사진 중 일부는 낯선 사람들이었지만, 일부는 참가자의 연인 또는 배우자의 사진이었다. 모든 참가자의 뇌는 특히 슬퍼하는 연인, 배우자에게 어느 정도의 공감 반응을 보였지만, 가장 예민한 참가자는 낯선 사람들의 사진에서도 관심, 공감, 타인에 대한 이해와 관련된 영역에서 전반적으로 더 많은 뇌 활동을 보였다. 행동 계획과 관련된 영역에서도 예민한 사람들의 뇌는 반응했다. 예민한 사람들이 자주 밝히듯이 낯선 사람의 고통을 그냥 지켜만 볼 수 없고 도와주고 싶은 욕구를 느낀 것이었다. 예민한 사람들은 공감의 선수들인 셈이다.

공감은 제인 구달이 성공하게 된 요인인 바로 그 특성이다. 구달의 스토리 자체도 주목할 만한 것이지만, 우리가 주목해야 할 것은 공감 능력이 뛰어난 사람들의 힘이다. 최근 수십 년간 점점 더 많은 연구자가 한때 인정받지 못했던 이 인간의 특성에 관심을 가지게 됐고, 그들의 연구는 많은 돌파구를 열었다. 공감은 유전적이며(공감의 유전자를 다른 사람들보다 더 많이 가지고 있는 사람이 있다), 가르칠 수 있는 것이라는(누구나 공감 능력을 키우는 것을 학습할 수 있다) 연구 결과가 그 한 예다. 하지만 아마도 가장 큰 발견은 공감이 인간의 가장 중요한 2가지 활동의 뿌리라는 것이다. 공감은 우리의 도덕성을 강화하고 진보를 촉진한다.

공감 능력이 결핍된 사이코패스

심리학 교수인 아비가일 마쉬Abigail Marsh는 공감의 힘을 직접 경험했다. 그녀가 교통사고를 당했을 때 한 사람이 그녀의 목숨을 구하기 위해 어둠 속에서 4차선 고속 도로를 가로질러 달려왔다. 그 일을 계기로 그녀는 공감 능력을 연구하기 시작했다. 20여 년 후, 조지타운 대학교의 연구진과 함께 연구하던 마쉬는 자신의 생명을 구한 사람처럼 매우 이타적인 사람들의 뇌는 '일반적인' 사람들의 뇌와 다르며, 그 차이는 공감이라는 것을 증명했다.

하지만 마쉬가 공감 능력이 높은 사람들로 연구를 시작한 것은 아니다. 반대로 공감 능력이 전혀 없는 사람들을 찾는 것부터 시작했다.

그녀는 공감 능력이 낮은 사람의 극단적인 예는 전형적인 사이코패스라고 생각했다. 이는 추측이 아니었다. 사이코패스 진단을 받은 사람들은 다른 사람들에 비해 두려움이나 고통의 징후를 인식하고 공감을 유발하는 뇌의 부분인 편도체가 더 작고 덜 활동적인 것으로 나타났다. 사이코패스는 공감에 집중하면 공감할 수 있는 능력이 되지만, 신경 영상 데이터에 따르면 그들의 공감 시스템은 '끔'으로 기본 설정되어 있다. 다른 사람들과 반대인 것이다. 사람들은 대부분 타인의 고통에 영향을 받지 않으려면 집중해서 노력해야 하지만, 사이코패스들은 오히려 반대로 영향을 받으려면 노력을 기울여야 한다.

공감 능력이 없는 탓에 사이코패스들은 너무나도 오싹한 면들을 가지고 있다. 이들은 차가운 성격을 가지고 있고 타인을 돕고자 하는 욕구가 부족하다. 모든 사이코패스가 범죄를 저지르는 것은 아니지만, 이들은 쉽게 반사회적이고, 냉담하며, 심지어 폭력적인 행동에 쉽게 빠진다. 법원 사건들은 이를 뒷받침한다. 사이코패스는 전체 인구의 약 1%에 불과하지만, 미 연방 교도소에 수감된 남성의 25%를 차지한다.

사이코패스는 공감 척도에서 가장 낮은 자리를 차지한다. 반대편인 가장 상단에 있는 사람들은 어떨까? 높은 수준의 공감 능력이 있는 사람도 심각한 장애를 보일까? 당연히 그렇지 않으며 그 반대이다. 공감 능력이 가장 높은 사람들은 건강할 뿐 아니라 연민의 마음에서 나오는 놀라운 행동을 할 수도 있다. 마쉬의 생명을 구한 이와 같은 사람들은 이상에 의해서만 움직이는 것이 아니라, 평균적인 사람들보다 타인의 고통을 더 크게 감지하는 능력과 높은 배려심으로 움직인다. 공감은 여러 면에서 선과 악의 차이이다.

공감이라는 특성은 인류가 생존하기 위해 필요한 핵심 특성이기도 하다. 스탠포드 대학교의 교수 폴 R. 에얼릭과 로버트 온스타인은 그들의 저서 《공감의 진화》에서 더 많은 사람이 타인의 입장이 되는 법을 배우지 않는다면 문명은 지속되지 않을 것이라고 경고한다. 이들은 인종 차별, 지구 온난화, 전쟁 등 오늘날 가장 심각한 문제들이 사람들을 통합하기보다는 분리시키는 '우리 대 그들' 사고방식에서 비롯된다고 지적한다. 이들과 마찬가지로 뉴욕 타임스 기고가인 클레어 케인 밀러Claire Cain Miller는 우리가 '공감 부족'을 겪으며 살아가고 있다고 말한다. 그리고 그녀는 "점점 더 많은 사람들이 거품 속에서 산다. 우리 대부분은 자신처럼 보이고, 자신처럼 투표하고, 자신처럼 벌고, 자신처럼 돈을 쓰고, 자신처럼 교육받고, 자신처럼 예배하는 사람들로 둘러싸여 있다."고도 말했다. 그녀는 공감 부족이 우리가 가지고 있는 가장 큰 문제들의 주요 원인 중 하나라고 한다. 하지만 예민한 사람들은 뇌의 현저하게 활성화된 부분 덕분에 공감 능력이 뛰어나다.

윤리의 핵심 요소

인간이 도덕적으로 행동하는 이유를 궁금해하던 18세기 철학자 애덤 스미스도 이러한 발견에 놀라지 않았을 것이다. 스미스는 그 해답이 무엇보다도 우리가 서로를 모방하는 능력에 있을 것이라는 의견을 내놓았다. 우리가 다른 사람들의 행동을 따라 할 수 있듯이, 사람들의 감정을 따라서 느낄 수 있다는 것이다. 즉, 다른 사람이 경험하는 것을 마음속으로 시뮬레이션하는 것이다. 우리는 어떤 사람이 좋은 사람인지 혹은 나쁜 사람인지 판단하기 위해 이 능력을 사용하지만 반대로 사용할 수도 있다. 타인이 우리를 어떻게 평가할지 상상하는 것이다. 스미스는 이 능력이 우리가 옳고 그름을 결정하는 방법이라고 말했다. 상상 속 관찰자로부터 승인을 얻는 행동은 도덕적이고, 비난받는 행동은 비도덕적이다. 그에 따르면 인간의 양심은 타인의 감정을 모방하는 능력에 기반하고 있다. 스미스와 동시대 인물이었던 데이비드 흄은 이에 동의했지만, "인간의 마음은 서로에게 거울이다."라고 훨씬 더 간결하게 말했다.

애덤 스미스의 이론은 당시에는 논쟁의 여지가 있었지만, 이제 그의 이론은 대체로 옳은 것으로 받아들여지고 있다. 신경 과학에서 가장 유행하고 있으면서도 가장 자주 오해받고 있는 개념 중 하나인 거울 뉴런mirror neuron을 통해 알아보자. 거울 뉴런은 몸의 움직임을 돕는 뇌의 운동 세포이다. 하지만 거울 뉴런은 타인이 움직이는 방식과 더 나아가 타인이 표현하는 감정을 모방하는 데 특화되어 있다. 예컨대 이런 식이다. 만약 누군가가 나의 왼쪽을 바라보고 있다면, 나 또한 따라서 왼쪽을 볼 수 있다. 누군가가 인상을 찌푸리고 있다면, 나는 뭔가 문제가 있다고 느끼기 시작할 것이다. 모방에 특화된 이 뇌세포들은 언어, 문명의 탄생, 심지어 초능력에 대한 설명으로 다양하게 인정받고 있다.(스티븐 킹은 훌루Hulu에서 방영한 시리즈물 〈캐슬 록Castle Rock〉에서 몰리라는 캐릭터에 이를 잘 활용했다. 몰리는 타인의 감각, 감정 및 생각을 느낄 수 있는 특별한 공감 능력을 가지고 있고, 불법 진통제로 주체할 수 없는 이 능력을 통제한다.)

하지만 거기까지 갈 필요는 없다. 연구를 통해 분명히 드러난 사실은 공감 능력이 뛰어난 사람들은 거울 뉴런이 더 활성화되어 있으며, 여기에는 예민한 사람들도 포함된다는 것이다. 스미스가 예측한 것처럼 감정을 시뮬레이션하는 능력은 신체적인 몸짓을 시뮬레이션하는 능력과 밀접하게 관련되어 있다. 실험 참가자들이 연필을 입에 물고 표정을 흉내 내는 것을 막는 실험에서 이 연관성을 볼 수 있다. 이렇게 하자 참가자들은 바로 타인의 감정 상태를 추측하는 능력이 저하됐다.

거울 뉴런 시스템이 도덕성의 핵심인가에 대해서도 대답은 '그렇다'인 것 같다. 마쉬의 연구는 타인을 돕기 위해 노력하는 이기적이지 않은 이타주의자들이 심지어 자신에게 손해가 크더라도 공감 능력이 높다는 것을 보여주었다. 공감 측면에서 사이코패스들이 '악마'라면 이들은 '천사'다. 일반적으로 높은 공감 수준, 특히 거울 뉴런 활동을 모든 종류의 사회에 이로운 행동과 연관시키는 연구들이 이를 뒷받침한다. 사람들이 이타적인 영웅적 행동을 하게 만드는 요인을 연구하는 신생 분야인 영웅 연구heroism science에서도 공감의 중요성이 강조되고 있다. 이 분야의 연구자들은 공감이 다른 사람들을 돕기 위해 자신의 목숨이나 경력을 걸고 행동하게 만드는 핵심 요소라는 것을 발견했다.

깊이 공감하여 문제를 해결하다

공감의 힘은 강력하기 때문에 공감은 인간의 도덕성을 움직이는 것 이상의 일을 한다. 또한 공감은 많은 면에서 인간의 성취를 여는 열쇠 역할을 한다. 혁신은 대부분 집단 활동이며, 혁신을 이루려면 아이디어 교환이 필요하고, 공감은 아이디어 교환의 윤활유 역할을 하기 때문이다. 고대 알렉산드리아 도서관을 통해 이러한 공감의 효과를 볼 수 있다. 이 도서관이 소장한 무수한 책들이 화재로 인해 소실된 사실은 유명하다. 그러나 알렉산드리아 도서관이 단순한 도서관이 아니라 수많은 문화를 대표하는 뛰어난 인재들이 모인 싱크탱크였다는 사실은 잘 알려지지 않았다. 그 결과는 놀라웠다. 기원전 2세기경, 알렉산드리아 도서관의 연구원들은 공압학을 창안하고, 와인을 자동으로 따르는 장치를 만들었으며, 지구의 둘레를 정확하게 계산하고(평면 길이가 아닌 둥근 둘레의 길이), 당시 세계에서 가장 정확한 시계를 만들었으며, 세제곱근을 계산하는 장치를 만들었다. 그리고 소수를 찾기 위한 알고리즘을 발명했는데, 이는 오늘날의 비트코인 채굴 원리이다. 이러한 위대한 발걸음을 내딛게 한 것은 다양한 관점을 하나로 묶는 행위였고, 이 행위는 공감을 필요로 했다.

로마인들은 이런 알렉산드리아 도서관을 차지하면서 사상가들을 재배치했다. 로마의 부유한 귀족들은 알렉산드리아 도서관의 천재가 자신의 자녀를 가르치기를 원했고, 학자들은 이를 위해 뿔뿔이 흩어졌다. 지식인들은 연구를 계속했지만, 다른 관점과의 밀접한 접촉 기회를 빼앗기면서 예전과 같은 놀라운 발명은 대부분 중단되었다.

공감은 성공을 이끌어내는 한 요인이다. 케임브리지 대학 연구원 사이먼 바론 코헨Simon Baron-Cohen(유명 배우의 사촌)이 공감을 '범용 용매'라고 믿는 이유 중 하나는 공감, 진보, 성공 사이의 연관성 때문이다. 그는 '깊이 공감하면 어떤 문제도 해결할 수 있기 때문에'

어떤 상황에서도 더 나은 결과를 내놓는다고 말한다. 따라서 만약 예민한 사람이 자신의 공감을 효과적으로 활용하는 방법을 배운다면, 세상에 엄청난 영향을 미칠 수 있다.

창의적인 사람의 예민함

예민한 예술가의 이미지가 진부한 이유는 사실에 근거하고 있기 때문이다. 이들의 정신적인 특성은 더 세세한 것을 알아차리고, 사물과 개념을 더 많이 연결 지으며, 감정을 생생하게 느끼는데, 이는 창의성의 조건과 거의 완벽하게 일치한다. 그렇다고 해서 예민한 사람이 모두 창의적인 것은 아니지만, 이들과 함께 일하는 사람이라면 누구나 알 수 있듯이 많은 창의적인 사람들이 실제로 예민한 사람들이다.

러시아 의학 아카데미의 연구원인 니나 볼프Nina Volf는 이를 검증해보기로 했다. 볼프는 언어 및 시각적 창의성을 측정하기 위해 몇 가지 유형의 실험을 진행했고, 얼마나 독창적인지 확인하는 데 중점을 두었다. 예를 들어, 참가자들에게 완성되지 않은 그림 세트를 주고 독특한 그림으로 완성할 것을 요청했다. 그리고는 정량적인 기준(데이터베이스에 있는 사람들이 얼마나 자주 비슷한 결과를 내놓았는가?)과 주관적인 인상(3명의 심사위원단이 어떻게 작품의 독창성을 평가했는가?)을 모두 사용했다. 그녀는 60명의 참가자를 대상으로 엄격히 실험을 실시한 후 DNA 샘플을 채취해 분석했다. 결과는 예민함과 관련된 짧은 SERT 유전자를 가진 사람들이 모든 항목에서 더 창의적이었다.

더 흥미로운 질문은 그 이유이며, 그 답은 창의성이 인지적 수준에서 어떻게 일어나는지와 많은 관련이 있다. 확실히 창의성은 정의하기 어렵고, 그 작동 방식에 대한 몇 가지 이론이 있다. 그 이론들은 모두 지능이 중요한 역학을 한다고 인정하며, 재능이나 기술만큼 독창성을 중요시한다. 즉, 다른 사람의 그림을 완벽하게 구현한 것은 창의적인 것으로 간주하지 않는다.

과학자들 사이에서 유명한 이론 중 하나는 1960년대 작가이자 언론인인 아서 쾨슬러Arthur Koestler에 의해 시작되었다. 쾨슬러는 2개 이상의 다른 프레임을 섞을 때 진정한 창의성이 발생한다고 믿었다. 이 원리는 과학적 진리인 동시에 더 높은 운명에 대한 부름인 "우리는 별의 물질로 이루어져 있다We are made of star-stuff."와 같은 은유나 감동적인 계시에서 작동하는 것을 볼 수 있다. 쾨슬러는 자신의 삶을 통해 이러한 관점 전환의 힘을 직접 경험했기 때문에 그 힘을 잘 알고 있었다. 부다페스트에서 태어난 그는 오스트리아에서 교육받고 영국 시민으로 귀화했으며 열정적인 공산주의자로 초기 생애를 보냈지만, 말년에는 소련과 공산주의를 비판하는 작가로 활동했다.

그는 여러 국가의 경험이 독창적인 아이디어를 내놓는 자신의 능력에 미친 영향에 주목하지 않을 수 없었다. 쾨슬러의 경험은 인정받는 수많은 창작가가 해외에서 여행과 생활을 하면서 비슷하게 다문화적 삶을 경험한 이유를 설명할 수 있다. 삶에서 더 많은 관점을 경험할수록, 더 많은 관점을 창작에 사용할 수 있고, 서로 결합해 새로운 관점을 창조할 수 있다.

쾨슬러의 이론은 또한 예민한 사람과 창의성 사이의 연관성을 설명한다. 예민한 마음은 집을 떠나지 않고도 매우 다른 개념들을 연결해 프레임을 혼합할 수 있다. 예민한 사람들은 과학, 시, 생생한 경험, 희망과 꿈 등 개별적인 것이 아니라 이 모든 것을 관통하는 주제의 관점에서 생각하는 박학다식한 사람들이다. 많은 예민한 사람들은 쉽게 은유를 사용하고 서로 다른 주제를 연결해 요점을 전달한다. 이러한 화법은 순수한 화법을 선호하는 사람들을 불편하게 만들 수 있지만, 위대한 예술가들뿐만 아니라 "우리는 별의 물질로 이루어져 있다."라고 말한 칼 세이건과 같은 뛰어난 과학자들의 습관이다.

예민한 사람은 창의적으로 일할 수도 있고 그렇지 않을 수도 있으며, '창의적인' 취미를 가질 수도 있고 그렇지 않을 수도 있다. 하지만 창의력을 발휘할 수 있는 원초적인 요소가 있다(예민한 사람인 엘리자베스는 이렇게 말했다. "많은 친구들이 제가 어떻게 그렇게 많은 것들을 상상하는지 모르겠다고 말하기 전까지는 제가 다른 사람들보다 특별히 창의적이라고 생각한 적이 없었어요. 제가 할 수 있는 일을 다른 사람들은 할 수 없다는 생각은 전혀 해본 적이 없어요."). 창의성은 홀로 작용하지 않는다. 창의성은 예민함이 주는 또 다른 3가지 선물인 감각 지능, 깊은 인지적 처리, 깊은 감정을 바탕으로 만들어지며 이 3가지가 합쳐져 창의적인 마인드가 완성된다.

예민한 사람으로 가장 큰 장점은 무엇인가요?

👤 "고등학교 교사인 저는 모든 학생을 보지 않고도 아이들의 감정 상태를 느낄 수 있어요. 10대들에게는 항상 많은 일이 일어나잖아요! 저는 제 교실에서 모두가 편안하게 느낄 수 있도록 어떻게 말하고 어떤 말을 피해야 하는지 알고 있어요."　　　　　　　　　　　　　　　－코린

👤 "의사인 저는 이전 의사들이 놓친 환자의 세부 사항을 포착해서 환자의 진단과 관리를 개선했어요. 저는 진심으로 환자들에게 마음을 쓰고 있고, 환자들은 그걸 느끼고 감사하다고 말해요."　　　　　　－조이스

👤 "저의 가장 큰 장점은 공감과 연민이에요. 저는 제 에너지를 소모하지 않으면서도 고통받는 사람들을 위해 전념할 수 있다는 것을 깨달았어요. 저는 상담가, 코치, 작가로서 이런 장점을 사용하고 있어요."－로리

👤 "저는 사람들 간의 관계에 직관적인 감각이 있어요. 누가 힘을 가졌는지, 역학 관계가 어떻게 형성되어 있는지, 사람들이 언제 생각을 돌리는지, 개인이 원하는 것과 조직이 원하는 것이 무엇인지를 말이죠. 직장에서 저는 이 '특별한 감각' 덕분에 회사의 중요한 결정이나 움직임보다 항상 몇 단계 앞서 있었고, 그래서 승진하는 데 도움이 됐어요."　　－토리

👤 "저는 예민한 편이라 항상 제 주변 환경의 스트레스 요인과 자극적인 것에 대해 잘 알고 있고, 주변 사람들의 감정도 잘 느껴서 누가 무엇때문에 불편해하는지 알 수 있어요. 그래서 저는 항상 제 주변을 따뜻하고, 편안하게 만들려고 노력해요. 사람들은 제 주변 환경이 제 성격과 같다고 말해요. 사람들은 제게 편안함을 느껴서 다른 사람에게는 마음

을 열지 않아도 제게는 마음을 열어요. 심지어 마트에서 처음 본 분들도 제게 인생 이야기, 가슴 아픈 이야기, 걱정되는 이야기들을 말해요."

–스테파니

"세상의 아름다움과 친절함에 가끔 눈물을 흘려요." –셰리

"저는 예술가예요. 단순히 일출을 보는 것이 아니라 일출을 느껴요!"

–리사

뛰어난 감각 지능

감각 지능은 주변 환경을 더 잘 인식하고, 그것을 통해 더 많은 일을 하는 것을 의미한다. 감각 지능이 높으면 감각적인 세부 사항 자체(예를 들어 그림의 질감이나 소스 코드에 빠진 괄호) 또는 그 영향(어제 비가 와서 산책하러 나가면 신발이 진흙투성이가 될 것이다)에 더 주의를 기울일 수 있다. 누구나 이런 것들을 알아차릴 수 있지만, 예민한 사람들은 다양한 상황에서 더 쉽게 알아차린다(한 예민한 사람은 자신이 모든 신호를 포착하는 '인간 안테나'라고 우리에게 말했다). 이러한 통찰력은 일상적인 통찰력에서부터 실제로 의미 있는 결과를 낳는 통찰력까지 다양할 수 있다. 한 명 이상의 예민한 사람이 지속적으로 발생하는 세부적인 문제에 주의를 기울이며 갑작스러운 사업의 좌초 위기로부터 고용주를 구한 경우도 있다.

어떤 경우에는 이 능력이 신비롭게 보일 수 있다. 일본 B급 영화의 유명한 검객 자토이치를 예로 들어보자. 자토이치는 눈이 멀었지만, 주사위가 떨어지는 방식의 차이를 소리로 들을 수 있기 때문에 도박에서 상대방이 자신을 속이는지를 알 수 있다(그리고 뛰어난 감각으로 다음에 일어나는 칼싸움에서도 항상 승리한다). 물론 이는 허구이다. 실제로 시각 장애인들은 초감각적인 청력을 가지고 있지 않다. 그들은 눈이 보이는 사람들이 들을 수 있지만 걸러낼 수 있는 작은 소리에 주의를 기울이며 뇌를 다르게 사용할 뿐이다. 예민한 사람들은 모든 오감을 동원해 어느 정도는 이와 비슷하게 할 수도 있다.

사무실에서 나는 모든 향수 냄새를 알아채는 정도의 예민함을 가지고 싶어 하는 사람은 아무도 없겠지만, 사니타라는 아일랜드 여성의 경우처럼 예민한 감각은 놀라운 결과를 가져올 수도 있다. 어느 날 아침, 그녀는 남편의 호흡 변화를 감지해 잠에서 깼다. 남편은 항상 코를 골았지만, 그날은 소리가 들리지 않기 때문이었다. 그래서 남편을 확인해보니 얼굴이 파랗게 변해 있었고, 심장마비 상태였다. 사니타는 구급대원이 도착할 때까지 30분간 심폐소생술을 실시했다. 호흡의 변화를 감지하고 깨어날 만큼 예민한 사람은 거의 없다. 만약 그녀가 남편의 수면 소리에 귀를 기울이지 않았다면, 또는 그날 아침 남편에게서 코 고는 소리가 평소와 달리 들리지 않는 것을 중요하게 생각하지 않았다면 그는 자는 도중 사망했을 것이다. 그녀의 높은 감각 지능이 남편의 생명을 구한 것이다.

이 독특한 형태의 지능은 과도한 자극의 이면이다. 예민한 사람들은 바쁜 환경에서 과부하가 걸릴 수 있다. 주변 환경에 대한 정보를 다른 사람들에 비해 훨씬 더 많이 받아들이기 때문이다. 그러나 대체로 높은 감각적 인식은 과부하를 유발하기보다는 오히려 장점이며, 4장에서 설명하는 바와 같이 특히 과도한 자극을 방지하는 조치를 취한다면 더욱 장점으로의 역할을 한다.

감각 지능은 놀랄 정도로 많은 분야에서 유용하다. 예를 들어 군대에서 감각 지능은 '상황 인식situational awareness(주변에서 일어나는 상황을 알고 이해하는 능력)'이라는 용어에 해당하며, 상황 인식은 자신과 부대를 전투에서 살아남게 하는 핵심 역할을 한다. 사실 상황 인식은 안전과 관련된 모든 직업에서 중요하다. 비행기가 추락하지 않게 하며, 원자력 발전소가 녹아내리지 않게 하고, 범죄를 해결하는데도 상황 인식이 중요한 역할을 담당한다. 상황 인식이 부족하다면 반대로 안타까운 상황이 벌어진다. 상황 인식의 결여는 병원에서 잘못된 환자에게 항응고제를 주입하는 것과 같이 실수로 일어나는 사고의 주요 원인임이 드러났다(실제로 일어났던 이 사례는 현재 상황 인식을 향상하기 위해 병원 직원들을 훈련하는 의학 문헌에서 사용되고 있다. 다행히 환자는 무사했다).

한편, 스포츠에서 감각 지능은 '시야 범위(또는 시야각)field vision'로 알려져 있다. 이것은 체스 마스터들이 보드에 있는 말을 읽는 것처럼 경기장 전체에서 일어나는 일과 게임을 읽는 능력이다. 시야 범위는 좋은 선수와 위대한 선수 사이의 차이를 만들 뿐 아니라 보통의 평범한 코치와 전설적인 코치의 차이를 만든다. 연구자들은 경험이 부족한 코치들은 주로 축구의 패스나 농구의 레이업 등 기술에 집중한다는 것을 발견했다. 반면에 숙련된 코치들은 선수들의 시야를 중요하게 생각하는데, 이는 선수들이 적절한 사람에게 패스를 하거나 슛을 쏠 수 있는 적절한 위치에 있을 수 있게 해주는 기술이기 때문이다. 다시 말해서, 좋은 코치 밑에서는 예민하지 않은 선수들도 예민한 선수들이 타고난 기술을 훈련받는다.

전 하키 선수 웨인 그레츠키Wayne Gretzky의 시야 범위를 예로 들어보자. '위대한 선수'로 알려진 그레츠키는 1999년 은퇴했지만, 그가 기록한 스포츠 역사상 가장 많은 골, 최다 포인트 득점, 최다 어시스트는 여전히 깨지지 않고 있다. 하지만 그는 보통의 프로 선수라면 갖춰야 할 요소를 어느 하나 가지고 있지 않았다. 그레츠키는 느리고, 작고, 말랐으며, 결코 공격적이지 않았고, 다른 선수들과 부딪히면 종잇장처럼 구겨졌다. 하지만 그레츠키는 일단 빙상에 들어서면 모든 사람이 5초 후에 어디에 있을지 알 수 있었다. 그는 "동료 선수가 다음에 어디에 있을지 느낌이 옵니다. 많은 경우에 보지 않고도 퍽을 패스할 수 있어요."라고 말했다. 그레츠키는 시야 범위, 즉 우리가 말하는 감각 지능을 가지고 있었다. 덕분에 그의 팀 동료가 그레츠키의 경호원 역할을 맡아 그레츠키가 필요한 곳에 퍽을 넣을 수 있도록 상대 선수를 막아주는 등 그레츠키를 매우 가치 있게 만들었다.

NFL 쿼터백 톰 브래디도 마찬가지였다. 그는 달리기는 느렸지만 마치 옆과 뒤를 볼 수 있는 것처럼 경기했기 때문에 다른 선수들로부터 '도마뱀 눈'을 가졌다고 묘사되었다. 자신이 선발되던 날에 대해 말하면 눈물을 흘릴 정도로 예민한 사람인 브래디는 소속팀을 7번의 슈퍼볼 우승으로 이끌어냈고, 역사상 가장 위대한 쿼터백으로 여겨진다.

그레츠키와 브래디는 세계에서 가장 빠르고 가장 거친 스포츠 중 두 종목에서 최고의 선수가 됐다. 스포츠조차도 예민한 선수들을 선호하기 때문이다. 감각 지능은 간호나 예술처럼 예민하게 느끼는 직업부터 스포츠, 경찰과 같은 거친 직업까지 삶의 거의 모든 분야에서 좋은 결과를 낳는다. 감각 지능은 감각 지능을 가지고 있지 않은 사람들에 의해 과소평가 되지만, 예민한 사람은 다른 사람들에게는 부족한 레이더를 가지고 있다.

인지적 처리 능력

예민한 사람들은 단순히 더 많은 정보를 받아들이는 것이 아니라, 더 많은 일을 해낸다. 1장에서 예민한 뇌가 모든 정보를 어떻게 더 자세히 처리하는지 살펴보았지만, 이러한 심층 처리가 어떻게 예민한 사람들을 눈에 띄게 하는지는 살펴보지 않았다. 두 명의 세무사를 상상해보자. 첫 번째 세무사는 당신의 세금 신고액을 줄이고, 누락된 숫자가 없는지 확인한 후 서류를 정부로 보낸다. 두 번째 세무사는 이보다 더 나아간다. 그는 신고 서류를 확인하여 누락된 항목이 없는지 확인한다. 그리고 당신에게 절세할 수 있는 추가 방법들을 가르쳐주고, 세무 감사를 유발할 수 있는 위험 신호를 선별해 해결한다. 당신이라면 누구에게 세금 처리를 맡기겠는가?

두 번째 세무사를 선호한다면 더 깊은 인지적 처리의 가치를 이해하고 있는 것이다. 물론 집중한다면 누구나 철저할 수 있지만, 감각 지능과 마찬가지로 심층 처리는 예민한 뇌에 기본으로 설정되어 있다. 이 능력은 다음과 같이 여러 가지 방식으로 나타난다.

- 더 신중하고 더 나은 의사 결정
- 철저하고 폭넓은 사고
- 다양한 주제와 아이디어를 창의적으로 연결
- 깊고 의미 있는 아이디어와 활동에 대한 선호
- 표면적 분석이 아닌 심층적 분석
- 놀랍고 독창적인 아이디어와 관점
- 일이 어떻게 전개될지 또는 결정이 어떤 영향을 미칠지 정확하게 예측하는 능력

심층 처리는 세금과 같은 길고 복잡한 작업에만 적용되는 것은 아니다(다행히도). 인간과 원숭이 모두에서 예민성 유전자를 가진 개체는 다양한 정신적 과제에서 다른 개체를 능가한다. 예를 들어 한 연구에서 원숭이들은 학습 앱을 사용하는 유아처럼 터치스크린을 사용하면 보상으로 물을 마실 수 있고 과일을 받았다. 원숭이들은 확률을 평가하고, 패턴의 변화를 알아차리고, 관찰하는 것과 같은 일련의 과제에 성공할수록 간식을 그만큼 많이 얻는다는 것을 재빨리 터득해 나갔다. 실험 결과 예민함이 이러한 정신적 과제에 대한 유용한 이점이라는 것이 분명해졌다. 더 예민한 원숭이들은 과제를 더 잘 수행해 더 많은 보상을 받았을 뿐 아니라 예민한 사람

과 유사한 뇌의 차이를 보였다.

따라서 깊은 인지적 처리는 특히 위험, 확률과 관련해 더 나은 의사 결정을 내리게 할 수 있다. 이 선물은 직장에서, 인간관계에서, 삶의 중요한 선택에서 매우 유용하다. 덜 예민한 사람들은 결정을 내리기 전에 숙고할 필요가 있음에도 불구하고 참을성이 없을 수도 있지만, 잠시 멈춤을 통해 사고력이 깊어지기 때문에 아마도 기다리는 법을 배워야 할 것이다. 여러 면에서 예민한 사람들은 승리의 가능성을 극대화하기 위해 모든 각도를 고려하는 군사 전략가이다. 이러한 성향은 놀라운 결과를 낳을 수 있으며, 예민한 사람들이 훌륭한 리더가 되는 이유 중 하나이다(9장에서 자세히 설명할 예정이다).

물론 이러한 소질은 타고난 것이지 마법이 아니며, 예민한 사람도 다른 사람과 마찬가지로 무언가 잘못할 수 있다. 하지만 예민한 사람들은 올바른 방향으로 가기 위해 훨씬 더 많은 정신적 노력을 한다.

깊은 감정: 잠재력을 일깨우는 비밀 열쇠

깊은 감정은 아마도 가장 오해받는 재능일 것이다. 예민한 사람들은 평균적으로 다른 사람들보다 더 강한 감정 반응을 보인다. 감정이 강한 사람에게는 분노, 상처, 슬픔이 강렬한 경험이 될 수 있기에 이를 재능이라고 전혀 생각하지 않을 수도 있다. 때로는 이런 감정들로 숨이 막힐 수도 있다. 하지만 깊고 강렬한 감정은 다른 사람들은 말하기 힘든 언어에 능통하다는 것을 의미한다. 깊은 감정은 인간의 정신을 열 수 있는 마스터키다.

이 재능의 근원은 복내측 전전두피질(vmPFC)ventromedial prefrontal cortex 이라고 불리는 뇌의 작은 허브에 있을 수 있다. 이마 뒤 안쪽으로 들어간 자리에 위치하고 혀의 크기와 모양에 가까운 복내측 전전두피질는 움직임, 가치, 감각 데이터에 대한 정보를 모으는 교차로이다. 우리가 꽃을 볼 때 화려한 색깔을 가진 식물로만 생각하는 것이 아니라 낭만적으로 생각하는 이유는 복내측 전전두피질 때문이다.

복내측 전전두피질은 어떤 뇌에서든 열심히 일하는 영역이지만, 예민한 사람들의 경우에는 잭슨 폴록의 캔버스보다 더 바쁘게 일한다. 이처럼 강하게 활성화된 복내측 전전두피질의 활동은 깊이 있게 세상을 색칠하는 효과가 있어, 예민한 사람들이 더욱 생생한 감정의 팔레트에서 삶을 보게 한다. 이러한 생생한 감정은 때때로 힘들 수 있다(슬픔을 더 강렬하게 경험하고 싶은 사람은 없을 것이다). 그러나 생생한 감정은 특히 지능과 정신적 행복의 측면에서 많은 이점을 준다. 1960년대 정신과 의사인 카지미에즈 도브로우스키Kazimierz Dąbrowski 는 감정의 강도와 높은 성취를 할 수 있는 잠재력 사이의 연관성을 이론화했다. 연구를 통해 그는 재능 있는 사람들이 신체적, 감정적으로뿐 아니라 다양한 방식으로 '과잉 흥분'하거나 예민하다는 것을 보여주었다. 그는 재능 있는 아이들은 과민 반응한다는 비난을 받지만, 자신의 감정을 좀 더 예리하게 인식할 뿐이라고 말했다. 그는 많은 재능 있는 아이들이 자신의 감정에 대해 깊게 자기 자신과 내적인 대화를 하고(모든 사람이 하는 것은 아니다), 연민과 인간관계에 이끌려 감정이 더 큰 관심사라는 것을 발견했다. 심지어 도브로우스키는 감정적인 강렬함이 오늘날 우리가 자아실현이라고 부르는 성장의 더 높은 단계를 달성하는 열쇠라고 믿었다.

재능 있는 학생들을 가르치는 교육자들은 이러한 감정적인 강렬함을 직접 관찰하게 되고, 이러한 교육자 중 다수는 깊이 있게 지적인 삶을 사는 사람들이 깊은 감정적인 삶을 산다는 데 동의한다. 이 연관성에 대한 한 가지 가능한 설명은 기억과 관련이 있다. 감정적으로 강렬하게 경험한 사건은 시간이 지난 후에도 기억날 가능성이 높기 때문에 감정의 생생함에 가장 예민한 사람들이 새로운 정보를 흡수하고 통합할 가능성이 가장 높을 수 있다.

하지만 오늘날 우리는 다른 종류의 지성, 즉 정서 지능emotional intelligence에 초점을 맞춘다. 분명히 말하자면 정서 지능은 타고나는 것이 아니라 기술이다. 키가 크다고 해서 자동으로 농구를 잘하는 것이 아닌 것처럼, 예민하다고 해서 자동으로 높은 정서 지능이 생기는 것은 아니다. 하지만 플레이오프에서 키가 중요한 것처럼, 정서 지능은 분명 도움이 된다. 정서 지능에는 예민한 사람들의 강점인 몇 가지 요소가 포함되어 있기 때문이다. 예를 들어, 예민한 사람들은 자기 인식이 크다. 이들은 자신의 감정을 인지하고 주의를 기울이며, 그 순간과 그 이후에 자신이 느낀 것에 대해 생각하는 시간을 갖는다. 그리고 다른 사람들의 감정을 쉽게 읽고 이해하기 때문에 약간의 노력으로도 높은 정서 지능을 이룰 수 있다. 그 노력은 결실을 볼 수 있다. 정서 지능은 정신 건강, 더 나은 업무 성과, 리더십 능력에 도움이 되는 것으로 입증되었다. 감정이 가진 성질과 잠재력을 잘 이용하면 더 나은 내가 될 수 있다.

강한 감정에는 다른 이점들도 있다. 먼저, 인간관계가 깊어진다. 또한 사람들에게 강력한 영향을 미칠 수 있다. 예민한 사람의 깊은 감정은 다른 사람의 말을 귀 기울여 듣고, 사람들이 자연스럽게 나를 신뢰하며, 친구가 조언을 필요로 할 때 믿고 찾는 이유이다. 그리고 깊은 감정은 사람들을 하나로 모아 사회 운동과 같이 이상을 중심으로 규합하게 한다(예를 들어 마틴 루터 킹은 예민한 사람으로 알려져 있다).

개인적인 차원에서도 감정의 깊이는 삶을 풍요롭게 즐길 수 있게 한다. 감정적 반응을 측정하는 연구에서 예민한 사람들은 긍정적이든 부정적이든 모든 종류의 경험에 더 강한 반응을 보이는 것으로 나타났다. 다행히도 가장 큰 반응은 대개 긍정적인 경험이다. 예민한 사람들은 높은 이상을 가지고 있고, 다른 사람들과 강력한 유대감을 형성하며, 삶의 작은 것들, 특히 햇볕이 좋은 가을날의 나뭇잎이 가득한 거리나 기타리스트의 버스킹과 같이 삶의 아름다움으로부터 큰 기쁨을 얻는다.

강한 감정에는 어려움이 따르지만, 예민한 사람을 뛰어나게 만들기도 한다. 예를 들어, 예민하지 않은 한 음악 프로듀서는 예민한 음악가들을 경외심을 가지고 바라본다고 말했다. 그는 감정을 '보이지 않는 세계'라고 생각한다고 설명했다. 그는 일하면서 감정이라는 보이지 않는 세계의 효과를 경험한다. 보이지 않는 세계에서는 무언가가 움직이고 거래가 성사되는 등 작업에서 그 효과를 볼 수 있지만,

원인과 결과를 볼 수 없고 주어진 행동이 어떤 감정적 파장을 일으킬지 예측할 수 없다(그는 함께 일하는 예민한 음악가들이 마치 선지자처럼 보이지 않는 세계를 들여다볼 수 있다고 말했다). 감정을 읽을 수 없기 때문에 프로듀서는 다른 많은 사람처럼 감정에 속수무책임을 느낀다. 예민한 사람들은 이와 다르다. 그들은 보이지 않는 것을 본다.

2장에서 살펴본 브루스 스프링스틴을 떠올려보자. 그에게서 예민함의 모든 선물을 볼 수 있다. 삶에서 실패한 사람과 고독한 사람에 대한 공감을 불러일으키는 그의 음악에서 공감, 창의성, 깊은 감정을 발견할 수 있을 것이다. 더 이상 '영웅이 아닌' 남자가 '더 이상 젊지 않은' 여자를 데리고 패배자들로 가득 찬 마을을 떠나는 이야기를 담은 그의 노래 〈썬더 로드Thunder Road〉에서 이를 느낄 수 있다. 스프링스틴은 대부분의 사람과 다르게 음악을 듣고, 깊이 있게 처리한다. 소년이었을 때 그의 관심을 끈 음반들은 행복하면서도 슬픈 음악들이었다. 그는 "그 음악들은 깊은 그리움으로 가득 차 있었다. 초월적인 영혼, 성숙한 체념, 그리고 그 소녀, 그 순간, 그 장소, 모든 것이 바뀌고, 삶이 우리에게 모습을 드러내며, 우리의 모습도 드러나는 그날 밤에 대한 희망."이라고 말한다. 그에게 노래는 리듬과 멜로디뿐만 아니라 깊이 있는 가사가 중요하다. 그는 그것들로 세계를 그린다. 많은 음악가는 예민한 사람들이기 때문에 다른 사람들의 마음에 공감할 수 있다. 그들은 다른 사람들과는 다르게, 즉 더 깊이 있게 듣는다.

스프링스틴은 깊은 감정과 감각 지능으로 팬들의 마음을 읽고 이해했다. 그는 고등학교 때 결성했던 밴드 캐스틸스Castiles 시절, 관중들이 모두 가죽옷을 입은 소외된 노동자들인 것을 보고 공연 목록을 조정하던 때를 설명했다. 그는 "비밀 병기는 두왑, 소울, 모타운 사운드였다. 가죽옷을 입은 이들의 심장을 뛰게 만든 음악이었다."고 회상한다. 스프링스틴은 팬들의 삶 전체, 그들의 고난과 역경, 꿈을 볼 수 있었고 그들에게 맞는 음악을 만들었다.

이러한 사려 깊고 지각력 있는 접근 방식은 그의 음악 전체를 대표하는 특징이다. 스프링스틴은 자신이 팬들에게 주어야 할 것을 일찍부터 알고 있었다고 말한다. 자신은 최고의 가수도, 최고의 기타 연주자도 아니었지만, 자신의 작사 작곡으로 경력을 쌓을 수 있다고 믿었기 때문이다. 그 후, 음악적 영웅들이 어느 정도의 명성에 도달했을 때 그랬듯이 그는 자신을 잃지 않으려고 노력하면서 자신이 태어난 뉴저지의 말 농장에서 가족과 함께 살았다. 그는 인터뷰에서 "여기 있을 때의 제 모습이 좋아요. 여기서 마음의 안정을 찾으려 해요." 라고 말했다. 그가 음악가로 성공할 뿐 아니라 자신에게 맞는 삶을 선택하는 데 도움이 된 것은 바로 이 예리한 자기 인식이다.

노동자의 영웅도 예민한 사람이었다.

4장

지나치게
시끄럽고, 복잡하고,
빠른 세상

나는 우리가 눈만큼 쉽게
귀를 닫을 수 없다는 사실을 종종 한탄해왔다.

−리처드 스틸 경 Sir Richard Steele

휴식과 안정이 필요한 뇌

대가 없이는 어떤 선물도 그냥 주어지지 않는다. 예민한 사람에게 그 대가는 깊은 인지 처리라는 특별한 능력을 준 뇌의 이면이다. 앞서 살펴본 바와 같이 예민한 뇌는 정신적 에너지를 많이 소모하며 거의 항상 맹렬하게 작동하기 때문에 잦은 휴식이 필요하다. 그뿐만 아니라 예민한 뇌는 공간도 필요하다. 뇌는 여유와 인내심, 조용하고 차분한 시간을 요구한다. 이러한 조건이 주어지면 예민함이라는 재능은 최고조에 달하고, 예민한 마음은 모든 정보 조각을 최대한 처리하여 특별한 능력을 보인다.

그러나 이러한 조건들을 박탈당하면(서둘러야 하고, 스트레스를 받고, 과로하면), 예민한 뇌는 모든 것을 처리할 수 없다. 물리적, 감정적 입력은 마치 꽉 찬 세탁기처럼 뇌에 과부하를 일으킬 뿐이다. 따라서 과도한 자극은 환경에 매우 예민하게 반응하는 데 따르는 대가 중 하나이며 모든 예민한 사람들이 직면하는 큰 문제 중 하나이다.

예민하지 않은 세상에서 자신이 예민한 존재라는 사실을 알게 되면 어떻게 해야 할까? 지나치게 사람들로 가득 찬 공간, 지나치게 바쁜 일정, 지나치게 시끄러운 곳을 어떻게 감당해야 할까? 많은 선물을 가지고 있지만 사회가 내가 필요로 하는 것을 예민한 사람의 욕구로 불편하게 여길 때는 어떻게 해야 할까? 세상을 돕기 위해 그 선물들을 사용하고 싶지만, 그러기 위해서는 평온하고 조용한 휴식이 필요할 때는 어떻게 해야 할까?

과도한 자극에서 탈출하기

앨리샤 데이비스는 논문 마감일, 고된 하루, 지속적인 압박감으로 가득 찬 석사 과정을 마치던 중 이별을 겪었다고 센서티브 레뷰지에 글을 올렸다. 게다가 1년간의 석사 과정이 끝나면 어디에서 살지, 어떤 삶을 살아야 할지 생각하기에 한 달이라는 시간은 충분하지 않았다. 물론 누구에게나 부족한 시간이겠지만, 앨리샤는 누구보다 예민한 사람이었다. 그녀에게 필요한 것은 최근에 겪은 모든 일을 이해하기 위한 엄청난 양의 휴식 시간이었다. 초록색 벨벳 안락의자와 나무 선반 위에 놓인 많은 식물, 책, 촛불이 있는 어린 시절의 방을 연상시키는 '사랑스러운 작은 침실'의 시간이 그 어느 때보다 필요했다. 이 개인적인 공간은 안전하고 평온한 느낌을 불러일으켰기에 그녀의 자기 치유에 매우 중요했다.

하지만 안타깝게도 집주인의 생각은 달랐다. 그는 하필이면 많은 여름 중에서도 이번 여름에 집을 보수하기로 했다. 이는 그녀의 침실 바로 밖에서 '매일 아침 일찍부터 오후 늦게까지 드릴 소리, 톱질 소리, 망치 소리'가 들리게 된다는 의미였다. 공사 인부들은 큰 소리로 말하고 음악을 크게 틀었으며 곳곳에서 불쑥불쑥 나타나곤 했다. 집안 어딘가로 가야 할 때마다 그녀는 미안하다고 말하며 난장판을 비집고 지나쳐야만 했다. 이내 공사 인부들은 앨리샤가 자신들을 방해하고 있다고 농담하기 시작했다. 그 상태에서는 프라이버시나 휴식이 불가능했다.

당연히 앨리샤의 스트레스는 치솟았다. 작은 불만들이 그녀의 마음속에 쌓여갔다. 어느 순간 그녀는 간단한 문장조차 완성할 수 없다는 것을 깨달았다. "모든 대화가 고통스럽게 느껴졌어요. 이어폰을 너무 오래 들어서 그만 들어야 할 때처럼요. 마치 감각이 긴장해서 자기방어를 하느라 움츠러드는 것 같았고, 긴장 푸는 방법을 잊어버린 것 같았어요." 하지만 소음과 혼란은 다음날부터 다시 시작되곤 했다.

그녀에게 필요한 것은 탈출구였다. 그녀는 집 근처 카페로 향했지만, 그곳에서도 피난처를 찾지는 못했다. 커피를 주문하자마자 활기찬 펑크 음악이 흘러나왔다. 한 아기 또한 울기 시작했다. 거기까지가 한계였다. "나도 세상의 모든 소리를 잠재울 정도로 그 아기보다 더 크게 소리 내 울고 싶었어요."라고 그녀는 말했다.

여전히 감각적 과부하 상태로 좌절감에 휩싸인 그녀는 카페를 나와 길을 걸었다. 그녀는 주위에서 시끄럽게 떠드는 사람들을 향해 불만을 중얼거렸다. 심지어 공중화장실에서 손 건조기의 소리가 지나치게 크다고 욕하기도 했다. 그녀는 자신의 분노가 이성적이지 않지만, 감각적 과부하도 아니라고 생각했다.

다행히도 그녀는 우연히 미술 전시회에 들르게 됐다. 그녀는 전시장 안을 돌아다니다가 갑자기 침묵에 잠겼다. 그녀는 각 예술 작품과 시간을 보내면서 그날 처음으로 자신의 감각이 서서히 풀리고, 부드러워지며 되살아나고 있다는 것을 느꼈다. 결국 세상에는 그녀를 위한 장소, 즉 아름다움과 고요함이 가득한 공간이 있었다. 앨리샤처럼 혼자 온 또 다른 여성은 평화롭게 전시회를 둘러봤다. 앨리샤는 이 낯선 사람이 자신의 고독을 이해해주는 것 같아 바로 친밀감을 느꼈다. 그녀와 우연히 시선이 마주치자, 앨리샤는 웃었다.

물론 미술관을 방문했다고 해서 과도한 자극에 대한 문제가 완전히 해결된 것은 아니었다. 조금만 닿아도 다시 부러질 듯 그녀의 감각은 여전히 연약해서, 증상의 완화는 시작에 불과했다. 그 후 며칠 동안 공사팀은 여전히 집안에서 일했지만, 그녀는 과도한 자극으로부터 완전히 회복할 수 있는 몇 가지 기술을 알아냈다. 음악은 일부 소음을 덮고 천방지축인 생각을 늦추는 데 도움이 되었다. 그리고 밖에서 새소리를 듣고 신선한 공기를 마시며 시간을 보내기도 했다. 마침내 앨리샤는 평화를 찾을 수 있었다.

예민한 사람은 과도한 자극을 어떻게 느끼나요?

"과도한 자극을 받으면 갇히고 불안한 느낌이 들어서 혼자 조용히 있을 시간이 절실히 필요해요. 탈출구를 찾지 못하면, 여전히 생각은 하고 있지만 정신이 멍한 사람처럼 보여요. 그럼, 주변 사람들은 저에게 '괜찮아요? 너무 조용하시네요.'라고 말해요. 만약 과도한 자극이 빨리 오거나 예상치 못하게 오면, 제 몸이 완전히 낯설게 느껴지는 경험도 잠시 해요. 과도하게 자극받을 때 도움이 되는 건 조용하고 편안한 곳으로 피하는 것뿐이에요."
—제시

"시간이 지나면서 과도한 자극으로 인한 문제들이 제 안에서 쌓여가요. 몸이 불편해지고 모든 것이 성가셔집니다. 대화도 짜증이 나고요. 저를 자극하는 문제들을 해결하려고 이리저리 열심히 노력해보기도 했어요. 효과가 있을 때도 있지만 없을 때도 있어서, 분노와 좌절감이 폭발하기도 했어요. 이제 저는 지치면 기운을 보충하거나 한바탕 시원하게 울 시간이 필요하다는 것을 알아요."
—매튜

"저에게는 과도한 자극이 수많은 사람에게 한 번에 찔리는 것처럼 느껴져요. 온몸에 압박감이 쌓이는 것 같아서 편하지 않아요."
—앨리

과도한 자극을 일으키는 원인

앨리샤의 경험은 예민한 사람들에게는 드문 일이 아니며, 당신이 예민한 사람이라면 아마도 그런 경험을 했을 것이다. 그렇다면 당신은 혼자가 아니며, 당신에게는 아무런 문제가 없다. 예민한 사람들은 인생의 어느 시점에서 과도한 자극에 직면하게 될 것이고, 일을 하고, 아이들을 돌보고, 사람들과 어울리면서 과도한 자극을 정기적으로 마주하게 될 가능성이 높다.

다음은 예민한 사람들을 과도하게 자극하는 가장 흔한 원인 중 일부이다. 모든 원인을 포괄하는 목록은 아니며, 여기에 포함되지 않은 다른 자극 요인도 있을 수 있다. 이러한 감정이나 상황 중 어느 것에 과도한 자극을 느꼈는지 살펴보자.

- 과도하고, 강하며, 지장을 주는 감각 자극(군중, 시끄러운 음악, 반복적인 소리와 불규칙한 소리, 온도, 향기, 밝은 빛)
- 걱정, 불안, 반복해서 일어나는 생각
- 타인으로부터 지각되는 감정. 특히 부정적인 판단, 스트레스, 분노
- 당신 자신의 감정
- 사람들과 어울리는 것과 많은 계획
- 촉박한 마감일, 바쁜 일정, 한 가지 일을 마친 후 다음 일을 급하게 해야 하는 것
- 정보 과부하 또는 동요를 일으키는 정보(뉴스 시청 또는 둠스크롤링 doomscrolling[암울한 뉴스만을 강박적으로 확인하는 행위를 뜻하는 신조어-옮긴이] 등)
- 변화(때로는 꿈에 그리던 직업을 얻거나 마침내 아이를 갖는 것과 같은 긍정적인 변화도 포함)

- 새로움, 놀라움, 불확실성
- 혼란스러운 일정 또는 익숙한 일상에서 벗어나기
- 어수선한 환경(어질러진 방 또는 책상 등)
- 다른 사람이 지켜보는 가운데 작업을 수행하는 경우(직장의 성과 검토, 스포츠 경기, 누군가가 어깨 너머로 당신의 모니터 보기, 연설하기, 당신의 결혼식에 참석한 사람들 등)
- 한꺼번에 주의를 요구하는 일이 너무 많을 때

양동이 이론

앞의 목록에 있는 것들은 예민하든 그렇지 않던 누구에게나 과도한 자극을 줄 수 있지만, 특히 한 번에 2가지 이상이 일어나고 있는 경우 예민한 사람들은 그 상태에 더 빨리 다다르고 더 깊게 느낄 것이다. 왜 그럴까? 모든 사람이 보이지 않는 양동이를 가지고 다닌다고 상상해보자. 큰 양동이를 가지고 있는 사람도 있지만, 어떤 사람, 예컨대 예민한 사람은 작은 양동이를 가지고 있다. 우리는 각기 다른 신경계와 자극에 대처하는 능력을 가지고 태어났기 때문에 아무도 자신의 양동이의 크기를 선택할 수는 없다. 그러나 양동이의 크기와 상관없이 모든 소리, 감정, 향기가 양동이를 조금 더 채운다고 감각 처리에 어려움을 겪는 어린이와 성인을 대상으로 하는 작업 치료사 라리사 겔레리스Larissa Geleris는 말한다.

양동이에 물이 줄어들고 있다면 지루함을 느끼거나, 침착함을 잃거나, 심지어 우울함을 느낀다. 하지만 양동이에 물이 넘친다면 스트레스를 받고, 피곤하며, 감당하기 힘들어진다. 심지어 당황하고, 화가 나며, 통제하지 못할 수도 있다. 따라서 사람마다 자극에 대한 한계점을 가지고 있고, 자신의 양동이가 부족하거나 과도하지 않도록 적절한 수준으로 채우려고 노력한다. 예를 들어 주의력결핍 과잉행동장애(ADHD)를 가진 아이는 항상 이 양동이에 물이 부족한 것처럼 느낄 수 있다. 그래서 그들은 자신을 자극하기 위해 책상을 손가락으로 두드리거나 학교 자리에서 벌떡 일어선다. 예민한 사람은 그 반대이다. 직장에서 하루를 보내거나 집에서 아이들을 돌보는 등 일상적인 활동만으로도 양동이의 물은 금방 가득 찬다. 겔레리스는 "양동이에 물이 가득 차면 흘러넘치고 조절 장애나 과도한 자극이 나타나요. 기본적으로 이것은 감각 시스템이 '아니, 더 이상은 안 돼. 나는 충분히 처리했고, 충분히 걸러냈으며, 과로했고, 더는 그것을 처리할 능력이 없어'라고 말하는 것이에요."라고 설명한다.

겔레리스에게 양동이 비유는 단순한 이론 이상의 것이다. 그녀 자신이 예민한 사람이기 때문이다("제 치료사는 제가 예민한 사람이래요."라며 그녀는 웃었다). 그래서 그녀는 종종 자신의 양동이의 물이 지나치게 꽉 찬 것을 느낀다. 가장 최근에는 3개월 된 딸의 기저귀를 갈 때였다. 딸은 울고 있었고, 장난감들이 바닥에 널려 있었으며, 기저귀는 집 안 구석구석에 어질러져 있었다. 겔레리스는 감당하기 벅찬 느낌이 들기 시작했고, 그녀의 감정은 걷잡을 수 없이 소용돌이쳤다. "제가 최대한 버티고 있다는 걸 느낄 수 있었어요."라고 그녀는 말했다. 설상가상으로 그녀는 얼마 전에 뇌진탕을 앓았다. 부상으로 인해 그녀는 어수선한 공간을 다니는 데 신체적, 정신적으로 어려움을 겪었고, 결국 기저귀 교환대에 갇히게 되었다. 그녀는 "뒤돌아서 어지러운 집과 장난감들을 보고 울기 시작했어요."라고 회상했다. 남편이 집에 와서 장난감을 정리하고 그녀가 감각적인 폭격에서 벗어나도록 도와줘서야 그녀의 공포감은 사라졌다.

(예민한 사람들의 말)

무엇이 당신을 과도하게 자극한다고 생각하나요?

🔵 "저는 과도한 자극을 쉽게 경험해요. 5분 늦게 도착하는 것과 같은 사소한 일로도 과잉 자극이 유발될 때가 있어요. 소중한 사람들에게 제 감정을 쏟아 내지 않도록 아주 주의해야 해요." ―조셉

🔵 "주변의 모든 사람과 주변의 것들(집안일, 휴대 전화에서 울리는 경보, 교통 소음, 이웃의 소음 등)이 제 신경을 잡아끌 때 과도한 자극을 느끼지 않을 수 없어요." ―제나

🔵 "시끄러운 콘서트와 공항은 감당할 수 있는데, 보통 그것들은 제가 계획한 것이라 정신적으로 준비가 되어 있어서예요. 과도한 자극을 촉발하는 것은 더 단순하고 무해한 거예요. 제 어린 아들은 제가 감당할 수 없는 특정한 소리를 내는데, 어린애란 걸 알면서도 제가 참을 수 있는 한계점을 넘어요. 그럴 땐 온몸이 긴장되고 신경이 곤두서는 것 같아요. 아들을 막아보려 하지만 뜻대로 안 되면 화가 치밀어 올라요." ―탄자

🔵 "군중 속에서든, 한 사람이든 주변에서 일어나는 감정이 지나치게

많을 때 가장 과도한 자극을 느껴요. 숨이 막힐 것 같아서 울고 싶어져요. 좋은 향이 나는 거품 입욕제로 뜨거운 목욕을 하거나 혼자나 고양이와 함께 어둡고 조용한 방에 있으면 진정에 도움이 돼요."

—제시카

몸의 8가지 감각 시스템

우리가 가지고 있는 양동이에 물이 넘치면 몸에서는 어떤 일이 일어날까? 우리 몸의 감각 시스템을 자세히 살펴보자. 보통 우리는 오감을 가지고 있다고 생각하지만, 신체는 8가지의 감각 시스템이 있다.

1. **시각**: 보이는 것들
2. **청각**: 소리
3. **후각**: 냄새
4. **촉각**: 촉감
5. **미각**: 맛
6. **전정 감각(평형 감각)**: 균형 감각과 머리의 움직임에 대한 감각. 내이에 위치한다.
7. **고유 수용성 감각**: 몸의 움직임에 대한 감각. 힘과 압력을 조절하고 감지하며, 근육과 관절에 위치한다.
8. **내부 수용성 감각**: 호흡, 배고픔, 갈증 등 신체 내의 활동에 대한 모니

예민함의 힘

터링 시스템. 장기, 뼈, 근육, 피부 등 신체 모든 곳에 있다.

하루 종일 우리 몸의 감각 시스템은 우리를 안전하고, 통제하며 주어진 일을 수행하도록 하기 위해 함께, 그리고 개별적으로 작동한다. 여기에는 직장에서 프로젝트를 완료하는 것과 같은 큰일들도 포함되지만, 당신이 아마 알지도 못할 작은 일들도 포함된다. 예를 들어 오늘 아침 당신이 옷을 입었을 때, 뇌는 팔에 닿는 것이 안전한지 위험한지 결정해야 했다. 셔츠라면 뇌는 안전하다는 신호를 몸에 보낸다. 하지만 모기라면 뇌는 위험하다는 신호를 몸에 보내 모기를 잡게 한다. 자극을 받아들이고, 해석하고, 자극에 반응하는 이 과정은 끊임없이 일어난다. 뇌는 다른 사람의 말을 들을 수 있도록 배경 소음을 걸러낸다. 저녁을 준비하기 위해 야채를 자를 때, 뇌는 우리를 안전하게 지키기 위해 손이 칼에 가하는 압력의 양을 조절한다. 지금도 당신이 이 문장을 읽을 때 뇌는 눈에 집중하고, 글의 의미를 해석하기 위해 일하고 있다. "우리는 하루 종일 감각 처리 기술을 쉬지 않고 사용해요."라고 겔레리스는 설명한다.

총 8가지의 정보 흐름이 끊임없이 매일 매초 우리의 뇌에 주입되는 것이다. 우리가 느끼는 감정이나 수행 중인 고차원적인 작업까지 더해지면 입력은 빠르게 증가한다. 앞서 살펴봤듯이 예민한 사람들은 특정 자극, 특히 소리와 촉각의 감각 입력에 더 반응하는 신경계를 가지고 있다고 겔레리스는 지적한다. 팔 굽혀 펴기를 하고 나면 팔이 피곤해지는 것처럼, 우리의 감각 역시 피곤해진다. 하지만 휴식을 취할 수 있는 팔과는 달리, 몸의 감각 시스템은 항상 작동한다.

3가지 감정 조절 시스템

과도한 자극을 받으면 몸은 공격받는 것처럼 느낄 수 있다. 안절부절못한 마음, 근육의 긴장, 극심한 공포나 분노, 상황을 벗어나고 싶은 강력한 욕구를 경험할 수도 있다. 임상 심리학자 폴 길버트Paul Gilbert는 이 상태를 위협 모드threat mode라고 부른다. 길버트는 인간의 동기와 감정을 뒷받침하는 메커니즘 연구에 평생 매진했다. 세계에서 논문이 가장 많이 인용되는 연구자 중 한 사람인 길버트는 영국 시민이 받을 수 있는 가장 권위 있는 상 중 하나인 대영 제국 훈장을 수상할 정도로 과학의 발전에 중요한 업적을 남겼다. 그는 우리가 감정을 조절하기 위해 위협, 목표 추구, 진정이라는 3가지 기본 시스템을 사용한다고 생각한다. 주어진 상황에서 어떤 감정 시스템을 사용하고 있는지 주의를 기울이는 방법을 배우면 감정을 조절하는 데 도움이 될 수 있다.

첫 번째는 '위협'이라고 불리는 가장 강력한 시스템이다. 위협은 뇌를 통제하는 가장 큰 능력을 가지고 있다. 이 시스템의 목표는 생존이어서 '나중에 후회하는 것보다 조심하는 편이 더 낫다'가 기조이다. 동물들도 포식자와 싸울 때 으르렁거리며, 실제보다 더 커 보이기 위해 자신을 부풀릴 때와 같이 이 시스템을 사용한다. 투쟁-도피 반응, 또는 심리학자이자 작가인 다니엘 골먼Daniel Goleman이 '편도체 납치amygdala hijack'라고 부르는 것과 관련이 있는 위협 시스템은 언제나 작동하고 있으며, 나를 향해 버스가 질주해서 오고 있는 것인지, 연인 또는 배우자가 문자 메시지에 답을 하고 있지 않은

지 등 우리 환경의 위협 여부를 살핀다. 실제 위협과 인지되는 위협 모두에 반응하지만, 오판도 많다. 예를 들어 배우자의 비꼬는 말이나 아기의 짜증은 나의 생명에 실제로 위험한 것은 아니지만, 위협 시스템은 위험한 것처럼 느끼게 할 수 있다. 두려움, 분노 또는 불안을 느끼면 우리는 위협 모드로 들어간다. 자기비판도 위협 모드의 하나가 될 수 있다. 이 경우 몸은 자신이 위험하다고 믿는다.

첫 번째 시스템이 우리를 살아있게 한다면, 다음 시스템은 우리가 더 많은 것을 얻도록 한다. '목표 추구'라고 불리는 이 시스템은 우리가 자원을 얻고 목표를 달성할 때 기분을 좋게 만든다. 예컨대 해야 할 일 목록에 있는 일들을 다 마칠 때, 직장에서 임금 인상을 요청할 때, 새집이나 자동차를 구입할 때, 친구와 외출할 때, 데이트 앱을 볼 때 목표 추구 모드가 된다. 동물들 또한 둥지를 짓고, 짝을 유혹하고, 겨울나기를 위해 음식을 저장할 때 목표 추구 모드를 사용한다. 길버트는 나머지 다른 2가지 시스템과 균형을 이룰 때 목표 추구는 '흥분되는 즐거움과 기쁨을 준다'고 말한다. 하지만 우리의 과도한 문화에서 흔히 그렇듯이 제대로 작동하지 않으면 목표 추구는 '절대 충분하지 않다'는 만족할 줄 모르는 욕망에 휩싸일 수 있다. 길버트는 이 탐욕으로 "사람들은 성취하고, 먹고, 무언가를 하고, 소유하는 것에 절대적으로 집착하게 되고, 그렇게 되지 못하면 실패한 것으로 느낄 수 있다."고 지적한다. 끊을 수 없는 도박, 음식과 약물 중독, 탐욕이 그 예이다. 이는 증권 중개인 조던 벨포트의 범죄 실화를 다룬 영화 〈더 울프 오브 월 스트리트〉에서 잘 볼 수 있다. 벨포트가 "내가 26살이 되던 해 증권 회사 대표로 4천 9백만 달러를 벌었는데, 주당 백만 달러에 3달러가 모자라서 정말 화가 났어."
라고 말하는 장면에서 우리는 과잉된 목표 추구를 볼 수 있다.

위협과 목표 추구의 강력한 특성 때문에 우리는 이 두 시스템을 파트타임으로만 사용하면서 조절할 때 가장 행복감을 느낀다. 하지만 안타깝게도 우리는 자신도 모르게 대부분의 시간을 위협과 목표 추구 시스템에서 보내고 있다(그리고 이 2가지는 강인함 신화가 요구하는 것들이기 때문에 정당하다고 느낀다). 과도한 위협과 목표 추구 모드는 예민한 사람들로 하여금 과도한 자극을 느끼게 한다.

하지만 과도한 자극에 대한 해독제가 있다. 바로 '진정'이라는 세 번째 시스템으로, 방어해야 할 위협이 없고 좇아야 할 목표가 없을 때 자연스럽게 작동한다. 이는 '쉬면서 소화하는' 시스템이라고도 불리는데, 진정 모드가 되면 부모가 흔들어 재운 아기 또는 엄마 고양이를 껴안고 안전하고 따뜻하게 느끼는 새끼 고양이처럼 우리는 차분하고, 만족하며, 위안을 느끼기 때문이다. 모든 포유동물이 사용하는 진정은 긴장을 풀고, 느긋해지며, 현재 하는 것을 즐길 수 있게 해준다. 모닝커피를 음미하거나, 마사지를 받거나, 정원의 신선한 꽃을 감상할 때 진정 모드를 사용한다. 이 시스템은 우리가 타인을 잠재적인 위험으로 보는 대신에 사람들에게 마음을 열고 연민을 느낄 수 있게 해준다. 편안하고, 행복하며, 안정감을 느끼고, 사랑받는 느낌을 받으며, 평온하다고 느낀다면 진정 모드에 들어간 것이다.

진정 시스템은 3가지 시스템 중에서 가장 즐겁지만, 무시하기도 가장 쉽다. 많은 사람에게 진정 시스템은 트라우마나 힘든 어린 시절의 경험으로 인해 충분히 이용되지 않거나 심지어 완전히 차단되어 있다. 예민한 사람들이 진정 시스템을 정기적으로 활성화하는 방법을 배운다면 엄청난 변화의 계기가 될 것이며, 이 장의 뒷부분에서 이를 위한 기술을 소개할 것이다.

만성적인 과잉 자극

다행히도 가끔 위협 모드에 빠지는 것은 그 자체로 위험하지 않다. 건강을 해치지도 않는다. 앨리샤는 조용하고 평온한 곳(미술관)으로 피신하자마자 스트레스와 분노가 사그라들기 시작했다. 그녀는 "저와 제 주변의 모든 사람에게 감사하게도 과도한 자극은 단지 일시적이라는 것을 알게 됐어요. 제대로 대처만 한다면 사라져 흔적조차 거의 남지 않아요."라고 말한다.

하지만 만성적인 과잉 자극은 다른 이야기이다. 이 자극은 피할 수 없는 지속적인 상황 때문에 우리 몸이 끊임없이 위협 모드에 빠질 때 발생한다. 동료가 당신의 직장에 해를 끼치고 있거나, 당신이 어린아이들을 도맡아 돌보는 사람일 수도 있다. 또는 지나치게 자극적인 곳에서 살거나 일할 수도 있다. 지쳤거나 더 이상 일을 처리할 수 없다고 말한 적이 있다면 아마도 만성적인 과잉 자극을 겪고 있는 것이다. 피로는 만성적인 과잉 자극의 또 다른 징후이다. 항상 또는 휴식을 취한 후에도 피곤함을 느낀다면, 신경계가 과도하게 일했기 때문일 것이다. '잠으로 해결이 안 된다면 피로가 원인이다'라는 속담처럼 말이다. 또 다른 징후들은 쉽게 울거나, 뚜렷한 원인이 없는 근육통, 두통, 소화기 문제와 같은 신체적 증상이다. 가끔 일어나는 과도한 자극으로부터는 회복할 수 있지만, 만성적인 과잉 자극은 심각한 문제이며, 업무 성과, 인간관계, 정신적 및 신체적 건강, 행복을 해칠 수도 있다.

만성적인 과잉 자극을 겪고 있다면 한 걸음 물러서서 다음과 같이 상황을 신중하게 평가해야 한다. 정확히 무엇이 과잉 자극을 유발하는가? 특정한 사람, 업무, 소음, 그밖에 다른 어떤 것인가? 이러한 유발 요인을 방지하거나 최소화하기 위해 무엇을 할 수 있는가? 얼굴을 마주하지 않고 이메일로만 소통하면서 그 사람과 보내는 시간을 줄일 수 있는가? 소음을 차단하기 위해 헤드폰을 끼고, 더 자주 휴식을 취하며, 근무 시간을 줄이고, 당신의 일을 일부 다른 사람에게 위임하며, 누군가에게 도움을 요청할 수 있는가? 때때로 만성적인 과잉 자극에서 벗어나는 유일한 방법은 상황, 관계, 직업을 벗어나는 것이다. 떠난다는 것이 쉬운 일은 아니지만, 필요하다면 그렇게 할 수 있어야 한다.

과도한 자극을 줄이는 법

만성적이든 가끔이든 과도한 자극에 대처하는 열쇠는 자신의 예민함에 '맞서는' 것이 아니라 '맞는' 생활 방식을 만드는 것이다. 먼저 진정 시스템을 활성화하고, 과도한 자극이 있을 때 이를 바로 끊을 수 있는 믿을만한 방법이 필요하다. 그리고 장기적으로 예민한 본성에 영양분을 공급하는 생활 방식이 필요하다.

이러한 방법들을 사용한다고 해서 과도한 자극을 완전히 차단하거나 감각 과부하와 관련된 어려움에 직면하지 않는 것은 아니다. 칩거 수행으로 11년을 보낸 예민한 승려인 라마 로드로 장모Lama Lodro Zangmo*조차도 사원의 기도와 명상 수행에 때때로 지나친 자극을 받았다. 그녀는 과잉 자극이 자신의 '내면에 번개 자국 같은 느낌'을 남겼다고 말했다. 다른 사람들과 이야기를 나누면 그 감정은 더욱 심해졌고, 하루가 끝날 때쯤이면 그녀는 감당하기 힘들어졌다. 시간이 지남에 따라 그녀는 이 에너지를 자신의 자연스러운 부분으로 이해하게 되면서 편안해지는 방법을 알게 되었고, 그것을 통제하거나 없애려는 노력을 더 이상 하지 않았다. 오히려 그녀는 "침묵을 지키면 바람이 잦아드는 것 같아서 내면에서 일어나는 일에 편안함을 느낄 수 있었다."라고 설명한다.

《매우 예민한 사람The Highly Sensitive Man》의 저자인 톰 팔켄슈타인 Tom Falkenstein은 "사람들로 붐비는 슈퍼마켓, 직장에서의 프레젠테이션, 다음 휴가 준비 또는 예약, 아이 담임 선생님과의 면담 등 힘든 상황을 모두 피하기란 불가능하기 때문에 과잉 자극될 수 있는 가능성을 완전히 피할 수는 없습니다."라고 말한다. 그리고 그는 과도한 자극의 기회를 철저히 피하려면 우리는 아마도 꽤 지루한 삶을 살게 될 것이라고 지적한다. 예민한 사람들은 때때로 만나는 과잉 자극을 받아들이고 그것을 줄이기 위한 도구를 이용해야 한다.

---

* 장모는 이 책의 저자 안드레의 누나이다.

앞서 본 바와 같이 과잉 자극은 한 가지 방식으로만 나타나지 않으므로 매번 이를 해결할 수 있는 단 하나의 기술도 없다. 그렇기 때문에 다양한 전력을 마음대로 사용할 수 있는 툴 키트 접근법을 권장하며, 그 중 가장 도움이 될 만한 전략을 선택할 수 있다. 키트 안에 있는 모든 도구는 어떤 식으로든 당신을 진정시킨다. 중요한 것은 답안지를 그대로 따르는 것이 아니라, 위협 또는 목표 추구 모드에서 진정 모드로 전환하는 것이다. 따라서 각 도구를 자신에 맞게 바꾸도록 하자. 단 한 가지 바꾸지 말아야 할 것은 이 도구를 일찍 자주 사용하는 습관이다.

조기 경보 시스템을 개발하자

감기나 독감의 초기 경고 신호로 목이 간질거리거나 몸 상태가 안 좋을 수 있다. 이와 마찬가지로 신체는 본격적인 과잉 자극 상태에 도달하기 전에 조기 경고 신호를 보낸다. 이러한 징후들에 대해 더 많이 알아차릴수록 과도한 자극이 지나치게 '커지기' 전에 이를 피하기가 더 쉬워진다.

하루 동안 자신을 점검해보자. 자신에게 다음과 같은 질문을 하자.

- 지금 내 기분은 어떤가?
- 어떤 생각이나 이미지가 떠오르는가?
- 내 몸 어느 부위에서 이런 감정이 느껴지는가?

▪ 내 몸은 육체적으로 어떤 느낌인가?

마음이 들떠 침착하지 못하고, 긴장하며, 산만하고, 짜증이 나거나, 감각적인 입력을 차단하려고 귀나 눈을 가리고 싶은 욕구를 느끼거나, 근육의 긴장, 가슴이 답답한 느낌, 두통 또는 복통이 있다면, 과도한 자극에 직면한 것일 수 있다.

휴식을 취하다

과도한 자극과 부딪혔을 때 할 수 있는 최선의 방법은 소리든 대화든 나를 지나치게 자극하는 것으로부터 멀어지는 것이다. 그리고 휴식을 취하는 것이다. 문을 닫자. 짧게 산책을 하자. 어떻게 해서라도 화장실에 들어가자. 만약 자리를 떠나야 한다면 주변 사람들에게 이렇게 상황을 꼭 알리자. "지나치게 자극을 받고 있어요. 몸을 진정시키기 위해서 잠깐의 휴식이 필요해요." 또는 업무 중이라면 조금 더 적절하게 다음과 같이 말할 수 있다. "몇 분간 생각을 정리하면 최선의 방법이 떠오를 것 같아요. 5분 후에 돌아올게요."

휴식을 취할 때 가장 힘든 부분은 언제 휴식이 필요한 것인지 아는 것이 아니라, 휴식을 취해야겠다고 결정을 내리는 것일 수 있다. 휴식은 과도한 자극을 끊는 데 중요하다. 만약 사람들에게 상황을 설명하고 싶지 않으면, 의심받지 않는 공간인 화장실에 가라(한 예민한 사람이 말했듯이 '화장실'의 다른 이름은 '피난처'이다).

휴식을 취하면서 자신의 몸에 집중하자. 과잉 자극으로부터 공격받는 느낌이 들더라도, 실제로 공격을 받는 것이 아니라고 인식하자. "과도한 자극을 받는 순간에는 무력감을 느껴요. 이 점을 인식하는 것이 가장 중요하다고 생각해요. 무력감을 느낄 수 있지만 무력한 것이 아니에요. 신경계는 '위험하다'고 말하지만 당신은 위험하지 않아요. 그 사실을 기억하세요."라고 겔레리스는 말한다.

안정감을 주는 행동

우리는 종종 지나치게 자극적인 상황에서 벗어날 수 없다. 이럴 때 우리는 각성 수준을 낮추기 위해 다른 도구들이 필요하다. 위협 시스템이 켜지면 신체의 물리적 반응을 중단해야 한다(위협 모드는 본질적으로 신체의 물리적 반응이기 때문이다). 그 반응을 끊는 방법 또한 물리적이다. 예를 들어 벽에 등을 대고 벽을 세게 밀 수 있다. 바닥에 반듯이 눕는 것도 하나의 방법이다. 주방 조리대나 책상을 이용해 간단한 팔 굽혀 펴기를 해보자. 두 팔로 몸을 감싸고 자신을 꼭 껴안아보자(또는 필요하다면 다른 사람에게 안아달라고 하자). 겔러리스에 따르면 저항에 맞서 몸을 움직일 때 느끼는 감각인 고유 수용성 감각 입력proprioceptive input은 가장 안정감을 주는 감각 입력이라고 한다. 고유 수용성 감각 입력의 가장 좋은 점은 언제 어디서나 스스로 시작할 수 있다는 것이다(고유 수용성 감각 입력은 사람들이 무게감이 있는 담요를 좋아하는 이유이기도 하다).

머리를 덜 움직이자

전정계는 여러 기능을 가지고 있지만 그중에서도 머리가 어디에 위치해 있는지를 추적하는 감각계이다. 고개를 돌리면 뇌의 전기적인 활동이 활발해지고, 다른 모든 감각은 예민해져 과도한 자극을 일으킬 수 있다. 그러니 머리의 움직임을 줄이는 방법을 연구하자. 예를 들어 저녁을 요리하는 경우(영유아 부모에게 지나치게 자극적인 작업), 수납장에서 필요한 것을 먼저 한 번에 꺼내면 머리를 앞뒤로 세게 움직일 필요가 없다. 저녁 회식 자리에 있다면, 모든 사람을 한 번에 볼 수 있도록 테이블의 맨 앞자리에 앉자. 뒤에서 일어나는 감각 입력을 필터링할 필요가 없도록 가급적이면 등을 벽에 대고 있으면 '포식자'가 나에게 몰래 다가오지 못하기 때문에 '위협 뇌'가 더 안전하다고 느낄 수 있다(우리가 아늑한 공간을 좋아하고 식당이나 회의실에서 벽에 기대는 좌석을 선호하는 이유이기도 하다).

아이를 위로하기, 나를 위로하기

모든 부모가 알고 있듯이 아이들의 어린 뇌는 항상 많은 것을 배우고 처리하기 때문에 쉽게 자극받는다. 따라서 지나치게 자극받은 아이를 이해하는 마음으로 자신을 대하자. 팔켄슈타인은 "부모님께서 당신이 아기나 아이였을 때 소리를 지르거나, 비난하거나, 혼자 방에 내버려 뒀다면 진정하거나 울음을 멈추지 않았을 것입니다.

따라서 힘든 순간에 빠르게 과도한 자극을 받고 강렬하게 느끼는 자신을 비난하는 대신(아, 또 시작이구나), 감정 조절을 해서 자신을 돌보고 위로하는 것이 중요합니다. 자신에 대한 비난은 긴장과 감정적인 자극을 증가시킬 뿐이고 진정하는 데 도움이 되지 않습니다."라고 말한다. 자신이 어린 애라고 상상하고 이렇게 위로의 말을 건넬 수도 있다. "네게 쉽지 않은 일이라는 걸 알아.", "너의 고통을 느낄 수 있어", "넌 혼자가 아니야. 내가 함께 여기 있어.", "뭐가 문제인지 말해줘."라고 말이다.

인지적 뇌를 활성화하자

우리는 사실상 인지적인 뇌와 감정적인 뇌라는 두 개의 뇌를 가지고 있다. 예민한 사람들은 감정적인 뇌에 더 많은 시간을 보낸다. 매우 예민한 사람들의 특성을 전문으로 연구하는 심리치료사 줄리 비엘란Julie Bjelland는 "감정적인 뇌가 활성화되면 기본적으로 생각하는 뇌는 잠들게 됩니다."라고 말한다. 화가 나거나 스트레스를 받았을 때 제대로 생각할 수 없는 것처럼 느낀 적이 있다면, 감정적인 뇌가 인지적인 뇌를 압도한 것이다. 위협과 진정 시스템이 동시에 활성화될 수 없는 것처럼, 우리의 인지적인 뇌와 감정적인 뇌도 동시에 활성화될 수 없다. 인지적인 뇌를 깨우면 과도하게 자극받았을 때 느끼는 감정의 강도를 낮출 수 있다. 비엘란은 종이 한 장에 본인이 느끼고 있는 감정과 그녀가 말하는 '인지적 사실'을 적으라고 제안한다. 이때 인지적 사실은 감정이 보내는 메시지와 반대되는 관찰이다. 예를 들어 감정은 나에게 "바보처럼 프레젠테이션을 망쳤어."라고 말하고 있다. 다음은 그 메시지를 반박할 수 있는 몇 가지 인지적 사실이다.

- 나는 나의 개인적인 기준에 따라 행동했다.
- 동료들은 잘했다고 말했다.
- 나를 믿지 않았다면 상사가 애초에 프레젠테이션을 해달라고 하지 않았을 것이다.

모든 감정에 대해 적어도 3가지의 인지적 사실을 적으라고 비엘란은 조언한다. 인지적인 뇌는 언어를 담당하기 때문에, 감정을 말로 표현하는 것은 인지를 담당하는 뇌 부분을 활성화하는 하나의 방법이다.

안식처 만들기

나의 예민함에 영양분을 주고 키운다는 생각으로 물리적 환경을 꾸미자. 예컨대 탁 트인 사무실이나 교실에서 항상 평온함을 느낄 수는 없지만, 즉각적인 평화를 가져다주는 공간이 하나 이상은 있어야 한다. 그곳이 나의 '예민한 안식처'이다. 이 안식처는 나만의 방이나 다른 공간이다. 그곳은 세상의 소음에서 벗어나 긴장을 풀고 휴식을 취할 수 있는 곳이다. 나만의 방이 가능하지 않다면 아늑한 의자, 책상, 또는 조용한 구석에서 시작하자. 마음을 편안하게 하는 색이나 나를 행복하게 하는 것들로 꾸미자. 신체적인 편안함이 중요하므로 베개, 플러시 천, 부드러운 조명, 편안한 가구를 배치하자. 책, 일기, 촛불, 종교적인 물건, 잔잔한 음악, 좋아하는 간식과 같이 큰 기쁨을 주는 것들을 구비하자. 세부적인 사항은 중요하지 않으며, 내가 안정을 찾을 수 있는 공간이면 된다.

가장 중요한 것은 가족 또는 같이 사는 이들에게 나의 안식처에 대해 꼭 말해주는 것이다. 안식처에서 보내는 '나만의 시간'이 나의 신체적, 정신적 건강에 중요하다는 것을 강조하자. 많은 예민한 사람들은 본능적으로 안식처를 만들지만, 자신의 공간과 자신이 그것을 어떻게 사용하는지에 대한 명확한 경계가 없다면 다른 사람들이 침범하거나 방해할 수 있고 심지어 그곳을 차지하기도 한다. 아무것도 하지 않거나 휴식을 취하는 특별한 개인 공간이 필요할 수 있다는 생각은 어떤 사람들에게는 생소한 개념이다. 예를 들어 그곳에서 차를 즐기는 동안 누구도 나의 안식처에 있는 물건들을 재배치하거나 나를 방해하지 않는 것이 중요하다면, 이를 명확하게 전달하도록 하자.

건강한 경계 설정하기

만성적인 과잉 자극은 명확한 경계를 설정하거나 경계에 대해 설명하지 않아서 발생한다(누군가에게 상처를 주거나 실망시키고 싶지 않아서 경계를 세우는 것을 싫어하는 사람도 있다). 경계는 예민한 사람의 자연스러운 공감을 막는 것처럼 느껴질 수 있다. 그러나 설정하는 경계가 벽이나 칸막이일 필요는 없다. 벽이나 칸막이는 단지 개인의 선택 사항일 뿐이다. 건강한 경계를 설정하는 예는 다음과 같다.

- "저는 이번 주말 행사에 참석할 수 없어요."
- "한 시간만 머물 수 있어요."
- "그건 저한테 맞지 않아요."
- "저는 가지 않을 거예요."
- "가고 싶지만 사전 통지 없이는 참석할 수 없어요. 가능한 다른 시간은 언제인가요?"
- "힘든 시간을 보내셔서 유감입니다. 도와드리고 싶지만 ___까지 도와드리는 것은 제게 과중한 업무가 될 것 같습니다. 제가 도울 수 있는 다른 방법이 있을까요?"
- "중요한 주제인 건 알지만, 지금은 얘기할 수 없어요."
- "제 생각을 공유했다가 비난을 받으면 저는 마음을 닫을 거예요. 정중하게 대해주셔야만 대화할 수 있어요."
- "힘들어서 누군가와 이야기하고 싶어요. 지금 제 이야기를 들어주실 수 있나요?"
- "나만의 시간이 필요해요. 몇 시간만 애들 좀 봐주실 수 있나요?"
- "피곤해요. 쉬어야겠어요."

감정이 보내는 메시지 듣기

격한 감정에 압도당할 때, 감정 자체가 문제가 아니라는 것을 기억하라고 《마음에서 빠져나와 삶 속으로 들어가라》의 공동 저자인 스티븐 C. 헤이즈는 설명한다. 휴대 전화에 뜨는 경보나 친구에게서 온 엽서처럼 감정은 단지 전달자일 뿐이다.

감정은 전달자이기 때문에 모든 감정에 따라 행동할 필요는 없지만, 적어도 그 메시지들에 귀를 기울일 필요는 있다. 감정은 중요한 경계가 침범됐을 때, 행동을 취해야 할 때, 혹은 관계에서 욕구가 충족되지 않을 때 우리에게 알려준다. 이러한 감정은 우리에게 변화를 위한 교훈과 기회를 보여준다. 과민 반응을 하고 있다고 자신에게 말하고 싶을 수도 있지만, 평생 이런 말을 들어왔을 수도 있으므로 과도한 자극에 대한 감정이나 느낌을 무시하지 말자. 감정에 집착할 필요도 없지만 그렇다고 피할 필요도 없다. 헤이즈는 "감정이란 자연스럽게 오는 것이고, 당신을 통과해서 흘러가게 되어 있습니다. 감정은 상황이 좋지 않을 때는 중요한 교훈을 주고, 상황이 좋을 때는 아름다운 보상을 줍니다."라고 말한다. 그는 강한 감정이 일어날 때 "이 감정이 내게 요구하는 게 뭐지?"와 "내가 갈망하고 있는 것이 무엇이지?"와 같은 질문들로 잠시 성찰하는 시간을 가지라고 말한다.

예민함의 힘

웃고 노는 시간 만들기

자동차의 라디오에서 흘러나오는 노래를 따라 부르고, 복도를 껑충껑충 뛰며, 강아지와 공놀이를 하고, 눈사람을 만들며, 목적지를 생각하지 않고 자전거를 타거나, 아이들의 장난감을 가지고 놀아보자. 상황 속에서 유머를 찾아보자. 심리학자들은 이처럼 놀이에 집중하고 즐겁게 참여하는 것을 '놀이 윤리play ethic'라고 부른다. 이는 내면의 아이를 받아들이고 즐거운 시간을 가지는 것이다. 치료사 캐롤린 콜Carolyn Cole은 센서티브 레퓨지에서 이 놀이적인 측면은 "자신과 맞지 않다는 두려움, 책임감에 대한 지나친 집중, 단지 자신의 이러한 부분을 위한 시간이 없다는 생각으로 인해 세월이 흐르면서 가려진다."라고 말했다. 그녀는 모든 고객, 특히 예민한 고객들에게 과잉 자극이 시작되기 전에 억제를 위해 놀이 윤리를 계발할 것을 권한다. 특히 유머는 감정적인 과잉 자극과 상충하는 뇌의 부분인 전두엽 피질을 사용한다. 즉, 재미있는 것을 보고 웃으면 과잉 자극에 압도당할 수 없다.

이 또한 지나가리라

지나친 자극을 받으면 감정은 감당하기 벅차고 몸은 불안이나 스트레스로 가득 찰 수 있기 때문에 여기에서 설명한 어떤 도구도 기억나기 어려울 수 있다. 켈러리스 자신도 다른 사람들에게 이러한 도구를 가르치는 감각 처리 전문가임에도 딸의 기저귀를 가는 동안 과도한 자극을 받았을 때 모든 기술이 창밖으로 날아갔다고 인정한다. 그러니 과도한 자극에 대처할 때 자신에게 시간을 주도록 하자. 그녀는 "가능하다면 감정의 파도를 조금만 타세요. 그리고 조금 잠잠해질 때, 그때가 도구를 실행할 수 있는 때예요. 과잉 자극은 끝날 거예요. 끝나지 않을 것 같지만 결국 끝나게 돼요."라고 말한다.

때로는 과도한 자극은 피할 수 없다는 것을 받아들이자. 과잉 자극은 뇌가 가장 잘하는 일을 하는 것이다. 이럴 때는 자신의 도구를 최대한 활용하고, 결과가 완벽하지 않더라도 자신에게 친절해지자. 이 또한 지나가리라는 속담이 있듯이 말이다.

예민함의 힘

5장

공감 능력이
뛰어나서
생기는 고통

가끔 나는 내가 느끼는 모든 것을 느끼기 위해
또 하나의 심장이 필요하다고 생각한다.

－사노버 칸Sanober Khan,
《천 마리의 플라밍고"Spare Heart," in A Thousand Flamingos》

<u>예민함이 장애물이 되었을 때</u>

레이첼 혼은 곤경에 처했다. 그녀는 온갖 역경을 딛고 글로벌 자선 단체를 관리하는 명문 대학 프로그램에 입학하기 위해 노력했다. 하지만 안타깝게도 세상을 변화시키고자 하는 사람들을 위한 취업 시장은 경쟁이 치열하다. 졸업한 지 1년이 지난 그녀는 학자금 대출을 갚기 위해 일자리가 절실히 필요했다. 그러던 중 치매 노인들을 위한 요양원 관리자를 구하는 자리가 났다. 비록 그 일은 원래 계획했던 일은 아니었지만, 그녀는 사람들을 도울 수 있을지도 모른다고 생각했다. 또한 그녀는 예민한 사람이라 잘할 수 있는 일이 될지도 모른다고 생각했다.

노인을 돌보는 일은 중요한 일이긴 했지만, 혼에게는 가슴 아픈 직업이 되었다. 그녀의 하루는 끊임없이 이어지는 돌봄, 물품 관리,

생사가 엇갈리는 순간으로 가득 찼고, 이 모든 일은 미소를 띠고 해야 했다. 그녀의 '사무실'은 옷장들 사이에 끼어 있었고, 컴퓨터 위에는 다트 보드가 수북이 쌓여 있었으며 종이처럼 얇은 벽을 뚫고 심전도 기계에서는 심정지를 알리는 무서운 삐 소리가 들렸다. 물론 치매로 길을 잃은 노인과 가까스로 연락돼 기쁨을 맛봤던 아름다운 순간도 있었다. 한 번은 동료들이 환자의 상태가 너무 안 좋으니 시간 낭비라고 말했지만, 그녀는 환자를 위해 음악을 들려주었다. 그러던 어느 날, 환자는 그녀에게 몸을 돌려 노래의 한 구절을 따라 불렀다. 그가 말하는 것을 들은 것은 그때가 처음이었고, 그날 그녀는 자신이 중요한 일을 하고 있다는 것을 알았다.

그러나 이러한 순간들은 흔치 않았는데, 그렇게 하면 처리해야 할 일들이 예정보다 늦어지기 때문이었다. 상실의 순간도 있었다. 직원들은 환자와 진정한 유대감을 형성하기도 했지만, 어느 날 갑자기 환자가 사망할 수도 있었다. 혼은 그럴 때 동료들이 어떻게 아무일도 없었던 것처럼 지낼 수 있는지 이해할 수 없었다. 그들의 태도는 냉담하고 냉정해 보였다. "저와 환자들이 느끼는 고통 사이에 직업적으로 거리를 두는 것은 불가능했어요. 저는 '5시네. 문 닫고 친구들과 외출할 시간이네'라는 식으로 생각할 수 없었어요. 사람이 살고 죽는 문제니까요."라고 그녀는 말했다.

때로는 임종을 앞둔 환자들이 그녀에게 마음을 열고 자신의 감정, 후회, 심지어 무덤까지 가져가고 싶지 않은 가족의 비밀을 들려줬다. 예민한 사람인 혼은 편견 없이 이야기를 들어주고 위로를 건네기도 했다. 하지만 이러한 감정 노동은 그녀에게 타격을 주었다.

그녀는 "저를 필요로 하는 사람들 앞에서는 참을 수 있었지만, 차에 올라 문을 닫자마자 울기 시작했어요."라고 말했다.

혼이 중요한 일을 하는 것은 맞았지만, 충분한 잠을 자지 못했고, 눈물을 흘리며 집으로 돌아가는 날이 많았으며, 다음 날 아침이면 또다시 울기 시작했다. 일을 시작한 지 불과 5개월 만에 그녀는 육체적으로나 정신적으로 한계에 다다랐고 변화가 필요했다.

그러던 그때 플로리안이라는 프랑스 남자를 만났다. 그의 친절한 눈빛과 근심 걱정 없는 태도는 그녀는 삶에 여유가 있던 시절의 자신을 떠올렸다. 플로리안은 여유가 많았다. 그는 히치하이킹으로 세계를 돌아다녔다. 그는 그녀의 친구가 소유한 땅에서 며칠 밤을 캠핑하다가 다시 길을 떠났다. 참석해야 할 회의도 없고, 숫자로 '관리'해야 할 비극적인 죽음도 없었기 때문에 그의 삶은 완전히 평온해 보였다.

그날 밤 혼과 플로리안은 밤늦게까지 대화를 나누었고, 혼은 플로리안에게 끊임없이 질문을 던졌다. 그는 하나하나 인내심을 가지고 대답했다. 그는 부유한 사람이 아니었다. 그렇다고 해서 불안함을 느끼지도 않았다. 텐트를 친다고 누군가가 소리를 지르며 그를 막은 적도 없었다. 그는 행복했다. 그렇다면 혼은? 서서히 혼은 그가 부럽다는 것을 인정했다. 대부분의 사람은 플로리안처럼 절대 살 수 없다고 말하겠지만, 그녀는 그의 여행을 자신의 직업을 대체할 수 있는 실행 가능한, 어쩌면 더 선호할 수 있는 대안으로 보기 시작했다.

다음날 혼은 결심을 실천에 옮겼다. 그녀는 직장을 정리했고, 플로리안은 텐트와 배낭을 준비해 히치하이크로 그녀의 아파트로 왔다. 낯선 사람과 함께 황야로 떠나는 것은 세상의 모든 부모가 자식이 절대 하지 않기를 바라는 일이었다. 그녀는 자신이 모든 것을 잃을 수도 있고, 돈이 바닥날 수도 있으며, 정말 위험에 빠질 수도 있다는 것을 알고 있었다. 그러나 그녀는 한편으로 가벼움을 느꼈다. 오랜만에 처음으로 다른 사람들의 욕구와 감정으로부터 끊임없이 이어지던 폭격이 멀어진 것 같았다.

공감 능력의 이면

공감은 모든 예민한 사람들의 큰 재능 중 하나지만, 또한 저주처럼 느껴질 수도 있다. 공감이 고통스러울 수 있기 때문이다. 공감은 타인이 느끼고 있는 것을 진정으로 받아들여 함께 그 느낌을 경험하고, 자신의 몸으로 느끼는 것이다. 모든 감정이 그렇듯이 그 경험은 때때로 아주 강하고, 다루기 힘들 수 있다. 결과적으로 공감은 몇 가지 부작용을 동반한다.

부작용 중 하나는 뉴스에서 보든 직접 경험하든 세상에서 가장 괴로운 순간을 내면화해야 한다는 부담감이다. 또 다른 부작용은 다른 사람들을 돌보는 지속적인 노력이 지나칠 때 발생하는 기버 번아웃give giver burnout이며, 이는 연민 피로증compassion fatigue이라고도 불린다. 혼이 경험한 것이 기버 번아웃이다. 선생님, 간호사, 치료사, 가사를 돌보는 부모, 돌봄 역할을 하는 사람들은 특히 기버 번아웃의 위험에 처해 있다. 코로나19 팬데믹이 한창이던 2021년, 많은 의료 종사자가 직장을 떠난 첫 번째 이유로 번아웃이 보고된 것이 대표적인 예다. 미국의학협회에 따르면 2022년까지도 의사 5명 중 1명, 간호사 5명 중 2명이 2년 이내에 직장을 그만둘 의향이 있다고 답했다. 또 다른 1/3은 근무 시간을 줄이고 싶다고 답했다.

하지만 예민한 사람에게 물어보면 높은 공감 능력의 가장 흔한 부작용 중 하나는 원치 않는 감정을 흡수하는 것이라고 말할 것이다. 일부 예민한 사람들에게 감정은 유형의 존재와 같으며, 그 결과 불쑥 나타난 감정에 의해 갑자기 침범당하는 느낌을 받게 된다. 한순간은 커피를 즐기고 있지만, 다음 순간에는 긴장하고 두렵게 카페를 둘러보며 그 이유를 궁금해한다. 한 예민한 사람은 어머니와 물리적으로 가까이 있지 않을 때, 예를 들어 매장의 다른 공간에서 쇼핑할 때에도 불안과 같은 어머니의 감정을 느끼는 것 같다고 말했다.

덜 예민한 사람들은 공감의 어두운 면에 대해 간단한 해결책을 가지고 있다. 공감을 줄이는 것이다. 그러나 예민한 사람들은 평생 이 조언을 들어왔다. 이들은 신체적 감각이나 깊은 생각을 차단할 수 있는 것처럼 자신의 공감을 차단할 수 없다.

> #### 예민한 사람들의 말
> ### 다른 사람의 감정이 당신에게 어떤 영향을 미치나요?
>
> "어떤 공간에 들어갈 때 저는 가장 먼저 모든 사람을 시각적으로 의식해요. 저의 모든 감각은 사람들의 감정에 맞춰져요. 긍정적인 감정

은 저 또한 긍정적이게 해주지만, 부정적인 감정은 제 기운을 빼앗아 가요. 때때로 저는 반려동물의 감정도 느낄 수 있다고 생각해요." ─재키

"다른 사람의 감정을 상대하는 것은 저에게 매우 어려운 일입니다. 남자는 그런 것을 알면 안 된다고들 하죠. 사실 저는 다른 사람의 눈빛, 어조, 보디랭귀지, 말투, 기타의 것들을 모르는 체하는 미묘한 방법들을 배웠습니다. 제게 침입해 들어오는 사람들의 감정을 줄이기 위해서요. 제게 화가 나거나 악의적인 의도를 가진 사람들이 있다면 저의 신경계는 며칠 동안 혼란스러울 것이며, 심지어 트라우마 반응을 유발할 수도 있어요. 많은 노력 끝에 이제는 어떤 감정이 저의 것이고, 어떤 감정이 저의 것이 아닌지 구별할 수 있습니다." ─트렌트

"저는 다른 사람들의 감정을 느낄 수 있고 심지어 시각화도 할 수 있습니다. 어디까지가 그들의 감정이고 어디서부터 제 감정이 시작되는 건지 알기가 어려울 때가 많아요. 낯선 사람들이 있는 공간에 있을 때, 저는 그 감정들을 느낄 타당한 이유가 없는데도 그것들이 제 감정이라고 생각하기 때문에 좋지 않아요. 제가 지나치게 자극받으면, 다른 사람들의 감정이 저를 부정적인 기분에 빠지게 합니다. 지나치게 자극받지 않는다면 사람들을 돕기 위한 단서로 활용할 수 있어요. 하지만 그때도 지나치게 사람들의 감정 안으로 들어가지 않도록 매우 조심해야 합니다." ─매튜

"저는 모든 것을 흡수해요! 조절해 보려고 노력 중이지만 저는 인간 온도 조절기 같아요. 사람이나 방 전체의 '온도'를 알 수 있거든요." ─케이

정서 전염의 명암

예민한 사람들은 잘 알고 있듯이 감정에는 전염성이 있다. 감정은 감기처럼 한 사람에서 다른 사람으로 쉽게 퍼진다. 사실 심리학자들은 감정의 확산을 공감이라고 부르지 않는다. 그들은 이를 '정서 전염emotional contagion'이라고 부른다. 그리고 모든 사람은 예민하든 그렇지 않든 어느 정도 감정에 전염된다. 그리고 스트레스, 분노와 같은 부정적인 감정만 퍼지는 것은 아니다. 파티의 핵심은 웃고, 춤을 추면서 친구들로부터 행복한 감정을 흡수하는 것이다. 사실 타인의 감정에 전염되는 것은 우리를 인간으로 만드는 중요한 부분이며, 예민함과 마찬가지로 우리 종의 생존에 도움이 된다. 한 무리의 인간들이 영감에 전염되면 공통의 목표를 향해 함께 일한다. 두려움에 전염되면 그들은 위협에 대항하여 결집하고 위험에 직면했을 때 신속하게 대응한다.

이러한 감정의 확산은 연구자들이 '카멜레온 효과chameleon effect'라고 부르는 현상 덕분에 부분적으로 가능하다. 카멜레온이 주변 환경에 녹아드는 것처럼, 우리는 주변 사람들의 버릇, 표정 및 기타 행동을 무의식적으로 모방하여 사회적 환경에 더 잘 어울리게 된다. 예를 들어 복도를 지나갈 때 동료가 당신을 보고 미소를 짓는다면, 당신은 아마도 자동으로 미소를 지을 것이다.

이러한 사회적 반응은 좋은 것이다. 당신이 다른 사람의 행동을 따라하면 그 사람도 당신에게 호감을 느낀다. 카멜레온 효과는 또한 친구들끼리 왜 비슷한 대화와 농담을 하는지, 또는 우리가 낯선 사람들의 감정을 되돌려 주며 단 몇 초 만에 그들과 어떻게 친밀감을 형성할 수 있는지를 설명한다. 연구에 따르면 예민한 사람들처럼 공감 능력이 뛰어난 사람들은 다른 사람들보다 카멜레온 효과를 더 많이 보이는 것으로 나타났다. 이 발견은 또한 공감 능력이 뛰어난 사람들이 낯선 사람이 자신의 인생 이야기를 들려주면 편안하다고 느끼는 이유를 설명한다(혼의 환자들처럼). 예민한 사람들은 자신도 모르는 사이에 타인의 감정을 자동으로 거울처럼 따라하고, 이러한 미러링mirroring은 신뢰를 쌓는다.

감정에 전염되고 되돌려 주는 이 생물학적 과정은 3가지 단계로 일어난다. 첫 번째 단계는 카멜레온 효과로, 당신이 미소를 짓거나 찡그리는 타인의 신호를 흉내 낼 때이다. 두 번째 단계는 피드백 고리feedback loop이다. 몸이 감정의 모습을 취하면, 마음도 행복이나 걱정과 같은 감정을 '느끼기' 시작한다. 마지막 단계에서 타인은 자신이 느끼고 있는 것이나 경험한 것에 대해 말하기 시작할 수 있다. 그의 말을 통해 당신은 그가 기쁨이나 스트레스를 느낀 이유가 무엇인지, 더 나아가서 왜 당신이 같은 기분을 느끼는지 알게 될 것이다. 이 단계는 특히 고통스러운 감정에 직면할 때 도움이 될 수 있다. 상황을 이해해 당신이 그렇게 느끼게 된 이유를 알게 되기 때문이다. 하지만 이 단계는 피드백 고리를 강화할 수도 있다. 두 사람의 감정이 동조화되면서 당신이 첫 번째 단계에서 인상을 찌푸리던 것이 진정한 괴로움으로 바뀌는 것이다. 더 나쁜 것은, 상대방이 그 감정에 대해 이야기하고 싶지 않다는 이유로 두 사람이 대화를 나누지 않는다면 불안과 불확실성은 더해진다는 것이다. 예를 들어 동료가 상사와의 회의에 들어갔다가 거의 눈물을 쏟을 듯이 나와 짐을 챙겨 회사를 떠났다고 상상해보자. 동료가 해고되는 이유를 알고 있더라도 그 동료의 두려움과 슬픔을 흡수하는 것만으로도 충분히 스트레스가 되겠지만, 아무런 설명 없이 그 감정을 흡수하다 보면 자신도 도마 위에 오르는 것은 아닌지 의문이 들 것이다.

만약 당신이 예민한 사람이라고 생각하지 않는다면, 이제 왜 예민한 사람들이 자신의 감정에 대해 그렇게 많이 이야기하는지 이해할 것이다. 이들은 항상 이 순환을 겪는다. 예민한 사람은 공감 능력으로 인해 주변 사람들의 스트레스를 짊어지게 될 수 있다. 타인의 감정을 공감한다는 것은 아름다울 수도 있지만 또한 고통의 원천이 될 수도 있다.

친한 사이가 주는 높은 전염력

낯선 사람의 감정을 흡수하는 것과 가장 가까운 사람의 감정을 흡수하는 것은 완전히 별개의 일이다. 실제로 연구에 따르면 감정은 사랑하는 사람에게서 나올 때 훨씬 더 전염성이 강하다고 한다. 한 연구는 배우자들이 서로의 스트레스 수준에 깊은 영향을 미친다는 것을 발견했다. 결과적으로 부부간에 공유되는 스트레스는 결혼 만족도에 중요한 역할을 한다. 한 예민한 아내는 남편이 욕을 하거나 흥분하면, 심지어 자신과 아무런 관련이 없는 문제일지라도 즉시 공황 상태나 눈물 같은 신체적, 감정적 반응을 보인다고 말했다. 그러나 그녀의 남편은 자신의 감정 표출이 왜 '그렇게 큰일'인지 선뜻 이해하기가 어렵다(흥미롭게도 한 연구자는 여성이 남성보다 정서 전염, 특히 스트레스와 부정적인 감정에 더 취약한 것으로 나타났다. 이는 여성이 주변 사람들의 정서적 욕구에 더 많은 관심을 기울이도록 사회화되었기 때문일 것이다). 또 다른 연구는 배우자의 우울증은 종종 상대 배우자의 우울증으로 이어지며, 이는 부모와 아이들 그리고 같이 거주하는 사람들에게도 마찬가지다.

긍정적인 기분보다 부정적인 감정이 더 쉽게 퍼지는 것은 도움이 되지 않는다. 한 연구에서 관찰자들은 불행한 일을 겪은 피실험자가 청중 앞에서 계획에 없던 연설을 하고 암산으로 산수 문제를 푸는 것을 지켜보도록 요청받았다. 피실험자의 스트레스는 전염성이 강해서 관찰자들이 단방향 거울을 통해서만 관찰했는데도 스트레스 호르몬인 코르티솔이 눈에 띄게 증가했다. 많은 예민한 사람들이 강렬하고, 긴장감이 넘치거나, 폭력적인 TV 프로그램과 영화를 참을 수 없다고 말하는 것은 당연하다.

이러한 결과들은 현명한 선택의 중요성을 강조한다. 끊임없이 불평을 늘어놓는 사람들, 항상 부정적으로 주변에 해를 끼치는 사람들, 강하게 감정을 표현하지만 타인의 감정 상태에는 그다지 반응하지 않는 사람들은 피하는 것이 좋다. 이러한 사람들은 팬데믹 기간 동안 요양원과 실내 식당에서 코로나19가 빠르게 확산된 것과 마찬가지로 전 세계로 부정적인 감정을 퍼뜨리는 슈퍼 전파자이다.

공감은 '내 마음의 고통'이며 때로는 감당하기 힘들 수 있다. 하지만 한걸음 물러나 생각해보면 고통을 겪고 있는 사람들은 우리가 그들을 돕기 위해 느끼는 감정을 느낄 필요가 없다. 물론 모든 사람은 사랑하는 사람이 자신을 지지해 주고 자신이 겪고 있는 어려움을 이해하고 있다고 느끼기를 원하며 예민한 사람들은 타인에 대한 이 같은 공감 능력에 탁월하다. 하지만 감정을 감당하기 힘들어지면 반응은 아기의 우는 소리에 울음으로 반응하는 것과 같은 역효과를 낳는다. 타인의 감정을 감당하기에 고통스러우면 고통받는 사람들을 외면할 수도 있다. 학대받는 동물들에 대한 광고가 나올 때 TV 채널을 바꾼 적이 있다면 공감할 수 있을 것이다.

하지만 어떻게 공감이 이처럼 될 수 있을까? 3장에서 살펴본 것처럼 인간 도덕성의 기초이자 성취의 원동력인 공감은 어떻게 사람들을 돕는 것으로 이어지지 않을 수 있을까?

답은 공감이 갈림길에 있다는 것이다. 공감은 고통과 괴로움이 될 수도 있다. 하지만 공감은 연습을 통해 훨씬 더 아름다운 것, 즉 당신과 고통을 겪고 있는 이 모두에게 도움이 되는 것으로 이어질 수 있다.

그것은 연민이다.

공감에서 연민으로

신문 기사 '세상에서 가장 행복한 사람'은 돈을 벌지 못한다. 그는 집도 차도 없다. 겨울이 되면 네팔의 작은 암자에서 추위를 이겨낼 난방 시설 없이 고립된 채 지낸다. 그 남자는 한때 프랑스의 분자 생물학자였던 불교 승려 마티외 리카르Matthieu Ricard이다.

리카르는 10년 전 영국의 한 신문에 실린 이 기사 제목에 당황했다. 그는 이것이 언론의 과잉 광고라고 말한다. 하지만 이 수식어에는 무언가 의미가 있다. 리카드는 12년간 명상에 관한 연구에 참여하면서 여러 차례 뇌 스캔을 했는데, 스캔 결과 매우 특이한 점이 발견되었다. 긍정적인 감정과 관련된 영역에서 그의 뇌는 이전에 과학계에서 본 적이 없는 수준의 활성화 수치를 보였다. 다시 말해서 그는 매우 마음이 편한 상태였다.

리카르는 독일 막스 플랑크Max Planck 연구소의 기능적 자기공명영상(fMRI) 스캐너에 들어가 고통을 겪고 있는 사람들의 이미지를 봤다. 연구진은 그에게 사람들이 괴로워하는 모습을 지켜보며 느껴지는 자신의 고통에 귀를 기울이라고 요청했다(그는 감정 중 공감을 사용하도록 요청받았다). 얼마 지나지 않아 그는 연구진에게 이렇게 부탁했다. "이제 연민의 감정을 사용할 수 있을까요? 견디기에 너무 고통스러워지고 있습니다." 놀랍게도 공감에 연민을 더하자, 그는 감정적인 과부하 없이 타인의 고통을 무한정 계속해서 볼 수 있다는 것을 알게 됐다.

<u>연민의 힘</u>

이것이 바로 공감과 밀접한 관련이 있지만 미묘하게 다른 연민의 마법이다. 공감은 타인의 감정 상태를 거울처럼 반영하고 함께 경험하는 것이라면 연민은 걱정, 배려, 따뜻한 마음으로 나타나는 반응이다. 연민은 또한 행동을 의미한다. 공감은 타인의 감정을 느끼고 그냥 지나칠 수도 있지만, 연민은 타인을 돕거나 그들을 대신해 행동하려는 바람을 내포한다. 그러므로 연민을 통해 우리는 스트레스와 숨 막힘의 장소에서 따뜻함과 사랑의 장소로 이동한다. 연민은 우리를 수동적이기보다는 능동적으로 만든다. 우리는 고통을 흡수하는 스펀지가 아니라 도움의 손길이 된다.

공감에서 연민으로 전환하면 뇌의 화학 구조가 바뀐다. 연민에 대한 주요 연구자인 타니아 싱어Tania Singer는 우리가 타인의 고통을 공유할 때(공감)와 타인의 고통에 따뜻하게 반응하고 싶을 때(연민) 뇌의 각기 다른 부분들이 활성화된다는 것을 발견했다. 심박수가 느려지고, '유대감 호르몬'인 옥시토신이 분비되며, 돌봄과 즐거움에 관련된 뇌의 부분들이 활성화된다. 연민을 느끼게 되면 타인의 고통을 반드시 함께 경험하는 것은 아니지만, 타인에 대한 걱정과 도움을 주고 싶은 강한 열망을 느낀다고 싱어는 설명한다. 연민은 타인을 외면하기보다는, 타인과 훨씬 더 깊게 교감하고 사회적 유대를 강화한다.

공감이 그 자체로 놀라운 것은 분명하다. 공감은 예민한 모든 사람이 공유하는 특별한 능력이다. 하지만 공감하는 것만으로는 감당하기에 벅찰 수 있다. 그래서 이럴 때 연민이 필요하다. 연민은 공감을 사용해 사람들에게 도움을 줄 수 있게 한다.

공감에서 연민으로 전환하는 것은 아름다운 일이며, 세상에 변화를 가져온다. 9·11 테러로 남편을 잃은 수잔 레틱처럼 연민으로

공감 VS. 연민

공감	연민
타인이 경험한 것과 같은 감정을 경험하는 것	반드시 같은 감정을 느끼는 것은 아님
내부에 초점(자신의 감정 또는 이해)	외부에 초점(타인과 교감하고 지원하기 위해 행동하려는 욕구)
고통, 괴로움으로 이어질 수 있다. 뒤로 물러나 타인의 고통에 대해 느끼는 고통을 줄일 수 있다.	호르몬과 뇌 활동은 신체적으로 타인을 돕고, 교감하고, 돌볼 준비에 들어가게 한다.
표정과 행동이 종종 고통, 괴로움, 걱정을 나타낸다(공감으로 손을 가슴에 대고, 충격받거나 걱정하는 것과 같은 움츠리는, 방어적인 몸짓).	표정과 행동이 타인에 대한 헌신을 나타낸다(타인을 향해 몸을 기울이고, 신체적으로 다가가며, 눈을 마주치고, 가벼운 신체 접촉을 하며, 진심 어린 관심을 표현).
심박수 및 긴장감 증가	심박수 감소 및 마음의 안정
부정적인 감정과 관련된 뇌 활동	긍정적인 감정과 관련된 뇌 활동
관계 및 돌봄 그렇지 않으면 고통과 회피 둘 중 하나로 귀결	항상 접근하거나 돕고자 하는 동기와 연결됨
기본적인 생물학적 반응. 학습 없이도 자동으로 가능	노력이 필요. 연습이나 의도 없이 연민을 유발하는 것은 쉽지 않음

비극에 대응하는 수많은 보통 사람에게서 이러한 전환의 영향을 확인할 수 있다. 그녀의 삶은 산산조각 났지만, 9·11 테러 미망인에 대한 대중의 지원이 얼마나 큰 도움이 되었는지를 경험했다. 그러던 중, 이 같은 지원을 받지 못하는 여성들이 그녀의 눈에 들어왔다. 남편을 죽인 살인자들이 훈련받은 나라, 아프가니스탄의 전쟁미망인들이었다. 남편이 없는 이 여성들은 종종 가난에 빠지거나 심지어 아이들을 잃기도 했다. 많은 미국인이 이슬람 공포증과 기타 형태의 증오에 굴복했을 때, 레틱은 자신과 아프간 여성들이 적이 아니라 공통점이 있다는 것을 깨닫고 마음을 열었다. 그녀는 기금을 모으기 시작해 전쟁 중인 두 나라의 여성들을 도왔다. 그리고 어느새

서가명강

서울대 가지 않아도 들을 수 있는 명강의

* 서가명강 시리즈는 계속 출간됩니다.

NAVER 네이버와 ▶ 유튜브에서 　서가명강　 🔍 을 검색하세요.

창조적 시선

김정운 지음 | 윤광준 사진 | 값 108,000원

김정운의 지식 아카이브 속 키워드 '바우하우스'로
풀어낸 창조적 시선의 기원과 에디톨로지의 본질

바우하우스는 '재현의 시대'에 얻은 인류의 성과를 해체하고, 예술과 기술의 결합을 모색하며 새로운 '편집의 시대'로 이끈 최초의 '창조 학교'다. 바우하우스 설립 배경과 인물 간의 스토리를 지식구성사적으로 연결해 '창조적 사고의 계보학'으로 완성한 이 책은 창조적 관점을 찾는 이들에게 최고의 안내서가 될 것이다.

집단 착각

토드 로즈 지음 | 노정태 옮김 | 값 24,000원

인간 본능이 빚어낸
집단사고의 오류와 광기에 대하여

인간은 본능적으로 집단에 속하고자 하지만, 이로 인해 '집단 착각'이라는 큰 함정에 빠질 수 있다. 이 책은 스마트폰과 SNS의 영향으로 다수가 정답으로 받아들여지는 현대사회에서, 우리 개개인의 선택에 용기를 주고 사회적 영향에 휩쓸리지 않을 수 있는 닻을 내려줄 것이다!

신 앞에 선 인간

박승찬 지음 | 값 22,000원

중세의 탄생, 철학과 그리스도교의
첫 만남이 이끈 대격변의 시대

중세 천 년은 어떻게 시작되었으며, 무엇을 남겼는가? 이성만을 추구하던 인간이 처음으로 신을 찾아 해매었던 중세, 그리스로마 문화와 그리스도교의 만남은 인류 지성사의 위대한 유산이 되었다. 사도 바울로부터 아우구스티누스에 이르는 융성하고 혼란했던 중세 초기를 다섯 명의 인물과 함께 관통한다.

프레임
굿 라이프

최인철 지음 | 각 값 20,000원

서울대 행복연구센터장
최인철 교수가 전하는
나 그리고 내 삶을 바꾸는
심리학의 지혜

그녀는 아프간 여성들이 자립하는 데 필요한 기술을 습득할 수 있도록 돕는 국제 구호 단체를 설립했다. 레틱은 미국 시민에게 수여하는 국가 최고의 상인 대통령 시민 훈장을 받았지만, 이 모든 것은 아프가니스탄의 한 여성에게 자신이 가장 암울했던 시기에 받았던 것과 같은 지원을 해주려는 작은 목표에서 시작되었다고 말했다.

레틱은 적어도 공감 능력이 뛰어난 사람들의 기준에서는 아웃라이어*가 아니다. 또한 그녀는 예민한 사람들이 기본적으로 가지고 있는 강점인 공감이 단순히 기분 좋은 성격적 특징이 아니라, 인간이 발휘할 수 있는 중요한 특별한 능력 중 하나라는 것을 보여주는 사례이다. 예민한 사람들이 감정적 전염을 넘어 동정심 어린 공감으로 나아가는 방법을 배운다면 이 특별한 능력을 잘 사용할 수 있다.

그렇다면 어떻게 공감에서 연민으로 나아갈 수 있을까?

연민하는 방법

그 해답은 명상만큼이나 신경 과학에서 찾을 수 있다. 그리고 그저 주의를 집중하면 된다. 집중은 스포트라이트와 같아서 특정한 것들을 비추고 다른 것들은 어둡게 한다. 관심을 두고 집중하는 것은 당신의 마음속에서 더 밝아지고 내면적인 경험, 즉 생각과 감정이 된다. 상사의 성과 평가를 예로 들어보자. 상사가 당신의 업무에

---

* 보통 사람의 범주를 넘어 성공한 사람

대해 다섯 가지 좋은 점을 말하고, 단 한 가지 나쁜 점을 말했다. 만약 당신이 그 한 가지 나쁜 점에만 집중한다면 고개를 숙인 채 상사와의 미팅 자리를 나올 것이다. 반면 잘하고 있는 점들에 대한 상사의 언급에 집중한다면, 더 차분하고 안정된 기분을 느낄 것이다.

따라서 연민을 기르기 위해서는 스포트라이트를 우리 자신의 감정과 반응이 아닌 타인에게 두어야 한다. 신경 과학자 리처드 데이비슨Richard Davidson은 "배려와 연민이 없는 공감은 자기중심적인 경험입니다. 우리 자신은 괴로워하고 자신의 반응에 대처하려고 노력합니다. 연민은 정반대입니다. 우리는 자신의 감정과 반응에 사로잡히지 않습니다. 우리의 관심은 배려와 도움을 주고자 하는 타인에게 있습니다. 연민은 정의상 항상 타인이 중심에 있습니다."라고 설명한다. "내가 느끼는 것은 중요한 게 아닙니다. 지금 이 순간 중요한 것은 당신입니다."라고 연민을 말한다.

연민으로의 전환은 처음에는 어려울 수 있지만 연습을 하면 점점 더 쉬워진다. 타인에 대해 따뜻하고 다정한 감정을 애써 불러일으킬 필요조차 없다. 단지 마음가짐, '태도'를 바꾸기만 하면 된다. 그리고 할 수 있다면 도움을 주면 된다. 연민은 친구가 잘 있는지 확인하기 위해 문자를 보내거나 이웃을 위해 무거운 식료품 봉지를 들어 주는 것과 같은 작은 표현일 수도 있다. 연민은 약자를 괴롭히는 사람들에게 맞서고, 부정을 바로잡으며, 우리 세계의 가장 큰 문제들을 해결하는 것을 뜻하기도 한다.

자비 명상

마음가짐을 전환하는 입증된 방법 중 하나는 자비 명상compassion meditation이다. 자비 명상에는 불교에 뿌리를 둔 자애 명상loving-kindness practice이나 완전히 비종교적인 명상들도 있는데 어느 것이든 결과는 같다. 온라인이나 명상 앱에서 자비 명상을 위한 오디오 가이드를 쉽게 찾을 수 있다. 우리가 가장 좋아하는 것은 데이비드슨의 비영리 단체인 헬씨 마인즈 이노베이션Healthy Minds Innovation이 만든 '사랑하는 사람들이 잘되기를 바라는 좌식 수련Wishing Your Loved Ones Well: Seated Practice'이다. 이 오디오 명상은 헬씨 마인즈 프로그램Healthy Minds Program 앱이나 사운드클라우드SoundCloud에서 무료 트랙으로 이용할 수 있다.

이런 종류의 명상은 먼저 연민을 자신에게 집중시킨 다음 고통받는 사람들, 그리고 더 넓은 세상으로 확장한다. '당신이 고난을 덜 겪기를, 행복하기를, 안전하기를, 건강하고 튼튼하기를' 같은 문구를 숙고하거나 반복해서 말할 수도 있다. 이러한 단순한 긍정은 그 자체만으로 삶을 개선하지는 않지만, 연민이 필요할 때 다르게 반응하도록 마음을 준비시킨다. 명상의 요점은 하루 종일 차분하고 자비 어린 마음가짐, 즉 고통을 겪고 있는 사람들에게 반응하는 항상 지니는 것이다. 명상을 규칙적으로 하면 이런 태도가 자동으로 일어나기 시작한다.

소위 세상에서 가장 행복한 사람이라고 불리는 리카르는 이와 비슷한 수련을 하고, 데이비드슨과 거의 같은 방식으로 연민을 바라본다. 타인의 고통을 생각하면 우리의 고통이 증가할 뿐이지 않으냐는 점에 대해 리카르는 "우리는 그것을 다른 방식으로 보아야 한다고 생각한다."고 단언한다. 그 해답은 '자신에게 지나치게 집중하지 않는 것'이다. 오히려 연민의 마음을 쓰면 용기가 솟아난다고 그는 말한다. 용기는 궁극적으로 우리가 고통에 맞서 강해질 수 있도록 해주기 때문에 예민한 사람들이 세상을 변화시키는 데 필요한 것이다.

예민한 사람들이 연민을 발휘하면 단지 폭풍 속에서 배의 키만 가지는 것이 아니다. 타인을 위한 방주가 된다. 힘들어도 굽히지 않는 연민을 가진 사람의 존재보다 더 평온한 것은 거의 없다. 이들은 배려하지만 당황하지 않는다. 분명히 뜻을 밝히지만 명령하지 않는다. 연민은 모두가 이해하는 언어이며, 이 언어로 유창하게 말할 수 있는 사람 중에는 예민한 사람들이 있다. 연민의 언어로 말할 때 이들은 신뢰, 배려, 진정성을 발산한다. 바로 지금 우리 세계가 가장 필요로 하는 것들이다.

공감의 고통을 줄이는 5가지 방법

당신의 연민을 강화하고 공감의 고통을 줄이기 위해 할 수 있는 몇 가지 방법들이 있다.

자기 연민의 우선순위를 정하자. 일부 연구자들은 공감의 고통이 우리 삶에서 자신을 보호하는 중요한 역할을 한다고 주장한다. 공감의 고통은 고갈될 때까지 주고 또 주는 것을 막는 역할을 한다. 이에 대해 이해하면 이기심을 느끼지 않고도 자신의 욕구를 충족할 수 있다. 자기 관리self-care와 자기 연민self-compassion은 타인에게 연민을 내어줄 수 있는 정신적 자원을 확보하는 검증된 방법이다. 다른 사람들의 감정을 감당하기 힘들어질 때 휴식을 취할 수 있도록 하자. 뉴스를 끄거나 휴대 전화를 내려놓자. 스트레스와 부정적인 내용으로 끊임없이 나를 지치게 하는 사람들과의 경계를 설정하자. 경계는 타인의 고통에 무관심하거나 공감하지 않겠다는 것이 아니다. 나 자신에게 연민을 보이고 얼마나 많은 연민을 타인에게 내어 줄 것인가에 대해 건강한 한계를 설정하는 것이다. 다른 말로 하자면, 타인을 돌보기 위해 자신을 먼저 돌봐야 한다는 말이다.

실행할 수 있는 작은 단계를 찾아보자. 연구에 따르면 사람들은 상황을 바꿀 수 없다고 생각할 때, 예를 들어 뉴스에서 전쟁, 폭력, 기타 고통에 대해 들을 때 연민으로 나아갈 가능성이 작고, 공감의 고통을 느낄 가능성이 더 높다. 따라서 자신이 할 수 있는 작은 일부터 실천하면 나와 도움이 필요한 사람들 모두에게 큰 변화를 가져올 수 있다. 도움을 주는 것이 벅차다고 느낄 때, 더 작고 달성 가능한 단계로 나눌 수 있는 방법을 찾아보자. 예를 들어 안락사되는 유기 동물에 대해 마음이 아프다. 하지만 도움이 필요한 모든 유기 동물들을 입양하는 것은 불가능하다. 유기 동물 보호소를 찾거나 자원봉사를 하지 못할 수도 있다. 하지만 이 보호소 중 하나에 기부하거나 보호자를 찾을 때까지 한 마리의 강아지 혹은 고양이를 임시로 보호할 수 있다. 또는 소셜 미디어에 유기 동물을 공유해 친구와 지인에게 입양을 권유할 수도 있다.

긍정적인 감정에 집중하자. 가능할 때마다 공감의 기쁨을 키우자. 이 기쁨을 키우기 위해 공감 능력을 두 배로 늘리자. 타인의 행복을 흡수하는 데 집중하자. 연구에 따르면 타인의 행운을 축하할 때 우리 뇌의 보상 체계가 활성화되며, 이 활성화는 우리의 행복을 향상하고 더 큰 삶의 만족과 더 의미 있는 관계를 불러온다고 한다. 또한 타인을 돕고자 하는 더 강한 열망과 더 큰 의지(연민)를 일으킨다. 타인의 기쁜 순간과 중요한 순간을 공유하고, 친절함이나 유머 같은 성격의 장점을 알아보고 칭찬하거나, 아이나 동물이 노는 것을 지켜보는 등 다양한 방법으로 타인의 행복을 받아들일 수 있다. 또 다른 방법은 내가 도왔던 긍정적인 결과들에 주의를 집중하는 것이다. 예를 들어 슬픔을 감당하기 힘들다고 느낄 때, 도움이 필요한 사람들에게 계속 연연하기보다는, 내가 변화시킨 삶들을 떠올리자.

마음 챙김을 연습하자. 치료사이자 매우 예민한 사람들을 위한 치료 센터Therapeutic Center for Highly Sensitive People의 설립자인 브룩 닐슨Brooke Nielsen은 정서 전염의 정확한 이해를 돕기 위해 간단한 마음 챙김 연습을 제안한다. 그녀는 잠시 시간을 내어 스스로에게 이처럼 질문하자고 말한다. "이 감정이 나의 것인가, 아니면 다른 사람의 것인가?" 대답은 분명할 수도 있고, 자신의 감정을 아는 데 시간이 걸릴 수도 있다. 누군가와 교류한 후에 어떤 감정을 느낀다면 그 감정은 그 사람에게서 비롯된 것일 수 있다. 마치 자신의 감정처럼 보이는 감정에 주의하자. 예를 들어 친구와 커피를 마시고 나서 마음이 무겁다고 하자. 그 감정은 친구에게서 왔다. 친구는 이별에 충격을 받았고 나는 그 감정을 흡수했다. 감정이 나의 것이 아니라면 나의 것이 아니라고 이름표를 붙이자. 내 앞에 두 개의 양동이가 있다고 상상해보자. 하나는 내 것이고 다른 하나는 내 것이 아니다. 내 것이 아닌 감정을 내 것이 아닌 양동이에 넣은 다음, 그것을 다시 주인에게 넘겨주고 그것을 가져가게 하는 상상을 하자. 이제 공식적으로 그 감정은 그의 것이다. 감정은 잘 떨어지지 않을 수 있기 때문에 시각화를 한 단계 더 진행하는 것이 좋다. 하루가 끝나면 닐슨은 하루 종일 불필요하게 쌓인 스트레스와 감정을 모두 빨아들이기 위해 진공청소기를 사용해 시각화하는 방법을 좋아한다. 이 방법은 자신이 흡수한 줄도 몰랐던 전염성 감정을 제거하는 데 도움이 되고, 감정을 다 처리했음을 보여주는 명확한 정신적 경계를 만든다.

호기심을 가지고 질문하자. 우리는 타인의 감정을 알아차리고 그들을 이해한다고 생각하기 쉽다. 예민한 사람들은 보디랭귀지와 기타 신호들을 읽는 데 탁월하다. 하지만 타인의 마음을 확실히 알 수 있는 사람은 아무도 없기 때문에 우리의 관찰이 항상 옳은 것은 아니며, 그것이 전체적인 상황을 보여주는 것도 아니다. 화를 내고 있는 것처럼 보이는 사람은 실제로 화가 나지 않았고, 단지 수면 부족으로 피곤하거나 관련 없는 문제에 대해 실망한 것일 수도 있다. 그러니 호기심을 갖고 그들이 어떤 일을 겪고 있는지 질문하자. 내 추측이 맞았더라도 사람들은 내가 귀 기울여 들어주는 것에 감사해하며, 그들의 상황에 대해 더 깊이 이해하면 정서 전염에 좌우되기보다는 나의 감정을 그들의 감정과 분리하는 데 도움이 된다. 만약 그가 매우 강하게 감정을 표현하고 있다면, 그 감정을 관찰하는 데 초점을 맞추되 흡수하지는 말자. 이를 위한 한 가지 방법은 다음과 같다. 당신과 상대방 사이에 유리 벽이 있다고 상상해보자. 유리 벽을 통해 상대방의 감정을 볼 수는 있지만, 그 사람의 감정은 유리 벽을 통과할 수 없다. 그리고 그 감정은 그 사람에게 되돌아간다.

세상 끝의 삶

레이첼 혼이 위험에 처했다는 신호는 현지인들로부터 받은 "몸을 따뜻하게 할 수 있는 것들을 가지고 다니세요."라는 조언이었을 것이다. 그녀와 플로리안은 스코틀랜드의 해안가를 따라 배낭여행을 하고 있었고, 그녀가 가진 것이라고는 얇은 침낭과 양털 스웨터 두 벌뿐이었다. 차가운 북해 바람을 막기에는 턱없이 부족했다. 계절은 여름이었지만 혼은 어둠 속에서 몸을 떨며 많은 밤을 보냈고, 때로는 히트 쇼크 초기까지 가기도 했다. 하지만 플로리안의 은색 비상 담요 덕분에 긴급한 치료는 필요하지 않았다.

이들의 식단도 그다지 좋지는 않았다. 이들은 무인도에서 몇 주를 보내야 했기에 중량이 가볍고, 칼로리가 높으면서 요리하기 쉬운 음식을 가져와야 했다. 그래서 대부분의 식사가 파스타였다. 파스타와 곁들여 먹을 것이 절실했던 혼은 스코틀랜드 현지인들이 수 세기 동안 해온 해초를 캐는 방법을 배웠다. 어떤 날은 맑은 하늘 아래서 해초를 캤고, 어떤 날은 쏟아지는 비를 맞았다. 이때가 인생에서 가장 힘든 시간이었다고 그녀는 말한다.

하지만 최고의 시기이기도 했다. 혼은 광활한 해변을 따라 걷거나, 하이킹하거나, 절벽 끝에 앉아 눈앞에 펼쳐진 하늘을 보면서 하루를 보냈다. 돌고래들은 물살을 가르고 독수리들은 머리 위에서 날았다. 때때로 그녀는 시를 썼다. 그저 편안히 머무는 곳을 즐기기도 했다. 무엇보다도 그녀의 예민한 마음은 방해받지 않고 자유로울 수 있었다. 그녀는 인터뷰에서 자신의 경험을 들려줬다.

난생처음으로 힐링할 수 있는 시간과 공간이 생긴 거였어요. 디톡스 차로 살을 빼라는 소셜 미디어도, 마음의 헛헛함을 새로운 비키니와 멋진 하이힐로 채울 수 있다는 광고도 없었어요. 세탁기, 휴대 전화, 마켓 계산대에서 울리는 소리도 없었고요. 도시 생활의 분주함에서 벗어나 수많은 사람의 감정을 흡수하지 않아도 됐어요. 도시인의 일상적인 삶에서 완전히 벗어난 삶이었고, 제 자신에게 줄 수 있는 가장 소중한 선물이었어요.

3개월간 섬들을 돌면서 그녀와 플로리안의 여행은 업그레이드되었다. 그들은 낡은 밴을 수리해 작은 이동식 생활 공간으로 꾸몄다. 그리고 프랑스의 산이나 외딴 해변에 주차하곤 했다. 이들이 문명으로 돌아오는 유일한 시간은 식료품을 사거나 친구들을 만날 때였다. 이 여행에서 혼은 전기와 수도 시설 없이 오지에 사는 사람들, 도시에서 대안적인 방식으로 식용 식물을 얻는 사람들, 유기농 농부들 등 수많은 놀라운 사람들을 만났다. 그녀처럼 세상에 변화를 가져오고 싶어 하는 사람들이었다. 그리고 그녀는 이들이 그녀에게 '급하게 가는 것을 멈추도록' 영감을 주었다고 말한다. 그녀와 플로리안은 결혼했고, 현재 프랑스 시골의 한 작은집에서 혼은 재생 정원을 가꾸고 있다. 그리고 그녀는 예민한 성격에 부담을 덜 주면서도 큰 변화를 일으킬 수 있는 새로운 직업도 얻었다. 국제 교육 자선 단체의 전임 연구원이 된 것이다.

혼은 자신의 자유로운 삶이 모든 예민한 사람들에게 적합하지는 않을 것이라고 말한다. 하지만 그녀에게는 그 삶이 그녀가 느끼는 감당하기 힘든 감정들을 멈추게 하기 위해 필요한 것이었다. 힘든 감정을 멈춰 그녀는 다른 방식으로 공감이라는 깊은 우물에서 물을 길어 올릴 수 있었고, 자신의 예민한 본성에 맞는 삶을 개척할 기회를 만들었다.

그녀는 "매우 예민한 사람들은 모든 것을 깊이 처리해요."라며 말을 이었다. "진정한 감정을 묻어두고 남들이 시키는 대로 사는 것만으로 만족하지 않을 거예요. 당신의 꿈이 여행하며 사는 것이든, 도시의 아파트에서 사는 것이든 그것은 중요하지 않아요. 중요한 것은 먼저 자신에게 인생에서 진정으로 원하는 것이 무엇인지 물어볼 수 있는 용기를 가지는 것, 그런 다음 신뢰와 용기를 가지고 꿈을 향해 나아가는 거예요."

6장

예민한 사람들의
인간관계와 사랑

매우 훌륭한, 때로는 벅차기까지 한 행복을 주는 관계가 있지만,
이는 천성이 아주 풍요로운 사람 사이에서만 일어날 수 있다.
넓고 깊은 각자의 두 세계를 합칠 수 있기 때문이다.

- 라이너 마리아 릴케 Rainer Maria Rilke

예민한 남편 브라이언의 결혼 생활

브라이언이 사라를 만났을 때 첫눈에 반한 것은 아니었다. "저는 그녀의 오빠와 친구였고 성가신 아이였어요."라고 그는 웃으며 말했다. 두 사람은 고등학교 때부터 알았지만, 수십 년이 지나 페이스 북을 통해 메시지를 보내기 시작하면서 제대로 된 연락을 주고받았다. 당시 사라는 어린 두 아이를 둔 싱글 맘이었다. 브라이언의 말에 따르면 사라의 가족은 그녀의 이혼을 '탐탁지 않게' 생각했다.

하지만 브라이언은 사라가 아는 다른 사람들과는 달랐다. 그는 친절하고 상냥했다. 그는 그녀의 말을 가감 없이 들으며 그녀가 직면한 어려움을 기꺼이 지지해 주었다. 곧 그들은 매일 몇 시간씩 이야기를 나누고 주말마다 만났다. 미시간에 있는 그의 집에서 우리와 대화했을 때 브라이언은 신중하게 단어를 선택하며 말했고 자주 멈춰서 생각에 잠겼다. 그는 우리에게 "가장 로맨틱한 남자는 아닐지 모르지만, 저는 그녀의 말을 귀 기울여 들어 줄 수 있고 그녀가 감정적으로 필요할 때 곁에 있어 줄 수 있습니다."라고 말했다. 그는 사라가 자신의 예민함에도 자신을 사랑하게 되었다고 말했다.

두 사람 모두 다음 단계로 나아갈 준비가 되기까지는 그리 오랜 시간이 걸리지 않았다. 불과 8개월 만의 연애 끝에 그들은 친구들과 가족이 지켜보는 가운데 결혼식을 올렸다. 브라이언과 사라, 그녀의 아이들은 모두 함께 한 집으로 이사했다. 사라는 자신의 가족을 '인스턴트 가족'이라고 표현했다. 브라이언은 의붓아버지가 되어 의붓아들들과 야구에 대한 사랑을 공유했다. 다른 아버지들과는 달리 그는 아들들이 잘못하거나 실수해도 인내심을 가지고 대했다.

하지만 곧 평화로움이 깨지기 시작했다. 가정생활과 양육이 주는 스트레스는 브라이언의 조용했던 독신의 삶과는 매우 달랐다. 브라이언과 사라는 점점 더 다투게 됐고, 이러한 말다툼은 성격 차이를 악화시켰다. "그녀는 당장 문제를 해결하고 싶어 하는 사람이에요. 반면 저는 한발 물러서서 먼저 곰곰이 생각해야 하는 사람이에요." 라고 브라이언은 말했다. 사라는 자신들이 의견 불일치를 처리하는 방식에서 '완전히 다르며', 자신이 '너무 직설적이기 때문에' 브라이언에게는 자신의 방식이 버거울 수 있다는 점에 동의했다.

그가 이해하지 못하거나 사라에게 완전히 설명할 수 없는 이유 때문에, 이러한 말다툼은 브라이언을 정말 당황하게 했다. 그는 말다툼하고 나면 오랫동안 가족으로부터 멀어지고 싶은 강한 충동을 느꼈다. 그래서 그는 소파에서 TV를 보거나 혼자 산책을 하곤 했다.

때로는 3~4일이 지나야 다시 사라에게 말을 걸고 싶다는 생각이 들기도 했다. 브라이언이 혼자 있고 싶을 때는 그들이 싸운 직후만이 아니었다. 그는 직장에서 바쁜 하루를 보내고 난 후나 가족들이 마침내 약간의 휴식 시간을 갖게 되는 토요일 밤, 자기 안으로 침잠하곤 했다. 반면 사라는 그 시간에 브라이언과 데이트를 하거나 친구들을 만나야 한다고 생각했다.

사라에게 브라이언의 도피는 이해되지 않았다. 브라이언이 자기만 생각하는 것처럼 보였고, 싸움을 일으킨 문제를 회피하는 태도에 더욱 화가 났다. 설상가상으로 그는 더 이상 자신과 함께 시간을 보내길 좋아하지 않는 것 같았다.

결혼 생활이 무너지면서 브라이언은 남편뿐 아니라 남자로도 실패자처럼 느껴졌고 심한 우울증에 걸렸다. "남자들은 예민해서는 안 됩니다. 사회는 그런 남성에게 눈살을 찌푸리니까요."라고 그는 말했다. 어느 날 사라는 이혼을 요구했고 브라이언은 동의했다. 그날 오후, 두 사람은 서로 떨어져 살고 싶지 않다는 것을 깨달으면서 마음을 되돌렸다. 그럼에도 불구하고, 자신들뿐 아니라 아이들을 위해서도 무언가 바뀌어야 했다. 브라이언은 삶에서 사랑을 잃어버릴 것 같았다.

관계 딜레마

앞서 살펴본 바와 같이 예민한 사람들은 섬세하고 높은 공감 능력을 가진다. 그래서 사람들은 그들이 우정과 사랑에서 자연스럽게 강하고 건강한 관계를 맺는다고 생각할 수도 있다. 하지만 예민한 사람들은 이와 다르게 말한다. 인간관계는 이들의 인생에서 가장 어려운 일 중 하나이다. 다음은 예민한 사람들이 결혼과 우정에서 힘든 일이라고 말하는 몇 가지이다. 나의 경우는 몇 가지에 해당하는지 체크해보자.

- 자극으로부터 회복하는 데 배우자 또는 친구보다 더 많은 휴식 시간이 필요하다.
- 말다툼, 소리 지르기, 실망 또는 분노의 기타 표현(문을 닫아버리는 것과 같은)에 쉽게 당황하고 다른 사람들보다 사랑하는 사람과의 갈등에서 회복할 시간이 더 많이 필요하다.
- 진이 빠지고 번아웃이 올 정도로 배우자, 자녀, 친구에게 필요한 것을 자신보다 우선시한다.
- 다른 사람들이 숨길 수 없을 정도로 그들의 감정을 잘 읽고, 그 감정들에 기분이 상한다.
- 자신보다 목소리가 크며, 공격적인 성격에 주도 당하고, 결과적으로 분노 또는 상처를 느끼거나, 이용당한다.
- 나르시시트 또는 사람들에게 부정적인 영향을 미치거나 통제하려는 사람들의 표적이 된다.
- 다른 사람의 말, 특히 비판과 비난에 영향을 많이 받는다.
- 드라마, 험담, 잡담에 쉽게 지친다.
- 세상을 다르게 경험하기 때문에 다른 사람들에게 오해받는 느낌이

든다.

- 사람들이 줄 수 있는 것보다 더 깊은 정신적, 감정적, 성적 관계를 갈 망한다.
- '내 사람들'을 찾는다(나를 이해하고 나의 예민함을 존중할 뿐 아니라 소중 히 여기는 사람들).

다시 말하지만, 이런 일들을 경험했다면 당신에게는 아무 문제가 없고 단지 그다지 예민하지 않은 세상에 있는 예민한 사람일 뿐이다. 예민성 전문가인 일레인 아론은 심지어 예민한 사람이 덜 예민한 사람보다 전반적으로 관계에서 덜 행복하다고까지 말한다. 이는 예민한 사람과 덜 예민한 사람의 결혼 생활을 비교한 일련의 연구를 수행한 후 내린 결론이다. 특히, 예민한 사람들은 결혼 생활에서 더 많은 '지루함'과 '틀에 박힌 생활'을 느낀다고 답했는데, 이러한 감정은 나중에 불행한 관계를 예측하는 주요 요인으로 작용한다. 그 이유를 알아보기 위해 아론은 "친밀한 관계에서 지루함을 느낄 때 주로 대화가 더 깊어지거나 개인적으로 더 의미 있는 시간이 되었으면 하는 바람 때문인가요?"라는 질문과 "경험의 의미에 대해 성찰하거나 생각하는 시간을 보내는 것을 좋아하나요?" 등의 질문을 던졌다. 놀랍게도 예민한 사람들은 두 질문 모두에 그렇다고 대답했다. 예상할 수 있는 결과 그대로였다.

왜 예민한 사람들은 인간관계에서 덜 행복할까? 몇 가지 이유가 있을 수 있지만, 모든 예민한 사람이나 관계에 동일하게 적용되는 건 아니다. 한 가지 이유는 예민한 사람들은 세상을 다르게 경험하

인간관계에서 가장 어려운 점은 무엇인가요?

👤 "저는 저를 희생하면서 끊임없이 배우자가 필요로 하는 것을 우선시하고 있어요. 이로 인해 번아웃 신호들을 놓칠 정도로요. 매우 예민한 사람으로 사랑을 쏟아주는데도 저만 노력하는 것 같아요. 제 노력을 간과하고, 무시하고, 당연하게 여긴다고 생각될 때가 있어요." ─라니샤

👤 "저에게 가장 어려운 점은 저를 이해하고 제 말을 들어 줄 수 있는 사람들, 즉 '내 사람들'을 찾는 겁니다. 때때로 저는 변덕, 갈등 회피, 자기방어 등 저의 부족한 점을 두드러지게 하는 사람들만 찾는 것 같아요. 사랑에 있어서 저는 절망적인 로맨티스트이자 완벽한 사랑을 꿈꾸는 몽상가이며 종종 현실을 따르기는 하지만 기대하는 것이 많은 이상주의자입니다." ─윌리엄

👤 "예를 들어 남편이 무언가에 깊은 인상을 받지 못했을 때, 저는 남편의 얼굴에 나타나는 미묘한 변화를 아주 잘 알아요. 자신은 숨길 수 있다고 생각하지만, 저는 그것에 예민하게 반응하고 상처받아요. 그리고는 그가 왜 그렇게 느끼는지 의문을 품고 이유를 알아내기 위해 파고들어요." ─엠마

👤 "저는 남편이 이해해주지 않는 것과 하루 중 깊은 대화를 나누는 시간이 없는게 가장 최악인 것 같아요. 남편은 꽤 깊은 대화를 나눌 수 있는 사람인데, 제가 더 깊이 들어가면 이해하지 못하거나 원하지 않아요. 매우 논리적으로 생각하는 사람이라서 상상력이 너무 부족해요. 그래서 가끔은 제 말을 듣고 이해하는 것을 매우 어려워해요." ─로라

고 다른 욕구를 가지고 있기 때문이다. 예민한 사람은 덜 예민한 사람과 짝을 이루는 경우가 많은데, 일반적으로 이러한 조합은 좋은 일이다. 덜 예민한 친구는 새로운 모험을 주도할 수 있고, 덜 예민한 배우자는 배우자가 감당하기 힘들어한다고 느낄 때 나서서 도와줄 수 있기 때문이다. 하지만 브라이언과 사라의 경우처럼 서로 반대되는 성향의 사람들이 만나면 오해가 생길 수 있다.

예민한 사람들의 몸이 새로 산 청바지의 뻣뻣한 촉감에 더 강하게 반응하는 것처럼, 그들의 마음은 비판적인 말에 더 강하게 반응한다. 또한 외향적인 사람이라도 예민한 사람은 다른 사람보다 더 많은 휴식 시간이 필요하다. 예민하지 않은 동료나 친구들은 이를 자신에게 무례한 것으로 받아들이거나 잘못된 것으로 볼 수 있다. 한 예민한 여성은 사교적인 상황에서 감당하기 어려워하는 자신의 성향 때문에 결혼 생활에 긴장감이 생긴다고 말한다. 그녀는 큰 파티나 시끄러운 식당에서 금방 지친다. 그러면 그녀는 짜증이 나고 마음이 다른 데로 향하면서 집에 가고 싶어지지만, 그녀의 남편은 남아서 그 공간을 즐기고 싶어 한다. 이 경우 두 사람의 반응 중 잘못된 쪽은 없다. 단지 각기 다른 세상에 살고 있을 뿐이다. 하지만 이러한 오해들이 해결되지 않는다면, 예민한 사람들은 외로움과 고립감을 느낄 수 있다.

스트레스도 한 요인이다. 앞서 살펴본 것처럼, 예민한 뇌는 정보를 깊이 처리하기 때문에 예민한 사람들은 덜 예민한 친구나 배우자보다 스트레스와 불안을 더 빨리 느낀다. 예를 들어 브라이언은 어린 자녀들이 있다면 피할 수 없는 시끄럽고 혼란스러운 가정생활에 적응하기 어려웠다. 다른 예민한 사람들은 가족 또는 사람들과 함께 생활 공간을 공유하는 것이 스트레스가 된다고 말한다. 4장에서 살펴보았듯이 예민한 사람을 이해하지 못하는 사람들에게 둘러싸여 안식처를 찾는 것이 불가능할 수 있더라도, 그들은 다른 사람들보다 더 빨리 과도한 자극 상태에 도달하기 때문에 은거할 조용한 안식처가 필요하다.

예민한 사람들은 더 깊은 관계를 원한다

그러나 궁극적으로 다른 요인들보다 두드러진 한 가지가 있다. 그것은 예민한 사람들이 우리에게 반복해서 말하는 것이다. 이들이 만족감을 느끼기 위해서는 더 깊은 관계가 필요하다. 깊은 관계가 없다면 이들에게는 항상 무언가가 부족할 것이다. 자신과 같은 수준의 진정성과 취약성을 원하는 사람을 만나기 어렵다고 느낀 예민한 여성 젠의 경우도 마찬가지다. "많은 사람은 개인적인 어려움과 깊고 심각한 문제에 관해 이야기하는 것을 아주 두렵고 불편하게 느껴요."라고 그녀는 말했다. 잡담은 예민한 사람들의 욕구를 충족시키지 못한다. 결과적으로 그녀는 더 까다롭게 인간관계를 맺었고, 따라서 안타깝게도 가장 친한 친구를 가져 본 적이 없다.

사실 의미 있는 관계를 찾기란 눈에 띄게 힘들어지고 있다. 가장 최근 미국인의 관점 조사에 따르면, 미국인들은 예전보다 친한 친구 관계가 적고, 친구와 대화하는 횟수도 적으며, 친구에게 도움을 요청하는 빈도도 줄어든 것으로 나타났다. 이러한 '관계 부족'은 남성에게 훨씬 더 두드러진다. 또한 미국인들은 그 어느 때보다 늦게 결혼하고 이사를 많이 다니고 있는데, 이는 고립, 외로움과 밀접한 관련이 있다. 도시 생활, 소셜 미디어 문화, 핵가족, 자동차 문화, 지나치게 과도하고 바쁜 세상 등으로 인해 대부분의 사람은 사람들과의 교감에 대한 욕구를 완전히 충족시키지 못하고 있다.

여기서 우리는 예민한 사람들로부터 교훈을 얻을 수 있다. 사회는 인간관계의 부족을 겪고 있지만, 예민한 사람들은 더 가까운 관계를 원한다. 그들은 평균적인 사람들보다 더 깊은 관계, 더 많은 교감, 더 친밀한 관계를 원한다. 연구 결과, 이러한 본능은 좋은 것으로 밝혀졌다. 끈끈한 관계는 우리가 더 오래 살고 병으로부터 더 빨리 회복하도록 하며, 더 행복하고 생산적으로 일하도록 하는 것과 같은 많은 이점을 가지고 있다. 하버드 의대는 사회적 관계가 숙면을 취하고, 건강한 식단을 섭취하며 담배를 피우지 않는 것만큼이나 건강에 중요하다고 말한다. 또 다른 연구는 인간관계가 우리 삶에서 가장 가치 있는 것이라고 결론지었다. 타인에게 사랑받고 받아들여진다고 느끼면 우리는 물질적인 소유물을 덜 중요시한다. 소유물에 덜 집중하는 이유는 아마도 의미 있는 관계가 위안, 안정감, 보호감을 제공하기 때문이다.

하지만 앞서 살펴본 바와 같이 많은 사람들, 특히 예민한 사람들은 인간관계에 부족함을 느낀다. 그렇다면 예민한 사람은 어떻게 해야 할까? 갈망하는 그런 관계를 맺을 수 있을까? 답은 '그렇지 않다'이기도 하고 '그렇다'이기도 하다.

결혼 또는 기타 장기적 동반자 관계의 목적이 시간이 지남에 따라 바뀌어왔다는 사실은 널리 알려져 있다. 결혼은 한때 사랑이 아닌 경제적 안정에 기반을 두었는데, 지참금이나 농지, 또는 단순히 같은 일을 하는 두 가족을 하나로 묶는 형태로 이루어졌다. 역사학자들은 이러한 패턴이 부유한 사람들뿐 아니라 평민들, 심지어 수렵 채집인들 사이에서도 존재했다고 말한다. 결혼은 자원을 모으고, 노동력을 공유하며, 가족 간의 유대감을 형성하는 방법이었다. 세계 일부 지역에서는 오늘날에도 여전히 그렇다. 예를 들어 남수단에서는 가축으로 지참금을 지불한다. 부부의 사랑이 깊으면 지참금의 크기는 줄어들 수 있지만, 사랑은 필수라기보다는 보너스에 가깝다. 소울메이트 스타일의 사랑에 대한 우리의 집착은 비교적 최근의 것이고 서구적인 것이다.

하지만 사회 심리학자인 엘리 핀켈Eli Finkel은 오늘날 세상에는 사랑조차도 충분하지 않다고 말한다. 핀켈은 결혼에 대한 변화하는 기대치를 도표화하기 시작했고, 현재 많은 커플이 자신들의 관계가 개인적인 성취감과 성장에 기여하길 기대한다고 말한다. 여전히 끌리는 감정이 있기를 원하면서도 자신이 최고의 자아가 되고 자신의 잠재력을 최대한 발휘할 수 있도록 도와줄 누군가를 원한다. 당연히 이러한 기대는 결혼에 큰 부담을 주고, 대체로 결혼은 이 점에서 부족하다. 핀켈에 따르면 오늘날의 평균적인 결혼은 만족도와 이혼율 면에서 과거의 평균적인 결혼보다 좋지 못하다. 하지만 오늘날 최고의 결혼은 과거 최고의 결혼보다 훨씬 더 강력하다는 다른 자료도 발견했다. 이런 결합은 세상에서 가장 강력한 결합이다. 그러면 분명 매우 만족스러운 관계가 달성될 수 있다. 다만 그러기 위해서는 해야 할 일이 많다.

핀켈은 이런 관계가 모든 사람에게 해당하는 것은 아니라고 처음으로 말한 사람이 될 것이다(그러나 괜찮다). 또한 이런 관계를 위해서는 가장 불편한 종류의 지속적인 노력, 즉 감정적으로 자신을 이겨내는 것이 필요하다. 그는 이것을 폴 지아마티가 맡은 극 중 배역인 와인 감정가가 포도 품종인 피노를 재배하는 것이 얼마나 어려운지에 대해 고민하는 영화 〈사이드웨이〉 속 한 장면에 비유한다.

> 피노는 껍질이 얇고, 변덕스러우며, 일찍 익지. 피노는 카베르네처럼 생존력이 강한 포도가 아니야. 카베르네는 방치해도 어디서나 잘 자랄 수 있어. 하지만 피노는 지속적인 보살핌과 관심이 필요해. 세계에서 아주 특별한 지역에서만 자랄 수 있고, 가장 인내심이 강하고 소중히 가꾸는 사람들만이 기를 수 있어. 피노의 잠재력에 대해 충분히 시간을 들여 정말로 이해한 사람만이 피노가 잠재력을 최대한 표현하도록 잘 구슬릴 수 있지. 그렇게 해서 나오는 맛은 지구상에서 가장 잊을 수 없는 흥분되고 섬세한 깊은 맛이야.

다시 말해, 좋은 피노 또는 깊은 성취감에 바탕을 둔 사랑은 귀하지만, 귀한 데는 이유가 있다. 재배하기가 어렵기 때문이다. 핀켈은 바로 이 부분에서 희망을 제시한다. 피노와 마찬가지로 그는 깊고 의미 있는 관계를 형성하기 위해서는 시간, 노력, 특정한 종류의 사람이 필요하다고 말한다. 어떤 종류의 사람일까? 바로 감정 이입,

공감, 자기 성찰과 같은 특성이 있는 사람이다. 이는 기본적으로 예민한 사람들의 강점에 해당하는 특성들이다. 예민한 사람들은 단지

예민한 사람들의 말

인간관계에 있어 당신의 강점은 무엇인가요?

"예민하기 때문에 더 나은 친구이자 아내가 될 수 있다고 믿어요. 저는 가까운 사람들과 깊이 공감할 수 있어요! 피상적으로 '축하'를 건네질 못해요. 다른 사람이 기쁘면 저도 정말 행복해요. 반대로 가까운 사람들이 어렵거나 힘든 상황을 경험하면 등을 토닥거리면서 힘이 되어 줄 수 있어요. 남편과 친구들에게 안전한 안식처가 될 수 있는 경험은 저에게 소중해요."
                                                              −라니샤

"저는 감수성이 예민하고 이기적이지 않기 때문에 결정을 내릴 때 저만을 위한 것이 아닌 모든 사람에게 가장 이익이 되는 쪽으로 하려고 해요."
                                                              −젠

"예민한 사람인 저의 강점은 다른 사람이 언제 고통스러운 감정을 느끼는지를 아는 거예요. 상대방은 괜찮다고 말할지 몰라도 저는 뭔가 잘못되었다는 것을 느낄 수 있어요. 제 직감을 믿으면 제 삶과 인간관계에 모두 도움이 돼요."
                                                              −비키

"많은 친구가 제가 자신들이 아는 가장 친절한 사람 중 한 명이라고 말해요. 저의 가장 친한 친구는 저와 서로 판단하지 않고 어떤 것이든 깊게 대화를 나눌 수 있다는 점을 좋아해요."
                                                              −필리스

예민함의 힘

피노를 즐겨 마시는 것에 그치지 않는다. 그들은 피노를 재배하기에 특별히 적합한 사람들이다.

의미 있는 관계 맺기

예민한 사람들은 어떻게 자신의 강점을 이용해 자신이 갈망하는 '피노' 관계를 만들 수 있을까? 핀켈에 따르면 최고의 동반자 관계는 두 사람이 관계에 큰 기대를 가지고 관계가 기대를 충족시킬 수 있도록 시간과 노력을 쏟는 관계라고 한다. 이를 위해 두 사람은 결혼의 장점 즉, 두 사람이 서로 잘 맞는 부분을 강화하는 한편, 궁합이 잘 맞지 않는 부분에 대해서는 부담을 덜어주거나 기대치를 낮춰야 한다. 파티와 식당에서 과도한 자극을 느끼는 예민한 여성을 예로 들어보자. 핀켈이라면 그녀와 배우자가 서로 다르다는 것을 인정하는 것만으로도 부담을 덜 수 있다고 말할 수 있다. 그리고 그녀가 이런 곳에 마지못해 가서 지쳐가기보다는 그녀의 남편은 혼자 가거나 친구와 함께 가고, 그녀는 가장 중요한 경우에만 참석하는 것이다. 그런 다음 부부는 여행이나 특정 영화를 함께 보는 것과 같이 둘 다 즐기는 다른 것들을 늘린다.

이 커플과 달리 당신은 당신만큼 예민하거나 혹은 더 예민한 사람과 관계를 맺고 있을 수도 있다. 두 사람 모두 아마도 양심적이고 배려심이 깊으며 대화 및 관심사 공유를 선호할 것이기에 예민한 사람과 함께 삶을 사는 것은 멋질 수 있다. 당신과 당신의 연인 또는 배우자는 아마도 친밀함과 관계의 의미에 대해 강한 열망을 가지고 있을 것이고, 두 사람 다 더 느리고 단순한 삶의 속도를 선호할 것이다. 그러나 두 사람 모두 예민하다고 해서 관계가 순조롭게 진행되거나 특별히 의미가 있다는 보장은 없다. 어떤 면에서 이 관계는 매우 까다로울 수 있다. 예를 들어 둘 다 갈등을 피하려 하거나 일상생활에 쉽게 과도한 자극을 받을 수도 있다. 또는 여러 가지 방식으로 예민할 수 있다. 한 명은 어수선한 환경을 힘들어하는 사람일 수 있고, 다른 한 명은 어수선한 환경은 괜찮지만 소음에 예민할 수 있다. 이 경우 당신과 배우자는 각자가 어떻게 예민한지를 존중하고 상대에게 과부하를 주지 않거나 한계를 넘지 않을 타협책을 찾아야 한다.

다음은 예민한 사람으로 관계를 더 강하게 만드는 몇 가지 방법을 소개한다. 또한 관계의 의미를 적정선으로 설정하는 몇 가지 습관에 대해서도 다룰 것이다. 이러한 전략들은 상대방이 나처럼 예민한 사람이든 그렇지 않든 도움이 될 것이다.

안전한 갈등

브라이언이 경험했듯, 예민한 사람이 배우자와 말다툼하는 것은 엄청나게 과도한 자극일 수 있다. 연구자들은 부부의 갈등이 전투 스트레스combat stress[전쟁으로 인한 외상 때문에 발생하는 급성 행동 장애를 설명하는 군사 용어-옮긴이]와 같은 생리적 효과를 가지며, 빠르게 뛰는 심장 박동, 흥분, 뇌에 들어오는 정보에 대한 부정확한 인식, 위협 모드를 불러온다는 것을 발견했다. 센서티브 레퓨지에 글을 올린 메건 그리피스는 이렇게 설명한다. "남편과 의견이 다를 때 저는 싸우고 있는 주제에 집중할 수조차 없어요. 남편의 감정과 제 감정이 감당하기에 너무 힘들어서 마음의 문을 닫거나 울기 시작하죠." 많은 예민한 사람들은 이러한 갈등에서 '전투 스트레스'를 훨씬 더 강렬하게 느끼기 때문에, 갈등을 피하는 경향이 있다는 연구 보고가 많은 것은 당연하다. 또는 브라이언처럼 과로한 신경계를 진정시키기 위해 갈등 후 오랜 시간의 휴식이 필요하다.

하지만 예민한 사람들을 전문으로 치료하는 결혼 치료사 에이프릴 스노우April Snow는 갈등을 피하면 분명 깊은 관계가 제한된다고 말한다. 물론 모든 관계는 서로 잘 지내기 위해 어느 정도 상대방에게 맞춰주는 것이 필요하지만, 현상 유지가 되어서는 안 된다. 중요한 선을 넘으면 목소리를 높여야 한다. 그리고 상대가 갈등을 일으켰을 때, 평화를 유지하기 위해 그 사람을 달래거나 내 반응을 숨기는 것이 반드시 능사는 아니다. 이러한 방책은 의견 불일치의 정도를 가라앉히고 과도한 자극을 줄이는 단기적인 효과가 있을 수 있지만, 결국에는 더 많은 분노 또는 다른 형태의 감정적 축적으로 이어질 것이다.

갈등을 피하면 "상대방은 결코 진정한 당신을 알지 못해요."라고 스노우는 말한다. 나와 가장 가까운 사람들은 내가 무슨 생각을 하는지, 무엇이 나를 괴롭히는지, 혹은 내가 실제로 어떻게 느끼는지 결코 알지 못한다. 직관에 반하는 것처럼 들릴 수도 있지만, 갈등은 관계를 강화할 수 있다. "어려운 순간들을 통해 문제 해결 방법을 배우고 서로 돕는 연습을 할 수 있기 때문이에요."라고 그녀는 설명한다.

예민한 사람들이 즉시 갈등을 안전하게 느끼도록 하는 방법은 고함지르기, 문을 '쾅' 하고 닫기, 눈 부라리기, 모욕, 수치심, 위협, 관계에 대한 분노나 실망을 나타내는 기타 강력한 표현을 하지 않는 것이다. 만약 갈등 중에 나 또는 상대방이 강한 감정을 느낀다면 그 감정이 약해질 때까지 잠시 쉬는 시간을 가지자. 예민한 한 사랑스러운 한 커플은 '폭풍 경보'라는 둘만의 신호를 생각해냈다. 어느 한쪽이 신호를 말하면, 즉시 열띤 토론을 중단하고 시간을 기록해 30분간 휴식을 취했다. 휴식 시간 동안 그들은 일기를 쓰거나, 산책하거나, 창의적인 일을 하는 등 자신을 돌아보는 무언가를 하곤 했다. 그런 다음 30분이 지나면 대화를 계속하거나 24시간 이내에 대화할 수 있는 다른 시간을 정했다. 이 습관은 문제가 잊히거나 무시되지 않을 것이라는 점을 확실히 함으로써 두 사람의 마음을 안심시켰고, 두 사람 모두 이야기하기 전에 자신의 생각을 되돌아볼 수 있는 시간을 가질 수 있었다. 문제를 논의하기 위해 다시 모였을 때, 이들은 더 생산적이고 덜 감정적인 방식으로 대화할 수 있었다.

또한 스노우는 예민한 사람들은 갈등에 신중하게 대처할 것을 권한다. 의견 충돌이 심할 때는 안 좋은 상상과 불안감이 자리를 차지하기 쉽다고 말했다. 이러한 것을 막기 위해 감각에 집중해 마음을 지금 여기로 다시 불러오자. 숨을 쉬는 과정에 의식적으로 주의를 기울여 호흡하거나, 땅을 누르는 발의 감각을 느끼거나, 집중할 대상을 찾거나, 과도한 자극을 피할 기타 방법을 실행하자. 상대방의 감정에 휩쓸리지 말고 자신의 경험과 연결되도록 하자. 이를 위해서는 아이 콘택트를 잠시 멈추고 내 안에서 일어나는 일, 즉 나의 감정과 몸에서 느껴지는 감각에 조용히 주목해야 한다. 갈등 중에 불편한 마음이 드는 건 당연하며, 나의 감정과 욕구는 상대방과 마찬가지로 타당하다는 것을 상기하자.

만약 자주 소리를 지르거나, 진실을 왜곡하거나, 부당하게 비난하는 등 갈등이 심한 사람의 경우라면 어떻게 대처해야 할까? 갈등 연구소High Conflict Institute의 빌 에디Bill Eddy는 갈등이 심한 사람들을 갈등을 줄이거나 해결하기보다는 증가시키는 행동 패턴을 가진 사람으로 정의한다. 이들은 자신이 만든 문제에 대해 도리어 다른 사람들을 비난하고, 모 아니면 도로 생각하며, 자신의 감정을 통제하지 않고, 상황에 대해 극단적인 반응을 보인다. 갈등이 심한 사람이 하는 행동을 통제할 수는 없지만, 대응 방식을 통제하는 방법은 배울 수 있다(그리고 그들의 행동을 당신의 삶에 얼마나 허용할지 결정할 수 있다). 만약 친구나 사랑하는 사람이 갈등이 심한 사람이라면, 그에 대응하기 위한 구체적인 전략을 배우길 추천한다. 이러한 전략은 에디의 책이나 갈등 연구소의 무료 팟캐스트를 통해 배울 수 있다.

욕망 말하기

리사 파이어스톤Lisa Firestone은 30년 동안 임상 심리학자로 커플들을 대상으로 한 경험에 비추어 볼 때, 사람들은 대체로 관계에서 원하지 않는 것, 즉 파트너의 결점은 쉽게 지적할 수 있지만, 자신이 원하는 것을 요청하는 것은 상대적으로 더 어려움을 느낀다고 밝힌다. 예민한 사람들도 예외는 아니며, 사실 그들은 거리낌 없이 말하는 것을 훨씬 더 어려워할 것이다. 그들의 침묵은 대개 선의에서 비롯된다. 예민한 사람들은 양심적이고 타인에게 부담을 주거나 불편을 끼치고 싶어 하지 않는다. 하지만 이러한 경향은 자신의 욕구를 충족시키지 못해 관계의 의미를 약화시킬 수 있다. 반면 원하는 것을 요구하면 정서적 친밀감이 형성된다. 파이어스톤은 "성인의 관점에서 솔직하고 직접적으로 당신이 원하는 것에 대해 말하면, 파트너도 마음을 열고 자신의 속 얘기를 할 가능성이 더 높아요."라고 설명한다.

또한 예민한 사람들은 다른 사람들이 자신의 마음을 읽고 욕구를 알아주기를 기대하는 오류에 빠질 수 있다. 그 이유는 쉽게 알 수 있다. 예민한 사람들은 타인의 마음을 읽고 욕구를 예상하는데 탁월하다. 하지만 만약 당신이 예민한 사람이라면 직접 화법으로 말할 줄 알아야 한다. 당신보다 덜 예민한 사람과 관계를 맺고 있다면 더욱 그렇다. 당신이 다른 사람의 마음을 읽는 것처럼 다른 사람도 내 마음을 읽을 수 있을 거라고 기대하지 마라. 당신은 다르며, 당신이 만나는 대부분의 사람은 당신만큼 특별한 능력을 가지고 있지 않다.

예민한 사람이라면 자신의 예민함 때문에 자존감이 낮아지고 자신이 상처받거나 결함이 있다고 느낄 수도 있다. 자신이 원하는 것을 요구할 자격이 있는지 의문이 들 수도 있다. 나의 욕구와 소망이 다른 사람들의 욕구와 소망만큼 중요하다는 것을 알자. 당신은 친구가 피곤해하거나 도움이 필요할 때 친구에게 쉴 자격이 없다거나 도움을 요청할 자격이 없다고는 절대 말하지 않을 것이다. 우리는 아이들에게 '자신이 대접받고 싶은 대로 다른 사람을 대하라'는 황금률을 가르친다. 예민한 사람들은 '다른 사람을 대하는 것처럼 자신을 대하라'는 반대의 황금률이 필요하다.

원하는 것을 요구할 때는 자신이 피해자인 것처럼 말하는 표현을 피하자. 필요한 것에 대한 요구나 받을 자격이 있는 것에 대한 기대가 아니라 자신이 원하는 것을 진정성 있게 표현해야 한다. 마찬가지로 상대방을 비난하는 '당신은'으로 시작하는 표현도 피하자. 다음은 파이어스톤이 설명한, 관계에서 원하는 것을 요청하는 3가지 예이다.

- "당신은 더 이상 나를 보는 것이 신나지 않는 것 같아." 대신 "나는 당신에게 필요한 사람이라고 느끼고 싶어."라고 해보자.
- "당신은 항상 산만해." 대신 "나는 당신의 관심을 받고 싶어."라고 해보자.
- "당신은 전혀 도움이 되지 않아." 대신 "나는 당신에게 도움을 받을 때 마음이 훨씬 더 편안해져."라고 해보자.

기꺼이 취약해지자

취약성은 최근 연구자들로부터 많은 관심을 받고 있다. 그중 베스트셀러《마음 가면》을 펴낸 사회 과학자 브레네 브라운의 취약성 설명이 가장 잘 알려져 있다. 브라운은 관계에서 건강한 취약성이 타인과의 신뢰감과 유대감을 높인다는 것을 발견했다. 이는 또한 예민한 사람들이 갈망하는 더 깊고 의미 있는 대화로 이어질 수 있다. 건강한 취약성은 작가이자 결혼 치료사인 로버트 글로버Robert Glover 의 유명한 말처럼 나의 '다듬어지지 않은 구석과 인간의 불완전함' 을 열어 보여주는 것이다. 예민한 사람들은 본능적으로 자신의 취약성을 드러내지만, 살면서 어느 순간 그렇게 해서는 안 되는 것처럼 느꼈을 수도 있다. 사회는 강인함 신화 때문에 취약성을 약점으로 보는 경향이 있다.

또한 예술가들은 자신의 예술을 공유하기 위해서는 자신이 취약할 수밖에 없다는 것을 알고 있다. 달리 방법이 없다. 예술가는 마음과 영혼에서 우러나오는 것을 드러내는 것이기 때문에, 일단 세상에 나오면 판단과 시선, 비판을 받는다. 그럼에도 예술 작품은 우리가 의미를 공유하는 방법이다. 성인을 위한 그림책《취약해지는 것이 이기는 것이다: 컴포트존을 벗어나라V Is for Vulnerable: Life Outside the Comfort Zone》에서 세스 고딘Seth Godin은 이렇게 설명한다.

취약함은 예술가가 자신이 만든 예술을 진정으로 공유할 때 느낄 수 있는 유일한 방법이다. 예술을 공유하고, 교감한다는 것은 모든 것을 내려놓고 자신의 예술적 재능을 내보이며 사람들 앞에서 벌거벗는 것이다. 변명의 여지도 없고, 들춰볼 매뉴얼도 없으며, 우리를 보호하기 위한 표준 작업 절차도 없다. 취약성은 예술가가 가진 재능의 일부이다.

취약성은 나의 삶을 지나치게 공유하거나, 고통스러울 정도로 있는 그대로를 드러내는 것을 의미하지 않는다. 또한 목적에 도달하기 위한 수단이 아니다. 취약성을 죄책감이나 통제, 타인을 조종하기 위한 수단으로 사용해서는 안 된다. 다음은 인간관계에 취약성을 더하는 몇 가지 건강한 방법이다.

- 힘들고, 좌절감이 들고, 무서울 때 이를 인정하자.
- 존경스럽다, 매력을 느낀다, 사랑한다고 말하자.
- 긍정적 이야기이든 부정적인 이야기이든 과거의 이야기를 기꺼이 나누자.
- 나의 마음을 상하게 했다면 그 사람에게 바로 말하자.
- 내가 정말로 느끼는 감정을 표현하자. 부정적인 감정(슬픔, 좌절, 실망, 당황 등)조차도 예의를 지키기 위해 덮어두기보다는 표현하자.
- 다른 사람들이 동의하지 않을 것 같더라도 나의 의견을 공유하자.
- 필요할 때 도움을 요청하자.
- 원하는 것을 요구하자.

나르시시스트를 조심하자

만약 당신이 교제하는 사람이 나르시시스트(또는 독설가나 타인을 통제하려는 성향의 사람)라는 것을 알게 된다면, 뭔가 딱히 단정 지을 수는 없어도 뭔가 잘못됐다는 느낌을 지울 수 없을 것이다. 나르시시스트는 자신이 다른 사람들보다 우월하다고 믿는다. 그런 태도는 미묘하게 나타난다. 예를 들어 전문가의 조언을 무시하거나 식당 서비스에 대해 지나치게 비판적일 수 있다. 나르시시스트는 심지어 자신의 친구와 가족에게도 공감이 부족하며, 자신은 관심, 성공, 특별한 대우를 받을 자격이 있다고 믿는다. "매우 예민한 사람에게 물어보면 그들은 살면서 언젠가는 나르시시스트와 사귄 적이 있다고 말할 거예요. 당시에는 대부분 몰랐지만, 점점 더 이용당한다고 느끼면서 어떻게 빠져나올 수 있을지 궁리했을 거예요."라고 《센스 앤드 센서티비티Sense and Sensitivity》의 작가인 데보라 워드Deborah Ward는 설명한다. 특히 처음에는 나르시시스트와 강한 유대감을 느낄 수 있지만, 나르시시스트와의 관계는 본질적으로 진정한 친밀감과 의미가 부족하다.

처음에는 그 사람이 매력적이고, 재미있고, 당신에게 깊은 관심을 가질 수도 있지만, 시간이 지남에 따라 당신은 지치고, 통제당하고, 조종당하며, 혼란스러움을 느끼게 된다. 그리고 개선하려고 노력할수록 관계는 더 나빠진다. 예민한 사람들은 의식적으로 이런 연애나 우정을 선택하지는 않지만, 공감 능력이 뛰어나기 때문에 특히 더 위험에 노출되어 있다. 예민한 사람들은 타인의 감정을 예민하게 인식한다. 그들은 의식적으로(또는 무의식적으로) 다른 사람들이 편안함을 느끼도록 노력하며, 나르시시스트는 이러한 관심과 보살핌을 받기를 좋아한다. 나르시시스트가 어린 시절의 트라우마나 상처에 대한 이야기를 나누면, 예민한 사람들은 그들이 묻어두었던 감정을 처리하도록 도움을 주고 싶어 한다. 나르시시스트의 눈에 예민한 사람들은 하늘이 맺어준 짝이다.

건강한 경계는 모든 관계에서 중요한 부분이지만, 나르시시스트나 지배하려드는 사람을 대할 때 훨씬 더 중요하다. 건강한 관계 설정 상담을 전문으로 하는 심리 치료사 샤론 마틴Sharon Martin은 먼저, 당신이 원하는 것이나 상대방이 지키길 바라는 경계를 매우 명확히 해야 한다고 설명한다. 특히 나르시시스트는 가스라이팅, 거짓말, 기타 교묘한 수법을 사용하여 당신이 균형을 잃고 혼란스러워지도록 할 것이다. 당신이 원하는 바를 놓치지 않도록 경계를 적자. 그런 다음 명확하고 침착하며 일관성 있게 경계를 전달하자. 나르시시스트가 화를 내며 당신을 갈등의 미끼로 삼으려는 감정적인 수류탄을 던져도, 자신을 비난하거나 방어하지 말고 사실만을 말하자.

안타깝게도 통제하려 드는 사람은 경계를 존중하지 않는 경우가 태반이다. 존중이 없기에 그들은 사람들을 통제하려는 성향을 보인 것이다. 이때가 바로 다른 선택지를 고려할 때라고 마틴은 말한다. 협상할 수 있는 경계인지 아닌지 생각해보자. 어떤 경계들은 다른 경계들보다 더 중요하므로, 당신이 기꺼이 받아들일 수 있는 행동은 무엇이고, 조금도 허용할 수 없는 행동은 무엇인지 생각해보자. 상대방도 기꺼이 변화할 의지가 있다면 타협과 유연성은 좋은 것이다. 하지만 만약 상대방이 나의 가장 중요한 경계를 반복적으로 무시한다면, 얼마나 오랫동안 부당한 대우를 받아들일 수 있을지를 고려해야 한다. 마틴은 "저는 사람들이 오랫동안 무례함과 부당한 대우를 받아들이면서 그 사람이 변하기를 바라다가 뒤늦게 돌이켜보면 그 사람이 변화하거나 경계를 존중할 의사가 전혀 없었다는 것을 알게 되는 것을 보았습니다."라고 말한다. 이 시점에서 당신은 상대의 행동을 있는 그대로 받아들이거나, 관계에서 벗어나는 것 중 하나를 선택해야 한다.

상대에게 변화를 강요하는 것은 전혀 효과가 없다. 그래서 '애정 어린 분리loving detachment'라는 방법이 도움이 될 수 있다. 상대방을 변화시키거나 상황의 결과를 통제하려는 시도를 중단하기로 결심하는 것이다. 분리한다는 것은 상대방에 대해 신경 쓰지 않는다는 뜻이 아니라 관계에 대해 현실적인 태도를 취하고 스스로에게 연민을 표현하기로 선택하는 것이다. 마틴은 애정 어린 분리를 다음과 같은 방법으로 연습할 수 있다고 말한다.

- 그들이 스스로 선택하고 자신의 행동에 따른 결과를 처리하도록 내버려두기
- 무례한 말을 감정적으로 받아들이는 대신 무시하거나 농담하는 등, 다른 방식으로 대응해서 관계의 역학을 바꾸는 것
- 오랫동안 반복되는 논쟁을 상대가 꺼내면 이를 거절하거나, 비생산적인 대화에서 휴식을 취하는 것
- 함께 시간을 보내자는 제의를 거절하는 것
- 불편하거나 위험한 상황에서 벗어나는 것

그리고 만약 당신이 나르시시스트를 상대하고 있을 가능성이 조금이라도 있다면, 친구, 치료사, 자신을 응원해 주는 사람들과 같이 믿을 수 있는 사람들을 찾아 이야기를 나누어야 한다. 마틴은 "나

르시시스트이고 남에게 해를 끼치는 사람들은 상대가 자신과 자신의 직관을 의심하게 만드는 데 능숙합니다. 결과적으로 많은 사람이 그 사람이 정말 남에게 해를 끼치는 사람인지, 또는 자신이 과잉반응하고 있는 건지, 심지어 자신이 그 사람이 나쁘게 행동하도록 초래한 것인지 추측하는 데 많은 시간을 소비합니다."라고 말한다.

예민한 사람들은 타인의 마음을 잘 읽고 강한 직관력을 가지고 있지만, 감정은 나약한 것이라고 말하는 강인함 신화 때문에 시간이 지남에 따라 자신의 직관을 믿지 않도록 학습되었을 수 있다. 나르시시스트들은 특히 당신의 머리를 어지럽히고 당신의 직관을 혼란스럽게 하려고 한다. 그렇기 때문에 상황을 볼 수 있도록 도와 줄 지원 네트워크를 구축하는 것이 중요하다.

당신은 나르시시스트와 지배하려 드는 사람들에 대해 항상 선택권을 가지고 있다(비록 그들이 당신이 그 사실을 믿지 못하게 만들 수도 있지만). 자신을 보호하는 유일한 방법은 그들과 시간을 보내는 것을 멈추는 것이다. 그들과의 접촉을 제한하기로 선택하는 것(또는 완전히 끊는 것)은 그들에 대한 처벌이 아니다. 그것은 일종의 자기 연민이다. 만약 신체적으로나 감정적으로 당신을 해치는 사람이 있다면, 자신과 그 사람 사이에 약간의 공간을 두는 것이 당신이 해야 할 의무이다.

해피 엔딩

브라이언은 정확한 순간을 기억하지 못하지만, 상황은 변하고 있었다. 사라와의 결혼 생활은 점점 더 돈독해지고 있었다. 그는 심리 상담을 받던 중 인생을 바꿀만한 정보를 우연히 발견했다. 자신이 매우 예민한 사람이라는 것을 알게 된 것이다.

브라이언의 말에 따르면 그는 예민도 척도의 '극단적인 끝'에 있기 때문에 사라가 필요로 하는 것보다 훨씬 더 많은 휴식 시간이 필요하고, 의견이 엇갈릴 때 그는 사라의 말을 감정적으로 받아들인다. 그는 자신의 주요한 문제가 예민한 사람들이 흔히 겪는 어려움인 완벽 추구라는 것을 깨달았다. 사라가 그에게 뭔가 잘못하고 있다고 넌지시 말할 때, 그는 상처받는다. 그는 완벽한 배우자가 되기를 원하기 때문이다. 이제 그와 사라는 갈등을 처리하는 법과 기타 문제에 관해서는 중간에서 타협하는 법을 배우고 있다. 브라이언은 "저를 바꿀 필요는 없지만, 그녀와 중간에서 타협할 필요는 있어요."라고 말했다.

그의 예민함 때문에 결혼 생활에 어려움을 겪기도 했지만, 결과적으로는 그 예민함이 관계를 살렸다고 그는 믿는다. 예민한 사람으로서 그는 자신의 관계를 깊이 성찰하고 그와 아내의 역학 관계를 어떻게 바꿀 수 있는지 고민할 수 있었다. 그러한 압박감 아래서 덜 예민한 사람이라면 치유할 방법을 찾기도 전에 포기하거나 진정한 성장을 이끌어낼 자기 인식이 부족했을 수도 있다. 하지만 브라이언은 자신의 장단점을 숙고하고, 정서적으로 사라와 함께하고, 그녀가 보내는 신호를 읽으며, 자신이 정말로 신경 쓴다는 것을 보여주는 것과 같이 자신의 장점을 발휘하는 방법을 익혔다. 결혼한 지 8년이 지난 지금 브라이언은 두 사람의 사랑이 처음 만났을 때보다 훨씬 더 단단해졌다고 말한다.

또한 그는 주변에 예민한 사람이 있는 사람에게 다음과 같은 조언을 한다. "예민함은 성격적 결함이 아닙니다. 까다롭게 굴려고 하는 것이 아니에요. 제 아내도 한동안 그렇게 생각했던 것 같아요. 예민한 것은 성격적 특성이에요. 예민하지 않은 사람이 예민한 사람과 함께 있는 것은 쉽지 않은 도전이지만, 궁극적으로 매우 보람이 있을 수 있다는 것을 배우고 이해하는 시간을 가졌으면 좋겠어요."라고 말이다.

브라이언의 조언은 어른들뿐만 아니라 아이들에게도 적용된다. 예민한 어른들과 마찬가지로, 예민한 아이들도 그들만의 도전과 보람을 가지고 있으며, 다음 장에서 이를 살펴볼 것이다.

7장

예민한 아이
키우기

우리가 어렸을 때는 투명한 창문을 통해 삶을 봤어요.
물론 작은 창문이죠. 하지만 매우 밝은 창문들이었어요.
그다음에는 무슨 일이 일어났을까요? 무슨 일이 있었는지 알잖아요.
어른들은 우리에게 덧문을 씌우기 시작했어요.

- 닥터 수스 Dr. Seuss

예민한 아이로 태어나다

소피가 다른 아이들과 다르다는 것은 아기가 태어나고 몇 시간, 아니 몇 분 만에 알 수 있었다. 의사가 소피의 눈에 빛을 비추자, 소피는 울었다. 엄마가 크게 재채기하자 소피는 마치 통증을 느낀 것처럼 다시 울었다. 친척들이 이 작고 완벽한 생명체를 안고 감탄하자 소피는 너무 긴장해서 잠을 이루지 못하는 것 같았다. 물론 모든 신생아는 때때로 울고 잠을 자지 못하지만, 소피는 다른 아기들과는 다르게 보였다. 의사는 신체적으로 문제가 있는 것은 아니며 단지 소피의 성격 때문이라고 말했다. 어른들은 '손이 많이 가는' 아기, '까다로운' 아기, 심지어 '신경질적인' 아기라고 했다.

자라면서 소피는 여러 면에서 다른 아이들과 다를 바 없었지만, 어떤 면에서는 돋보였다. 소피는 창의적이고 영리해서 영재인지 아넌지 의심이 들 정도였다. 아기였을 때 소피는 한두 번만 들어도 어렵고 긴 단어를 기억해서 말했고, 통찰력으로 엄마를 놀라게 했으며, 그녀의 나이를 넘어서는 개념을 이해할 수 있는 것처럼 보였다. 노는 모습에서는 상상력이 풍부하다는 것을 느낄 수 있었다. 소피는 또한 예리한 관찰자였다. 어느 날, 소피는 하늘에 희미하게 보이는 비행기를 멀리서 발견하기도 했고, 선생님이 새 귀걸이를 착용하면 항상 이를 알아차리곤 했다.

하지만 지나친 자극이 곧 찾아왔고, 감당하기 힘들어지면서 소피의 통찰력은 사라졌다. 그녀는 바쁜 날이나 심지어 생일 파티, 붐비는 실내 놀이공원 같은 재미있는 장소에서 감당하기 힘들어지는 것을 느꼈다. 이런 시기에 소피는 짜증과 멘탈 붕괴에 빠지기 쉬웠다. 거의 모든 아이가 이와 같은 시기를 거치지만, 소피의 경우에는 더 빈번하고 강렬했다. 때로는 신발에 들어간 작은 돌이나 그녀가 생각하기에 올바른 모양이 아니라고 생각되는 마카로니 면과 같은 사소한 일들이 그녀를 화나게 했다. 소피의 예민한 마음을 자극하는 일들은 이외에도 많았다. 소피는 자신과 무관한데도 다른 아이가 괴롭힘을 당하는 것을 목격하면 눈물을 흘리며 집으로 돌아왔다. 고기가 만들어지는 과정을 알고 난 후부터는 햄버거를 먹지 않았다.

멘탈 붕괴와 함께 감당하기 힘든 감정들이 밀려왔다. 소피는 행복하면 춤을 췄다. 슬플 때는 엄마의 가슴에 머리를 묻고 흐느꼈다. 때때로 감정이 그녀를 압도했지만 놀랍게도 그녀는 자신의 마음 상태와 다른 사람들의 감정을 인식하고 있었다. 그 결과, 소피는 자신보다 나이가 많은 형제자매와는 달리 엄마가 자신에게 무언가를 숨

예민함의 힘

기고 있거나, 나쁜 하루를 보냈는지를 눈치채고는 했다. 연설하거나 스포츠 경기를 할 때와 같이 또래들 앞에 서야 할 때는 소심해지고 긴장했지만, 소피의 배려심은 친구들을 쉽게 사귀는 데 도움이 되었다. 대체로 소피는 양심적이고 친절했다. 행간을 읽고 선생님들이 무엇을 원하는지 감지할 수 있었기 때문에, 소피는 쉽게 선생님들의 마음을 기쁘게 했고 좋은 점수를 받았다. 사실 엄마는 소피가 지나치게 착하고 정직해 걱정이었다. 완벽주의 성향 탓에 그녀는 눈물을 흘리는 일이 너무나 익숙할 정도였다.

소피에게는 이외에도 별난 점들이 있어서 엄마는 이를 받아들이는 법을 배워야 했다. 10대 시절, 그녀는 질감과 맛 때문에 특정 음식은 먹지 않았다. 체육관 로커룸에서 나는 땀 냄새와 같은 특정한 냄새도 그녀를 괴롭혔다. 반려동물이 죽거나 친구가 이사하는 등 삶의 변화가 올 때마다 소피는 오랫동안 마음의 아픔을 떨치지 못하고 슬픔에 빠졌다. 심지어 긍정적인 삶의 변화에도 불안해할 때가 있었다. 새로운 상황에 대처해야 하고 새로운 일상에 익숙해져야 했기 때문이다. 소피는 이런 일들을 준비하고 점검하는 데 몇 시간을 소비하기도 했다.

오랫동안 엄마는 소피가 감당하기 힘든 감정을 가라앉히고 편안함을 느끼는 공간을 마련하도록 도와주려고 노력했다. 하지만 그녀를 키우는 일은 결코 쉽지 않았다. 때로 엄마는 소피에게 무엇이 필요한지, 어떻게 도와줘야 할지 모른다고 느꼈을 수도 있다. 아마도 예민한 아이들을 가진 부모들은 소피의 엄마가 느끼는 좌절감을 자신들도 느꼈다고 말할 것이다.

예민한 아이의 일반적인 특징

소피는 실제로 존재하는 아이가 아니지만, 그녀에 대한 묘사는 수많은 예민한 아이들의 사례를 바탕으로 만들어졌다. 모든 예민한 아이가 소피와 같은 것은 아니다. 예민함은 어른에게 다르게 나타나는 것처럼 아이에게도 다르게 나타난다. 다음은 예민한 아이들의 일반적인 특징이다. 체크한 항목이 많을수록 더 예민한 아이다.

내 아이는

☐ 새로운 것을 빨리 배운다.

☐ 강하게 감정을 표현한다.

☐ 사람들의 마음을 잘 읽는다.

☐ 변화에 대처하기 위해 노력한다.

☐ 일상에 큰 놀라움이나 방해가 되는 것을 싫어한다.

☐ 사람이나 사건에 대해 직관력이 좋다.

☐ 엄격한 훈육보다는 부드럽게 일러주는 방식에 더 잘 따른다.

☐ 소리를 지르거나 야단을 치면 울음을 터뜨리거나 방으로 들어가 버린다.

☐ 재미있거나 신나는 하루를 보낸 후 잠드는 데 어려움을 겪는다.

☐ 예상치 못한 소음 또는 접촉에 놀란다.

☐ 느낌이 좋지 않으면 불만 사항을 말한다(따끔거리는 침대 시트, 가려운 옷 상표, 꽉 끼는 허리띠 등).

☐ 냄새나 식감 때문에 특정 음식을 먹지 않으려 한다.

☐ 유머 감각이 뛰어나다.

☐ 질문을 많이 한다.

☐ 통찰력 있는 말을 하고 나이에 비해 현명해 보인다.

□ 길 잃은 개, 반에서 괴롭힘을 당하는 아이 등을 지나치지 못한다.

□ 뭐든지 완벽하게 해야 한다.

□ 성적과 숙제를 마치는 것에 스트레스를 받는다.

□ 어른들을 기쁘게 해주고 싶어 한다.

□ 또래들로부터 괴롭힘을 당한 적이 있다(특히 예민한 소년들의 경우).

□ 강한 냄새 때문에 특정 장소를 피한다(체육관이나 향수 판매대 등).

□ 시끄러운 곳을 싫어한다.

□ 사람들이 화가 나거나 마음의 상처를 받았을 때를 안다.

□ 말하거나 행동하기 전에 생각을 한다(돌다리도 두드려 보고 건넌다).

□ 걱정이 많다.

□ 미리 신중하게 준비하지 않은 경우에는 위험을 감수하길 꺼린다.

□ 통증을 크게 느낀다.

□ 선생님의 새 옷이나 옮겨진 가구와 같이 바뀐 것을 잘 알아차린다.

당신의 아이가 예민한지 아직도 확실하지 않다면, 다른 부모들이 자신의 예민한 아이들을 어떻게 묘사하는지 살펴보자. 이 아이들과 자신의 아이가 비슷한 점이 있는지 찾아보자.

⟨ 예민한 사람들의 말 ⟩

예민한 자녀의 가장 큰 장점과 어려운 점은 무엇인가요?

🔵 **7살 소년의 부모인 제니:** "제 아들은 다른 사람의 감정뿐 아니라 자신의 감정에도 매우 예민해요. 아들은 주변의 일이 어떻게 진행되는지

이해하길 좋아해요. 동물과 자연을 좋아하고, 왜 우리가 지구를 보호해야 하는지 아주 중요하게 생각해요. 제 아들은 혼자 있는 것을 좋아하지 않아요(혼자 있는 것이 마치 벌 받는 것처럼 느껴진대요). 누군가와 늘 함께 있고 싶어 해서 때때로 온 가족이 힘들어요. 사람들이 많은 곳을 힘들어하고, 여러 번 봐서 익숙해지기 전까지는 위험을 감수하거나 새로운 것(새로운 운동이나 자전거 타기 등)을 시도하지 않아요. 이런 성향 때문에 가끔 친구들과 어울릴 때 소외감을 느낀다고 말해요."

👤 **9살 소녀의 부모인 사라:** "예민한 딸아이는 학교때문에 종종 감당하기 힘든 스트레스를 받아요. 자신에게 아주 엄격할 때가 많고 주변 사람들의 미묘한 신호에 강하게 반응해요. 선생님이 다른 학생에게 엄하게 말하는 목소리에도 쉽게 자극받아요. 바깥에서 느끼는 감당하기 힘든 감정들은 꼭꼭 억눌렀다가, 안전한 공간인 집에 와서 풀어봐요. 기분이 안 좋은 날에는 방문을 닫고 자신의 존재에 의문을 가져요. 하지만 딸은 마음이 넉넉하고 사랑이 많아요. 어떤 사람에게 사랑을 나눠줄지에 대해서는 까다롭지만, 안에 담고 있는 사랑도 그만큼 커요. 깊이 생각하는 아이이고 놀랍도록 통찰력 있는 말을 하기도 해요."

👤 **5살 소녀의 부모인 사라 B:** "예민한 제 아이는 사소한 것 하나하나에 주목하고 놀라울 정도로 배우는 것을 좋아해요. 마음이 착해서 살아있는 생명들에 대한 연민의 마음이 커요. 또래 애들보다 지혜롭고 다른 사람들을 배려할 줄 알아요. 하지만 슈퍼맨에게 치명적인 약점인 크립토나이트가 있는 것처럼 제 딸도 몸과 영혼이 힘들어할 때가 있어요. 그러면 다른 때보다 더 많이 쉬어야 한다는 것을 알아요. 감정 조절하는 법을 배우는 건(특히 감당하기 힘든 감각이 분노로 나타날 때) 어려운 일이었어요. 마음을 진정시키는 방법들을 많이 알고 있긴 하지만, 과도한 자극은 너무 강하고 빠르게 와서 막을 수 없어요. 보통 계획보다 늦어지

고, 하고 싶은 것들을 못 하고, 시간에 쫓길 때 지나치게 자극받아요."

6살과 9살의 예민한 두 소년의 부모인 모린: "예민한 제 아이들이 어려워하는 것 중 하나는 특히 분노와 관련된 감정을 조절하는 것이에요. 남편과 저는 항상 아이들에게 감정을 감당하기 힘들 때가 있어도 괜찮다고 말했어요. 하지만 아이들이 커감에 따라 감정에 대처하는 방법을 알려 주기 위해 노력하고 있어요. 아이들은 스포츠에 관심이 없어서 다른 남자아이들과 어울리지 못해요. 그래서 일대일 놀이와 모임의 기회를 많이 제공해 비슷한 생각을 가진 아이들과 우정을 쌓을 수 있도록 노력하고 있어요. 그 우정을 쌓기까지 저희의 격려와 도움이 많이 필요했어요."

16세 소년의 부모인 올리비아: "지금보다 어렸을 때 아들은 믿을 수 없을 정도로 사려 깊었어요. 이웃의 남편이 세상을 떠났을 때가 아들이 여덟 살이었는데 긴 위로의 편지를 써서 줬어요. 치아를 모아준 것에 대한 감사의 표시로 치아 요정에게 돈을 보낸 적도 있어요. 사춘기, 특히 고등학생이 되면서 이러한 취약성이 일부 약해졌고 불안함을 느껴요. 학교생활이 1년 남았는데, 자신에 대해 편안하고 자신감 있는 성숙한 모습을 가지길 바라고 있어요."

18세 소녀의 부모인 비키: "어렸을 때 아이는 자신이 세상의 문제를 해결할 수 없다는 것에 혼란스러움을 느끼고 힘들어했어요. 이제는 성숙한 나이가 돼서 자신의 예민함을 잘 관리하고 예민함의 장점에 대해 사람들에게 자랑스럽게 알리기까지 해요. 이제 저희는 울지 않고 웃습니다. 아이가 무척 대견해요."

잘못된 오해

앞서 살펴봤듯이 예민한 어른이 항상 예민해 보이는 것은 아니며, 아이들도 마찬가지다. 흔히 오해하는 것 중 하나는 모든 예민한 아이들은 소심하다는 것이다. 일부 예민한 아이들은 겁이 많긴 하지만, 모두가 그런 것은 아니다(솔직히 말해서 우리는 소심하다는 표현을 좋아하지 않는다. 많은 예민한 아이들을 묘사하는 더 나은 방법은 돌다리도 두들겨 보고 건너는 신중한 아이들 또는 예열할 시간이 필요한 아이들이라고 말하는 것이다). 아흘리아는 붙임성이 있고 외향적인 예민한 15살 소녀이다. 그녀의 엄마에 따르면 그녀는 어린 나이에 연기와 사랑에 빠졌고, 대형 뮤지컬에서 연기했다고 한다. 최근 아흘리아는 반 아이들 앞에서 슬픈 장면을 연기해야 했다. 그녀는 깊은 감정의 샘을 열며 큐에 맞춰 울어 선생님을 감동시켰다. 이런 점에서 그녀의 예민함은 장점이었다. 예전에는 자신이 쉽게 우는 모습이 부끄러웠지만 더 이상은 그렇지 않다.

또 다른 오해는 예민한 아이들은 수동적이고, 순종적이며, 심지어 나약하다는 것이다. 물론 많은 예민한 아이들이 온화하고 침착하지만, 강한 성격을 가진 아이들도 있다. 예를 들어 마리아는 결단력과 야망이 있는 예민한 아이다. 아기였을 때 마리아는 한 번 울 때마다 한 시간 이상 울었고, 거의 매번 고무젖꼭지 같은 특정한 방법으로만 달랠 수 있었다. 유아기에는 매일 짜증을 냈다. 그녀의 엄마는 "세상에 있는 모든 것들에 예민하게 반응하는 것 같았어요."라고 말했다. 이제 6살이 된 마리아는 여전히 환경에 매우 예민하지만, 그녀의 부모가 묘사하는 A형 성격 그대로 매우 지적이고 타고난 리더이기도 하다. 그녀는 질서정연하고 정확한 것을 좋아해서 색깔, 크기와 같이 명확히 구분할 수 있는 방식으로 장난감을 배열한다. 그리고 어린 나이에 TV 자막만으로 글을 깨우쳤다.

마지막 오해는 남자아이는 예민해서는 안 된다는 것이다. 다시 말해서 예민한 남자아이는 이성애적인 의미에서 '남자답지' 않다는 것이다. 예민함은 남성과 여성 모두에게 똑같이 흔하며, 예민한 것은 사실 스포츠나 군대와 같은 전통적인 남성 활동에서 이점이 많다. 그럼에도 불구하고 남자아이들은 어릴 때부터 강인함 신화 때문에 예민함을 감추어야 한다는 압박감을 느낀다. 심리학자 일레이 알론은 소년들이 10대가 될 무렵 예민성 자가 셀프 테스트에서 낮은 점수를 받는다는 것을 발견했다. 그녀는 연구 보고서에서 이렇게 밝혔다. "이런 문화에서 남성은 예민한 사람이 되기 매우 어렵다. 그래서 대부분의 예민한 남성과 소년은 자신의 예민함을 숨기려 한다. 그들은 자신이 무엇을 없애려는지조차 모른다. 그들은 자신이 남성적이지 않다는 것을 밝혀내려는 것처럼 보이는 질문 목록에 대답하길 정말 싫어한다." 예민한 남자아이들을 강압적으로 다그치거나 다른 아이들처럼 변화시키려 하기보다는 더 많은 사랑과 애정을 주고, 이들을 있는 그대로 수용할 필요가 있다.

예민한 아이의 숨은 잠재력

그러나 모든 예민한 아이들을 하나로 묶어주는 한 가지 특징이 있는데, 사실 이 특성은 예민성 자체를 정의한다. 예민한 아이들에게는 환경이 정말 중요하다. 앞서 살펴봤듯이 예민한 사람들은 해롭고 부정적인 환경에서 다른 사람들보다 더 많은 고통을 겪는다. 그들은 더 높은 수준의 스트레스, 고통, 질병, 불안, 우울증, 공황장애, 기타 문제들을 겪는다고 말한다. 반면 그들은 지원을 아끼지 않는 환경 또는 긍정적인 환경에서는 다른 사람들보다 더 많은 이점, 다시 말해서 '센서티브 부스트 효과'를 얻는다. 적절한 환경이라면 예민한 사람들은 덜 예민한 사람들보다 더 많은 창의성, 공감, 인식, 개방성을 보여준다. 정신적, 신체적으로 건강하며 더 행복하고 강한 관계를 맺는 것이다. 이들의 재능, 즉 경청, 사랑, 치유, 예술과 아름다움을 창조하는 능력이 빛을 발한다. 부스트 효과는 특히 예민한 어린이들에게 강력하게 일어나며 많은 연구가 이를 증명한다.

남아프리카공화국에서 가장 가난한 지역 중 하나인 카엘리차에서 수행된 연구를 예로 들어보자. 이 지역 주민 대부분은 나무, 판지, 양철로 얼기설기 만든 판잣집에서 산다. 마실 수 있는 물을 길어 오기 위해서는 얼마간 걸어가야 한다. 주민의 절반이 실업자이고, 많은 가족이 식량 부족을 겪고 있다. 이러한 환경에서는 예민하든 그렇지 않든 어떤 아이도 성장하기 어렵지만, 국제 연구진은 아이들의 성격이 개입intervention[의학에서 상황을 개선하기 위한 조치를 말함-옮긴이]에 대한 반응에 어떤 영향을 미치는지 알고자 했다. 이를 위해 연구진은 임산부들이 태아에게 정서적으로 건강한 환경을 마련해주도록 돕는 지역 비영리 단체와 협력했다. 비영리 단체의 숙련된 지역 보건 종사자들은 임신 마지막 3개월과 아기가 태어난 후 6개월 동안 산모들과 함께했다. 이 기간 동안 보건 종사자들은 집을 방문해 아기의 신호를 해석하고 아기가 필요로 하는 것에 반응하는 방법, 즉 초보 부모에게는 낯선 기술을 가르쳤다. 엄마들이 아이들에게 반응을 잘하게 되면서, 보건 종사자들은 아이들이 '안정 애착secure attachment[부모가 따뜻하고 일관된 양육과, 예민한 반응을 보일 때 양육자에 대한 신뢰와 친밀감, 애정을 형성한다. 낯선 상황에서도 엄마를 안전 기지로 삼아서 탐색하고, 불편한 상황에서도 쉽게 평정을 되찾는 상태이다-옮긴이]'을 잘 형성하기를 바랐다. 아이들의 안정 애착 또는 안전감은 특히 카엘리차와 같은 불안정한 환경에서는 형성되기 어렵지만 특별히 가치가 있다. 아이들이 학교에서 더 많은 것을 성취하고, 폭력적인 행동을 줄이며, 트라우마를 덜 겪으면서 어려움을 극복하고, 성인으로 더 건강한 관계를 형성하는 데 도움이 되기 때문이다. 이 비영리 단체는 안정 애착 형성에 집중하면서 지역 아이들에게 평생 이어질 긍정적 효과를 주기 위해 한정된 자원 내에서 노력하고 있었다.

희망을 안고 시작한 이 노력은 실제로 엄마의 개입을 받은 아이들은 생후 18개월까지 안정 애착을 발달시킬 가능성이 훨씬 높았고, 그들 중 많은 아이(모두는 아니지만)는 13세의 추적 관찰에서도 여전히 긍정적인 효과를 보였다. 이것이 바로 연구자들이 개입한 이유다. 추적 관찰에서 연구진은 아이들로부터 DNA 샘플을 수집해 그들이 얼마나 많은 짧은 SERT 유전자(2장에서 설명한 예민함과 관련이 있을 가능성이 높은 유전자 변형) DNA를 가졌는지 확인했다. 유전자를 확인한 결과 눈에 띄는 패턴이 나타났다. 짧은 SERT 유전자를 가진 아이들은 프로그램의 혜택을 받을 가능성이 2.5배 이상 높았으며 지속적인 안정 애착을 갖게 될 가능성이 더 높았다. 반면에, 예민도가 낮은 유전자 유형을 가진 아이들은 비영리 단체의 지원 혜택을 거의 받지 못했다. 마치 처음부터 없었던 일처럼 말이다.

다른 연구들도 비슷한 결론을 내렸다.

- 예민성 연구자인 마이클 플루에스는 왼쪽 편도체(감정 처리와 관련된 뇌 영역)가 큰 소년들이 어린 시절 환경에 더 예민하고, 그로부터 더 많은 이익을 얻거나 해를 입는다는 것을 발견했다. 특히 좋지 않은 환경에서 자란 소년들은 덜 예민한 소년들보다 더 많은 문제 행동을 가지고 있었다. 그러나 좋은 환경에서 자란 예민한 소년들은 모든 소년 중에서 문제 행동이 가장 적었고, 선생님들은 이들이 가장 진화적인 행동을 보인 것으로 평가했다.

- 메릴랜드 대학의 한 연구는 '까다로운(많이 울고 달래기 힘든)' 신생아가 부모에게서 받는 보살핌의 질에 다른 아이보다 더 예민하다는 사실을 발견했다. 부모가 아기의 신호에 주의를 기울이고 울 때 달래는 등 빠르게 반응을 보이면, 다른 아기보다 붙임성 있는 유아로 성장할 가능성이 더 높았다. 반면 부모가 빠르게 반응하지 않은 예민한 아기는 다른 유아들보다 자기 안에 머물 가능성이 더 높았다.

- 소아과 의사이자 《난초와 민들레》의 저자인 W. 토마스 보이스w.

Thomas Boyce는 스트레스가 많은 환경에서 사는 예민한 아이들은 다른 아이들보다 더 많은 부상과 질병을 보이지만, 스트레스가 적은 환경에서는 덜 예민한 아이들보다 더 적은 부상과 질병을 보인다는 것을 발견했다.

당신이 예민한 아이의 부모, 조부모 또는 기타 보호자라면 이 모든 연구 결과는 희망을 줄 것이다. 당신에게는 아이가 예민하지 않은 경우에 비해서 어떤 아이로 키울 것인지 정할 수 있는 결정권이 더 많이 있다. 예민한 아이에게 사랑과 인내심을 갖고 학습 기회를 제공하면 아이는 더 큰 성장을 이룰 수 있다. 예민한 아이를 양육하는 것이 때로는 힘들 수도 있고, 아이 또한 분명 다른 아이보다 당신을 더 필요로 할 것이다. 하지만 당신은 훌륭한 일을 할 수 있는 아이를 맡았다. 당신에게는 아이의 삶에서 그 어떤 다른 사람보다 아이의 센서티브 부스트 효과를 깨우고 아이가 삶에서 보일 놀라운 잠재력을 깨울 힘이 있다. 수용하고 인정해 주면 아이는 그저 '보통의' 아이에 머물지 않을 것이다. 또래들에 비해 더 나은 성적을 얻고, 더 나은 감정과 사회성을 개발하며, 더 강한 도덕성을 가지고, 의미 있게 세상에 기여할 수 있다. 일관성 있게 접근하면 시간이 지남에 따라 아이가 예민함이라는 재능을 이용하는 것을 보게 될 것이다. 아이는 자신의 생각과 감정에 편안해지고, 과부하를 피하며, 자신의 재능을 성공으로 꽃피울 것이다. 이제부터 아이를 도울 수 있는 몇 가지 방법을 소개한다.

있는 그대로 받아들이기

어른들은 별다른 의도 없이도 아이들에게 뭔가 문제가 있는 것처럼 느끼게 하는 경우가 많다. 예민함과 관련해서는 자녀의 감정기복을 나쁜 것으로 간주하기도 한다. 심지어 예민한 보호자라도 자신이 어렸을 때 받은 부정적인 메시지 때문에 무의식적으로 예민함에 대한 편견을 가질 수 있다(브루스가 강한 남자로 자라길 바랐던 브루스의 아버지 또한 '여린' 남자였다는 것을 떠올려보자). 자녀의 예민함을 약점으로 보는 대신 강점으로 보도록 의식적으로 선택하자. 아이의 예민함을 사랑하고 수용하는 모범을 보이면 자녀도 자신의 이 부분을 사랑하고 받아들이기 쉬워진다.

자녀의 예민함을 더 잘 이해하고 수용하는 한 가지 방법은 아이의 세상에 대해 호기심을 갖는 것이다. 하루 종일 다양한 상황과 시간에서 아이를 관찰하도록 하자. 다른 형제자매와 분리하여 일대일로 이야기하고 함께 놀 시간을 가지자. 개방형 질문[자유롭게 답할 수 있는 주관식 질문. 단답형 대답을 초래하는 폐쇄형 질문의 반대-옮긴이]을 하자. 예를 들어 "오늘 뭐가 힘들었니?"는 "오늘 하루가 안 좋았니?"라는 질문보다 더 많은 대화의 여지를 만든다. 열린 마음으로 예민한 아이가 몸과 오감을 통해 경험하는 것을 이해하려고 노력하자. 아이의 대답은 당신을 놀라게 할 수도 있다.

이러한 수용은 아이에 대한 지지와 응원으로 나타난다. 친척이나 다른 부모들에게 예민함에 관한 책이나 기사를 공유하거나 당신이 직접 예민함의 특성을 설명해보자. 이는 아이를 지지하고 응원하는 한 가지 간단한 예이다. 예민한 아이를 응원하는 데 특히 중요한 한 장소는 학교다. 오해가 생기기 전 학기 초에 아이의 선생님을 만나 예민함에 대해 이야기하자.

아이는 당신이 자신을 응원한다는 것을 알아차릴 것이고, 언젠가 그 노력이 어떤 결실을 맺었는지 당신은 알게 될 것이다. 하지만 그때까지 기다릴 필요는 없다. 오늘 아이에게 자랑스럽다고 말하고, 아이가 최근에 한 구체적인 일, 즉 상상력, 남을 배려하는 재주, 감정 또는 기타 예민한 재능을 발휘한 것에 대해 당신이 느끼는 자부심을 말해주자. 이런 부드럽고 고운 말들은 예민한 마음에 중요하다. 그리고 이러한 부드러움은 아이의 행동을 바로잡아야 할 때와 같은 다른 상황에서도 도움이 될 것이다.

부드러운 훈육

자녀의 예민함을 포용한다고 해서 훈육하지 않거나 성장을 돕지 않는다는 의미가 아니다. 부모라면 누구나 아이들이 잘 성장하기를 원하고, 건강한 방향으로 나아가도록 이끌 것이다. 훈육은 이러한 학습의 일부이지만, 예민한 아이에게는 부드러운 훈육이 훨씬 더 중요하다. 예민한 아이는 다른 아이보다 더 예민하게 느끼기 때문에 쉽게 감정이 상하고 훈육을 감정적으로 받아들일 수 있다.

그만 방으로 들어가라는 말, 답답한 마음에 고함을 지르는 부모님, 엄한 선생님의 말씀, 이는 우리 대부분이 어렸을 때 겪었던 상황들이다. 심지어 어른이 되어서도 이런 상황들을 성장 과정의 일부라고 생각하며 웃어넘길 수도 있다. 하지만 예민한 아이들에게는 가볍게 혼난 것이라도 이러한 상황이 몸과 마음을 아프게 할 수 있다. 어른이 되어서도 그 기억은 계속해서 따라다니며 오랫동안 잊히지 않을 수 있다. 이러한 기억은 수치심과 혼나는 것에 대한 두려움을 동반하며, 자신이 부족한 사람이 아닌가 하는 걱정으로 감정을 자극한다.

어떤 경우에는 이러한 형태의 훈계가 이미 예민한 아이의 감정을 더욱 고조시켜 진정시키기 더욱 어렵게 만들기도 한다. 작가이자 블로그 〈하일리 센서티브 차일드The Highly Sensitive Child〉를 운영하고 있는 모린 가스파리Maureen Gaspari는 자신의 예민한 아이들에게 타임아웃time-out[생각하는 의자 혹은 집안 내 외진 공간에서 혼자서 생각할 시간을 가지게 하는 것-옮긴이]을 사용하거나 방으로 보내면 아이들과 자신 모두에게 힘든 결과가 초래된다는 것을 발견했다. "아이들은 진정하는 데 어려움을 겪으면서 흥분하곤 했어요. 아이들을 진정시키느라 너무 많이 애를 써야 해서 타임아웃을 사용하는 원래 이유가 무색했어요."라고 그녀는 말했다.

예민한 아이의 부모 또는 보호자인 당신은 '정상적인' 수준의 훈육이 아이에게는 너무 과하다는 것을 이미 깨닫고 있었을 것이다. 아이는 당신의 기분을 좋게 하고 화나게 하지 않도록 노력할 것이다. 다른 아이들에 비해 예민한 아이들은 어려운 상황에 대해 스스로를 비난할 가능성이 더 높다. 교육 및 양육 환경의 예민함에 대한 연구에서 교육 심리학 연구자인 모니카 바리와-마테츠크Monika

Baryla-Matejczuk는 예민한 아이들이 타인으로부터의 비판에 대한 자각이 높으며, 자신을 심하게 비판할 가능성이 높다는 것을 발견했다. 그들은 부모가 불만족하거나 비난할 만한 상황(예컨대 나쁜 점수를 받는 것) 또는 나쁜 짓을 하고 있다는 느낌(예컨대 규칙을 어기는 것)을 피할 수 있다. 이는 좋은 소질이지만, 수치심을 느끼면 이러한 성향은 바람직하지 않은 다른 결과를 초래할 수 있다. 새로운 것을 시도하면서 쉽게 좌절하거나 새로운 상황을 완전히 피하는 것이다.

게다가 예민한 아이들은 다른 아이들보다 어린 시절에 낮은 자존감을 경험할 가능성이 높다고 모니카는 말한다. 이러한 낮은 자존감은 자존감에 영향을 미칠 수 있는 2가지 요인인 비난에 대한 아이의 높은 수용도와 자기 비판적 경향으로 귀결된다. 심지어 아이는 지나치게 완벽주의를 추구하고 잘못된 것으로 인식될 어떤 행동도 하지 않으려 불안해하면서 자신의 행동에 대한 부정적인 반응을 예상하기 시작할 수도 있다.

그리고 당신도 이미 알고 있듯이, 예민한 아이는 내면에 도덕성을 가지고 있다. 자신이 잘못을 저질렀다는 것을 안다면 혼나거나 지적을 받기 전에, 아이는 이미 스스로를 벌했을 가능성이 높다. 예민한 자녀를 둔 작가 아만다 반 멀리겐Amanda Van Mulligen은 "예민한 아이들은 자신을 훈육하는 부모처럼 행동하는 경향이 있어요. 아이들은 종종 수치심이 너무 강해서 자신이 한 일에 대해 스스로를 질타하고, 어른이 자신에게 한마디도 말해주지 않으면 끔찍하다고 느껴요."라고 말한다. 예민한 아이들은 엄격한 어조에 매우 예민하기 때문에 교실에서 선생님이 다른 학생을 꾸짖을 때와 같이 다른 아이가 훈육받는 것을 듣는 것만으로도 수치심을 느낄 수 있다.

예민한 아이는 언성이 높아지거나 벌로 여겨지는 모든 것에 반응하여 눈물을 흘리거나, 자신 속으로 침잠하거나, 심한 불안 증상을 보일 수 있다. 그렇기 때문에 모니카는 부모와 선생님들에게 아이가 수치심을 느끼는 상황에 빠뜨리지 말라고 조언한다. 대신에 부드러운 형태의 벌이 예민한 아이들에게 가장 효과적이다. 그럴 때 아이는 자신이 사랑받고 있으며, 자신의 예민한 본성은 어떤 실수에 대해서도 비난받지 않을 것이라는 확신을 가지게 된다. 또한 아이는 감정이 고조되고 자극받는 대신 침착한 태도로 부드러운 훈육을 받아들일 수 있다. 부드러운 훈육은 실수가 어떻게 해서라도 피해야 하는 것이 아닌 삶의 일부이며 배울 기회라는 메시지를 전달한다.

부드럽게 훈육하는 방법

부드러운 훈육은 말과 말투에 주의를 기울이는 것이다. 목소리를 높이면 아이의 예민한 시스템을 쉽게 압도할 수 있다. 큰 목소리는 원하는 효과대신 아이의 신체를 위협 모드로 전환하면서 당신의 말을 차단할 수 있다. 그렇기 때문에 차분한 목소리와 어조를 사용하는 것이 가장 좋다. 예민한 아이는 당신의 말을 기억할 것이기에 빈정거림, 놀림, 욕설과 같은 거친 말들은 아이에게 깊은 상처를 줄 수 있다. 예민한 아이는 어조 외에도 당신의 보디랭귀지, 눈빛, 불만 또는 실망의 표시를 알아차릴 수 있다. 아이에게 화가 나거나 좌절감을 느낄 때는 힘들 수 있지만, 명확하게 의사소통하면서 부드럽게 말하도록 노력하자.

터치 또한 부드러운 훈육을 위한 강력한 도구이다. 예민한 아이의 팔이나 어깨를 가볍게 만지면 목소리를 높이지 않아도 아이의 관심을 얻는 데 도움이 될 수 있다. 물론 일부 예민한 아이는 신체적 자극에 어려움을 겪기 때문에, 당신의 아이에 맞게 조절해서 사용할 필요가 있다.

다음은 좀 더 부드러운 훈육을 할 수 있는 비결들이다.

- 다른 사람들에게서 멀리 떨어진 조용한 장소에서 예민한 아이를 훈육하자. 그렇지 않으면, 다른 아이들이나 어른들이 아이가 '문제아'라는 사실을 알게 되어 당황스러워할 수 있으므로 아이의 기분이 더 나빠질 수 있다. 만약 당신과 아이가 누군가의 집에 있거나 사람들이 많은 곳에서 일을 보는 중이라면, 밖이 아닌 집에 돌아와서 아이와 그 문제를 논의하자.
- 자녀에게 수치심을 주는 발언은 피하자. "어떻게 그럴 수가 있어!", "넌 너무 예민해!", "그만 울어!"라고 말하지 말자.
- 타임아웃을 사용하는 대신 마음을 진정시킬 수 있는 아이만의 안식처를 만들어 주는 게 좋다. 이곳은 아이가 감정 조절에 어려움을 겪을 때 갈 수 있는 곳이다. 인형, 무게감 있는 담요, 장난감 또는 기타 마음을 편안하게 해주는 물건들을 두도록 하자.
- 훈육 후에는 포옹과 함께 안심시켜주는 말을 해주고 아이의 장점을 말해주자. 예민한 아이들은 자신의 경험에 대해 깊이 생각하기 때문

에, 이러한 것이 없으면 당신이 더 이상 자신을 사랑하지 않는다는 결론을 내릴 수도 있다.

- 나의 스트레스 수준을 인식하자. 나 자신이 흥분하거나 지나치게 자극받는다면 부드럽게 훈육하기가 어려워질 것이다. 나의 감정을 돌보고 휴식을 취하도록 하자.

사전에 기대하는 바를 설정하자

예민한 아이들의 일반적인 특성을 이해하면 훈육의 필요성을 줄일 수 있다. 예민한 사람은 생각할 시간이 필요하기 때문에, 미리 기대치를 설정하면 나중에 힘겨루기를 피하는 데 도움이 된다. 예컨대 "오늘 우리는 요양원에 계신 이모에게 갈 거야. 거기에 계신 분들은 몸이 좋지 않기 때문에 우리는 조용히 말하고 움직일 거야."라고 말하면 아이에게는 선택권이 주어진다. 아이는 기대치를 충족하면 어떤 일이 일어날지 알고, 충족하지 못하면 어떤 결과가 초래될지도 알 수 있다.

어떤 활동을 하든, 특히 좋아하는 활동에 깊이 몰입하는 예민한 아이들에게는 전환이 어려울 수 있다. 운동장을 떠나는 등 활동을 끝내야 할 때가 되면 10분, 5분, 1분 전에 미리 알려주자. 이렇게 미리 알려주면 아이는 생각을 정리하고 새로운 일을 준비할 시간을 가질 수 있다.

마지막으로, 과도한 자극의 징후가 있는지 아이를 지켜보는 것도 훈육의 필요성을 줄이는 데 도움이 된다. 아이가 과도하게 자극받고 있다는 징후는 피곤해 보이고, 짜증을 내며, 화를 내고, 요청 사항을 잘 따르지 않으며, 울고, 매달리며, 눈치 없는 행동을 하고, 짜증을 내는 행동 등이다. 활동의 제한이 있더라도 예민한 아이에게 충분한 휴식 시간을 주자.

사람인 이상 항상 부드럽게 훈육할 수만은 없다. 가끔 이성을 잃거나 후회할 말을 할 수도 있다. 예민한 아이는 다른 아이보다 당신의 말과 행동에 더 영향을 받지만, 아이의 성장을 위해 완벽한 양육에 대한 지나친 부담감을 가지지 않아도 괜찮다. 가스파리는 예민한 아이들을 응원하는 일에 평생을 바쳤지만, 자신조차도 예민한 자녀에게 실수를 하며 다른 부모들에게 하는 조언을 자신도 완벽하게 이행하지는 못한다고 말한다. "저는 완벽하지 않아요. 예민한 아이를 훈육하는 데 애를 먹고 계시다면 저 또한 마찬가지이니 안심하세요."라고 말이다. 실수했을 때는 어른도 가끔 실수한다는 것을 아이에게 보여주는 학습 기회로 활용하자.

다른 부모나 가족들이 처음에는 당신의 부드러운 훈육 방법을 이해하지 못할 수도 있다. 당신이 지나치게 섬세하다거나 아이를 너무 쉽게 풀어준다는 의견을 받을 수도 있다. 예민한 아이는 나쁘거나 잘못되지 않았다는 것을 기억하자. 단지 과도한 자극에 힘들어할 뿐이다. 아이가 있는 부모에게는 부드러운 훈육이 너무 낮은 강도의 훈육처럼 보일 수 있지만, 나의 아이를 가장 잘 아는 사람은 나라는 것을 믿자. 부드러운 훈육은 예민한 아이가 예민한 성인으로 성장하는 데 이상적인 방법이다. 세상은 아이들의 예민한 특성을 이해하지 못할 수도 있지만, 이를 이해하는 부모들과 선생님들은 아이들의 가장 훌륭한 응원군이 되어 앞으로 아이들이 성공할 수 있도록 도와줄 것이다.

컴포트존 확장하기

부드러운 훈육이라고 해서 아이에게 절대 도전시키지 말라는 뜻은 아니다. 보살핌과 연민의 마음으로 예민한 아이가 자신의 안전지대, 컴포트존을 확장할 수 있도록 돕는 것은 아이에게 줄 수 있는 최고의 선물 중 하나이다. 핵심은 건강한 경계를 세우는 법을 가르치는 것부터 시작하는 것이다. 이러한 한계를 세우면 아이는 안전하다고 느끼는 정도까지 스스로를 밀어붙일 수 있다. 특히 아이가 자신의 한계와 휴식이 필요한 시기를 알아차릴 수 있도록 도와주자. 예를 들어 아이를 생일 파티에 데려갔는데 아이가 과도한 자극을 느끼기 시작했다는 미리 계획된 신호를 보내면 바로 그 자리를 떠날 수 있다.

많은 아이가 새로운 상황에 대한 전형적인 반응으로 두려움을 보이지만, 예민한 아이는 특히 더 조심스럽고 위험을 피하는 경향이 있기 때문에 두려움이 더 커질 수 있다. 두려움에 대처하는 법을 가르치는 것은 컴포트존을 확장하는 데 중요한 부분이다. 또한 당신 자신의 두려움이 방해가 되어서는 안 된다. 어떤 활동을 하는 도중에 아이는 배가 고프거나, 피곤해지거나, 심지어 짜증을 낼 수 있다. 하지만 그런 가능성에 대해 미리 걱정하며 새로운 것을 시도하길 주저하며 가능성을 차단하지 말자. 자녀가 어느 정도 나이가 있는 경우라면 스스로 문제를 해결하는 방법(자신의 간식을 싸는 것처럼)을 가르쳐서 회복력을 기르도록 하자.

또한 작은 단계부터 시작하는 것이 좋다. 예를 들어 아이가 농구를 배우길 원한다면 먼저 농구에 관한 영화를 보거나 함께 농구 경기를 보러 가자. 그런 다음 아이가 쉽게 달성할 수 있는 목표를 설정하여 자신의 능력에 대한 자신감을 키울 수 있도록 도와주자. 아이가 하루 만에 드리블에 익숙해질 것이라고 기대하지 말자. 대신 손바닥이 아닌 손가락 끝만을 사용해 드리블 연습을 하는 등 작은 것부터 시작하자. 또한 뭔가 잘 되지 않는다면 유연성 있게 계획을 바꾸자. 새로운 활동을 즐겁게 할 수 있도록 노력하고, 나의 개인적인 계획을 밀어붙이지 말자. 너무 무리하게 밀어붙이면 아이가 다시는 하고 싶지 않다고 생각할 수도 있다. 가장 중요한 것은 성공할 때마다 축하하는 것이 아이가 배우고 있는 것에 대한 자신감을 키워주는 또 다른 방법이다. 아이를 안아주고, 칭찬하고, 다른 사람들에게 아이의 성취에 관해 이야기하고, 아이가 저녁 식사를 선택하게 하고, 당신이 아이를 자랑스러워한다는 것을 보여주자.

다음은 아이의 컴포트존을 부드럽게 확장해주는 데 도움이 되는 몇 가지 비결이다.

- 적절한 경우 농구 연습 중 관람석에 앉거나 주차장 차 안에서 기다리는 등 새로운 환경으로 아이와 함께 가자. 주변을 맴돌지 말고 근처에

머물자.

- 새로운 상황에서 무엇을 기대해야 하는지 아이와 이야기하자. 아이가 농구 연습(또는 결혼식, 박물관, 방과 후 교실 등)이 어떤 것인지 알고 있다고 가정하지 말자. 예컨대 개학 전에 학교 운동장을 걷거나 선생님과 이야기를 나누는 것과 같이 중요한 대화와 행사를 앞두고 '리허설'을 해도 좋다.

- 아이의 두려움에 대해 비판적이지 않은 태도로 이야기하자. 예컨대 "무엇 때문에 의사 선생님 보기가 무섭니?"라고 물어볼 수 있다. 아이의 두려움이 타당하지 않아 보여도 아이의 감정을 무시하지 말자.

- 아이의 감정을 인정하자. "정말 무서울 것 같아." 또는 "나도 피를 뽑아야 할 때 무서워."라는 식으로 이야기하자. 하지만 지나치게 안심시키면 아이가 두려움을 더 강하게 인식할 수 있으므로 지나치게 안심시키지는 말자. 아이가 그 상황에서 용기를 낼 수 있도록 함께 계획을 세우는 다음 단계로 빠르게 이동하자.

- 아이에게 도움이 될 만한 것을 물어보며 무서운 상황을 통제할 수 있도록 도와주자. "병원에 갈 때 기분이 나아질 수 있도록 우리가 할 수 있는 일이 무엇이 있을까?"라고 물어볼 수 있다.

- 생일 파티와 같은 지나치게 자극적인 활동에 대한 시간제한을 설정하고, 아이가 힘들어하거나 피곤해하면 마칠 수 있도록 "즐겁지 않으면 그냥 가도 돼."라고 선택권을 주자.

- "긴장하면서 수영장에 들어갔지만, 이제는 너무 재미있게 잘 놀고 있네!"라고 아이의 성공을 말해주자.

예민함의 힘

아이의 컴포트존을 넓혀주는 부드러운 접근 방식은 아이가 과도한 자극을 극복할 수 있도록 하고 예민한 아이들이 불편한 감정에 대처하는 법을 배우는 데 도움이 될 것이다. 이것은 감정 조절의 중요한 부분이다.

아이의 감정 코치 되기

감정 조절은 자신의 감정 상태, 내가 그것에 대해 어떻게 생각하는지, 내가 그것에 대해 어떻게 행동하는지를(또는 행동하지 않는지를) 통제하는 기술이다. 비록 우리는 화를 느끼는 감정을 항상 통제할 수는 없지만, 어떻게 반응할지는 통제할 수 있다(예컨대 소리를 지를지 침착할지, 문제에 대해 극단적으로 생각할지 비교 대상과 비교해 생각할지).

감정 조절은 모든 아이에게 핵심 기술이지만 예민한 아이들에게 훨씬 더 중요하다. 예민한 사람들은 감정을 강렬하게 느끼고 자신의 감정에 대해 생각하는 데 더 많은 시간을 보내기 때문에 이는 놀라운 일이 아니다. 한 연구는 예민한 사람들이 다른 사람들보다 감정 조절 능력이 떨어진다는 것을 발견했다. 이 연구는 예민한 사람들은 강한 감정을 가지고 있기 때문에 부정적인 감정이 사라지지 않거나 오래 지속되며 기분을 좋게 하기 위해 할 수 있는 것이 아무것도 없다고 믿게 될 수 있다고 한다. 이러한 믿음은 일반적으로 감정적 대처 전략이 부족하다는 신호이다. 그들의 감정은 맞서기에는 너무 크다. 연구 결과, 예민한 사람들이 감정 조절 전략을 사용했을 때 많은 부모가 예민한 아이에게 우려하는 2가지 문제인 불안과 우울증을 예방하는 데 도움이 되는 것으로 나타났다.

여기서 부모인 당신의 역할이 중요하다. 당신은 이미 자신의 스트레스나 자녀의 우울증 등 감정을 다루는 방법을 모델링하며 자녀에게 감정 조절 기술을 매일 가르치고 있다. 그러니 의도적으로 모범을 보이는 것이 좋다. 일반적으로 자녀의 감정을 잘 받아들이고 반응하는 부모는 중추신경계가 더 차분하고 자신감이 높으며 학교 성적이 더 좋고 격한 감정에 균형 잡힌 반응을 보이는 자녀를 낳게 된다. 특히 부모가 자녀와 감정에 대해 더 많이 이야기할수록 이러한 결과가 나올 가능성이 크다. 감정에 대해 자주 대화하면 아이들은 감정이 갑자기 솟구치는 것처럼 느끼기보다는 감정이 떠오를 때 이를 식별하는 법을 배울 수 있다.

심리학자 존 가트맨John Gottman에 따르면 부모는 감정 코칭 또는 무시라는 2가지 방식 중 하나로 아이에게 감정 조절에 대한 본보기가 된다. 각각의 방식은 부모가 자녀의 감정에 반응하는 각기 다른 방식이며, 부모는 선의로 두 방식 모두를 사용할 수 있다. 하지만 모든 아이, 특히 예민한 아이는 자신의 감정을 건강하게 다루는 방법을 가르치는 감정 코치가 필요하다.

감정 코치는 다양한 감정이 아이에게(어른에게도) 정상적이라는 것을 이해한다. 이러한 부모는 감정을 배우고, 스스로를 진정시키며, 소통할 수 있는 기회로 여긴다. 이들은 아이와 함께 감정을 탐색하는 것이 가장 좋은 시기 또는 자녀가 혼자서 감정을 해결할 수 있는 가장 좋은 시기를 직관적으로 파악한다. 또한 감정 코칭의 한 방법으로 아이에게 하나의 감정적인 반응에 집착하지 말라고 가르쳐 줄 수 있다. 예를 들어 아이에게 하룻밤 자면서 잘 생각해 보고 아침에 마음이 어떻게 변했는지 볼 것을 제안할 수 있다.

감정 조절의 본보기가 되는 것이 어렵게 들릴 수 있지만 그러더라도 괜찮다. 아이에게 본보기가 되기 위해 감정 조절을 완벽하게 할 필요는 없다. 사실 감정 조절을 가르치는 데 있어 큰 부분을 차지하는 것이 아이와 대화를 나누는 것이다. 아이와의 대화는 아이가 화가 났을 때 듣고, 아이가 그 감정을 탐구하고, 문제를 해결하며, 건설적인 행동을 취할 수 있도록 돕는 것이다. 자신의 감정을 검증해 본 적이 없거나 감정을 조절하려고 애쓰고 있는 부모더라도 이 접근법을 사용할 수 있다.

감정 조절 기술의 필요성

이와 정반대의 부모는 감정을 무시하거나 감정에 부주의한 부모들이다. 그들은 의식적으로 혹은 무의식적으로 강인함 신화를 믿는다. 그들은 감정을 당면한 문제를 처리하는 데 방해가 되거나 나약함의 표시로 보고, 아이가 울음을 멈추거나 감정을 무시하도록 가르치면서 자신이 아이를 돕고 있다고 믿는다. 아이가 학교 첫날에 대해 긴장 등의 두려움을 표현할 때는 "별일 아니야." 혹은 "괜찮을 거야."와 같이 말할 수 있다. 예민한 아이에게 이러한 접근법은 자신의 감정이 너무 지나치거나 자신이 너무 예민하다는 생각을 주입하며 수치심을 줄 수 있다. 또한 아이들의 머리에 위험한 교훈을 심어준다. 나쁜 감정을 완화하기 위해 도움을 요청해서는 안 되며 그렇게 하면 상황을 더 악화시킬 것이라는 인식이다. 하지만 아이에게는 주체할 수 없는 감정을 처리하는 것을 도와줄 사람들이 필요하다. 부모는 아이와 대화하고 경청할 필요가 있다.

어린 시절의 감정에 대한 무시는 감정 조절의 부족이 시작되는 지점이다. 감정을 무시하는 부모와 함께 자란 예민한 아이들은 감정을 조절하거나 감정에 반응하는 방법을 배우지 못한다. 스트레스와 고조된 감정은 감당하기 힘들어서 아이는 파괴적인 행동이나 신경 쇠약에 걸릴 때까지 감정을 드러내지 않고 억누르는 사고 패턴에 빠질 수 있다. 감정을 식별하는 법을 배우지 못해서 격렬하게 느끼는 것에 대해 수치심이나 당혹감을 느낄 수도 있다. 감정에 대한 무시는 오래 지속된다. 성인이 된 후에도 불필요한 죄책감, 자기 분노, 낮은 자신감, 깊은 개인적인 결함을 남길 수 있다.

특히 이러한 결과에는 성역할에 대한 고정관념이 큰 역할을 한다. 부모는 남자아이와 여자아이 모두로부터 다양한 감정을 수용하기보다는 각기 다른 방식으로 감정을 모델링한다. 여자아이들은 특정 감정이 받아들여지지 않는다는 것을 알기에 받아들여질 수 없는 감정을 '받아들여질 수 있는' 감정으로 대체한다. 예를 들어 단호히 요구하는 대신에 강아지 같은 애절한 눈을 보여주거나 분노보다는 슬픔을 보여준다. 반면 남자아이들은 감정을 드러내면 안 된다는 것을 학습하기에 감정을 조절하는 방법을 알지 못한다. 이는 남성의 분노를 설명하는 데 도움이 될 수 있다. 분노는 아마도 남성이 가장 억누르기 어려운 감정일 것이다.

남자아이와 여자아이는 부모의 다른 면을 보는 경향이 있다. 자료에 따르면 부모들은 아들보다 딸과 감정에 대해 더 많이 이야기한다. 또한 남자아이보다 여자아이에게 감정과 관련된 단어를 더 많이 사용하고, 특히 딸들과 슬픔을 나누는 것을 편안하게 여긴다. 아들은 체벌 양육을 겪고 부모의 분노 표시 외에는 감정과 관련한 대화를 거의 하지 못할 가능성이 높다. 모든 아이는 감정을 무시하는 부모의 양육법에 의해 피해를 당하지만, 연구자들은 남자아이들이 특히 이에 취약하다는 것을 발견했다.

감정 조절 기술에 집중하면 예민한 아이의 감정 발달을 도울 수 있다. 연구자들은 감정을 알아차리고, 감정의 강도를 조절하며, 감정을 관리하는 3가지 필수 감정 조절 기술을 발견했다. 이 기술들은 격한 감정에 대응하는 데 도움이 되며, 부모는 감정 코치로 자녀가 이러한 기술을 연습하도록 도울 수 있다.

감정 체크인 가르치기

감정의 강도를 알아차리고, 식별하며, 이해하는 능력은 아이가 자신의 감정을 파악하는 데 도움이 된다. 이 기술은 감정 조절에 중요하다. 예를 들어 언어를 사용해 감정을 표현할 수 있는 유아들은 스스로 말을 하거나 감정을 처리하는 것을 도와줄 수 있는 사람에게 의지해 스스로 힘든 감정을 조절할 수 있다.

이를 돕는 한 가지 방법은 '감정 체크인feelings check-in' 방법을 도입하여 아이가 어떤 감정을 경험하고 있는지 정기적으로 인식하도록 가르치는 것이다. 감정 체크인은 "지금 기분이 어때?"라고 묻는 것처럼 간단하게 할 수 있다. 아이가 "기분이 나쁘다."는 말 대신에 여러 단어를 사용해 구체적으로 설명할 수 있도록 하자. 피곤하다, 아프다, 실망했다, 마음의 상처를 입었다, 감당하기 벅차다 등으로 말이다(자녀가 감정에 대한 어휘를 확장하는 데 도움이 되는 무료 목록이 인터넷에 많이 있다). 그 다음에는 아이에게 식별된 감정의 강도를 관리하는 방법을 가르치도록 하자.

감정 온도계 사용하기

감정 조절을 배우지 못한 아이는 격렬한 감정이 끓어 넘치기 전에 멈추려고 애쓸 것이다. 이러한 감정을 억제하지 못하면 발차기, 고함, 짜증, 자기 안으로의 침잠, 기타 파괴적인 행동이 나타날 수 있다. 하지만 감정의 강도를 감지하는 법을 배우면 예민한 아이는 감정을 조절하고 건강한 방식으로 감정을 관리하는 데 도움이 될 것이다. 한 가지 간단한 방법은 아이의 변화를 알아차렸을 때 아이에게 말하는 것이다. "약간 조용해 보이네." 또는 "오늘 친구들과 놀고 싶지 않았구나."라고 말하는 식이다. 그런 다음 그 원인에 대해 말해보자. 만약 당신이 원인을 알고 있다고 생각되면, 부드럽게 이야기를 꺼내자. "아마 친구가 멀리 떠나게 돼서 슬픈 걸 거야."라고 말이다. 이런 식으로 아이가 감정을 주체할 수 없기 전에 자신의 감정을 알아차리는 법을 배울 수 있도록 돕자.

또한 '감정 온도계feelings thermometer'를 사용하여 아이에게 차갑거나 평온한 느낌부터 강한 감정을 나타내는 뜨거운 온도까지 온도계에서 자신의 감정이 어디에 있는지 물어볼 수도 있다. 온도계의 이미지는 아이가 자신의 감정을 시각화할 수 있는 동시에 감정을 묘사할 수 있는 간단한 방법이다(인터넷에 무료로 인쇄할 수 있는 온도계가 있으며, 당신만의 온도계를 만들 수도 있다). 감정 체크인과 마찬가지로 감정 온도계는 아이가 자신의 감정을 확인해 통제력을 더 쉽게 유지할 수 있다.

감정 관리 방법 가르치기

감정을 인식하고 강도를 낮춘 후 마지막 단계는 감정을 관리하는 방법을 익히는 것이다. 예민한 아이들은 삶의 많은 영역에서 격렬한 감정 반응을 경험하기 때문에 감정 관리 방법을 가능한 한 일찍 배우는 것이 좋다. 깊게 숨을 들이마시고 화나게 하는 것으로부터 한 발짝 물러서는 자신을 상상하기 등 아이가 통제력을 유지하고 감정을 가라앉히는 방법을 가르치는 데 사용할 수 있는 전략은 다양하다. 또한 머리 위에 보이지 않는 우산이 화나고 속상한 상황이나 말로부터 자신을 보호해 준다고 상상해 볼 수도 있다(4장에서 성인을 위한 과도한 자극을 다루는 방법들을 어린이에게도 사용할 수 있다).

이 방법들은 어릴 때부터 변화를 가져온다. 유치원과 초등학교에 다니는 동안 아이들은 감정 표현과 그에 따른 문화적으로 정의된 규칙들에 대해 더 잘 이해하게 된다. 예를 들어, 아이들은 실제보다 더 화가 난 것처럼 보이면 더 많은 동정심을 얻을 수도 있다는 것을 배운다. 반면 기분이 좋지 않을 때 미소 짓는 법을 배우거나 얼굴에 감정을 숨기는 법을 배울 수도 있다. 어린아이들은 감정 표현이 항상 자신이 느끼는 것과 일치할 필요는 없다는 것을 빨리 배운다. 이러한 경향은 청소년기로 갈수록 증가해서, 남자아이들은 슬픔을 억누르고 여자아이들은 분노를 감출 가능성이 커진다. 10대가 되면 아이들은 감정에 관한 다른 사람의 의견을 훨씬 더 많이 인식하게 된다. 부모인 당신은 지속적인 코칭과 감정 조절 기술을 통해 예민한 자녀가 이 시기에 건강한 감정 관리와 표현을 할 수 있도록 도울 수 있다.

노력과 인내의 결실

자녀의 환경은 덜 예민한 아이보다 더 큰 영향을 미칠 수도 있기 때문에 아이들이 좋은 삶을 살 수 있도록 도와야 한다. 아이가 어른이 되면 당신의 노력과 인내가 결실을 보고, 당신이 보살펴준 아이의 예민성이 최고의 모습을 보이는 것을 보게 될 것이다. 당신이 오늘 아이에게 마련해 주려고 노력하고 있는 사랑이 넘치고 응원을 아끼지 않는 가정은 아이가 미래에 성공과 행복을 이루도록 할 것이다.

8장

예민한 사람들의
업무 능력

어떤 분야에서든 진정으로 창의적인 사람은
비정상적이고 비인간적으로
예민하게 태어난 인간에 지나지 않는다.

－펄벅Pearl S. Buck

예민한 직원과 예민한 리더

자세히 보면 당신이 다니는 회사에서 예민한 직원들을 발견할 수도 있다. 아침 인사를 간단히 나누고 책상으로 돌아가는 직원일 수도 있고, 스트레스가 많은 업무에 마음을 추스르며 눈물을 참는 직원도 있을 수 있다. 이들에게 왜 화가 났는지 물어보면 의외의 대답을 들을 수 있다. 전화 회의가 감정적으로 너무 힘들어서 다른 일에 집중하는 것이 불가능하다거나 농담으로 한 말이긴 하지만 지저분한 책상에 대한 상사의 지적이 비수처럼 꽂힌 것이다. 책상이 어수선한 것은 감당하기 힘든 자극을 반영한다. 또는 끊임없이 오는 전화와 메시지 알림에 진이 빠지지만, 똑같은 상황에서도 다른 사람들은 일을 잘 처리해 나가고 있는 것 같아서 죄책감이 든다. 또는 불편한 의자, 책상을 반복적으로 두드리는 동료, 너무 밝은 형광등이 원인일 수도 있다.

예민한 사람들은 집에 돌아와서도 직장에서 경험한 감정들이 그림자처럼 뒤를 따라다니며 마음 한구석에 남아 있기 때문에 이를 처리해야 한다. 사무실에서 일하든, 교실에서 일하든, 매장에서 일하든 예민한 사람이 하루 중 휴식을 취하고 경험을 숙고할 수 있는 충분한 시간을 가지지 못하면 문제는 악화된다.

그러나 예민한 사람들이 직장에서 느끼는 스트레스에는 또 다른 측면이 있다. 이들은 누구와도 말이 통하지 않는 학생과 말이 통하는 사람일지도 모른다. 남들보다 많은 시간을 노력해서 고객을 감동시키고, 재미있는 수업 계획안을 짜며, 데이터를 깊이 파고드는 사람들일 수도 있다. 무언가 잘못되었을 때 '바로 알아차리고' 큰 문제가 되기 전에 작은 틈새를 찾아내기도 한다. 이들은 회사의 시간과 돈을 절약하고 의료 환경에서는 환자의 생명을 구한다. 상사를 포함한 주변 사람들에게 필요한 사항을 예측하는 데 능숙한 사람들이다. 예를 들어, 예민한 사람들은 팀원들이 녹초가 되었을 때 또는 중요한 고객이 만족하지 못할 때를 알아차릴 수 있다. 동료들은 그에게 자신의 좌절, 불안, 두려움에 대해 말해도 비판 없이 들어줄 것이라 생각하기에 예민한 동료에게 끌린다.

관리자와 리더인 예민한 사람은 직장에서 화합하는 분위기를 만들고 직원들이 성장하는 환경을 만들 수 있다. 혁신가, 투자자, 기업가인 예민한 사람들은 시장의 동향과 가능성 있는 시장의 틈을 발견한다. 간단히 말해 예민한 직원은 최고의 직원 중 한 명일 수 있다. 고용주는 '지나치게 예민한' 직원을 경계하기보다는 포용해야 한다.

　예민한 직원들에 대한 모습이 모순적으로 보인다면, 그것은 그들이 직장에서 자주 모순을 경험하기 때문이다. 한 설문조사에 따르면 예민한 사람들은 다른 사람들보다 더 많은 스트레스를 받음에도 가장 높은 성과를 낸다. 조직심리학 대학원생 바비니 슈리바스타바Bhavini Shrivastava는 직장에서 예민한 사람들을 연구하기 위해 인도 뭄바이의 한 대형 IT 회사에서 근무하는 직장인들을 대상으로 이 설문조사를 실시했다. 관리자들과 직원들의 설문 응답을 통해 그녀는 예민한 사람으로 분류된 직원들이 그렇지 않은 동료들보다 더 나은 성과를 내는 것으로 관리자들로부터 평가받는다는 사실을 발견했다. 그러나 예민한 직원들은 더 많은 스트레스를 받고 전반적으로 행복 점수가 더 낮았다. 우리가 알고 있는 '센서티브 부스트 효과'를 나타내는 결과이다.

　설문 조사에 따르면 많은 예민한 IT 전문가들이 이러한 스트레스 때문에 회사를 떠났을 가능성이 있지만, 그들의 역할이나 근무 환경이 조정되었다면 그대로 회사에 다닐 수 있었을 것이다. 앞서 살펴본 예민한 아이들의 경우와 마찬가지로, 환경은 예민한 직원들에게 정말 중요하다. 환경에 따라 예민한 직원들은 최고의 인재가 될 수도 있고 스트레스로 인해 번아웃될 수도 있다.

직장에서 당신의 강점과 스트레스 요인은 무엇인가요?

"교수님이 아니었으면 학기를 마칠 수 없었을 거라는 말을 학생들에게서 들은 적이 있습니다. 힘든 시점에 다른 교수님들에게서는 받지 못했던 공감과 이해를 보여줘서 감사하게 생각한다고 말하더군요. 단점은 제가 학생들의 삶에서 일어나는 안 좋은 상황들에 대해 지나치게 신경을 쓴다는 것이에요. 학생 중 한 명이 사적인 생활에서 어려움을 겪고 있다고 말하면 지나치게 감정적이며 걱정이 돼요." —셸비, 대학 교수

"영업직에서 12년 동안 일하면서 매우 성공적이었어요. 하지만 그 기간의 대부분 피로하고 지친 상태로 보냈죠. 저의 장점은 인간관계를 형성하는 능력이에요. 고객이 어떻게 느끼는지를 상상할 수 있기 때문에 빠르게 신뢰를 쌓을 수 있어요. 저는 또한 매우 양심적이기 때문에 마감일을 절대 놓치지 않아요. 하지만 하루 종일 사람들과 소통하느라 지칠 때가 많아요. 휴대 전화가 울리고, 이메일이 날아오고, 사람들이 찾아오는 등 항상 많은 일이 일어나고 있어요!" —엠마, 채용 및 영업 담당

"저는 고객이 안심하고 어려움을 털어놓을 수 있는 분위기를 만들 수 있어요. 이를 통해 문제의 원인을 신속하게 파악해서 좋은 결과를 가져오는 변화를 만들 수 있어요. 그리고 제 예민함은 각 고객에게 가장 잘 맞는 접근법을 찾는 데 도움이 돼요. 가장 큰 어려움은 고객을 만나는 사이에 재충전할 수 있는 휴식 시간 없이 일정이 계속해서 잡히는 것이에요. 휴식 없이 빠른 속도로 일하면 모든 고객의 감정을 스펀지처럼 흡수할 가능성이 훨씬 더 높고, 정신적, 정서적으로 고갈돼요." —대프니, 임상 보건 코치

예민한 직장인의 업무 환경

그렇다면 기업은 예민한 직원이 일을 잘하는 데 필요한 환경을 어떻게 만들 수 있을까? 어떻게 하면 최고의 성과를 낼 수 있는 잠재력을 가진 직원을 잃지 않을까? 직장에서는 물리적 환경과 정서적 환경이라는 2가지 요소를 고려해야 한다.

앞서 살펴보았듯이 예민한 사람들은 조용한 물리적 환경에서 가장 업무 능률이 높다. 직장에서는 편안하고 효과적으로 일할 수 있는 능력을 가로막지 않는 정도의 자극이 필요하다. 주변의 소음, 동료 직원들의 움직임, 밝은 조명, 딱딱한 의자 등은 예민한 사람들을 자극하는 예이다. 동료의 진한 향수와 같이 다른 사람들에게는 사소한 것이 예민한 사람에게는 집중력을 잃게 한다. 하지만 예민한 사람들은 환경에 대한 변화를 요청하는 것을 어려워한다. 그들의 뇌는 주변의 많은 사람과는 다르게 구조화되어 있기 때문이다.

일반적인 업무 공간은 예민한 사람의 신경계를 염두에 두고 있지 않기 때문에 예민한 사람에게 맞는 환경을 만드는 것이 어려울 수 있지만, 그것을 더 잘 수용할 방법이 있다. 모든 직원이 스트레스를 덜 받는 환경은 예민한 직원들에게 더 크게 도움이 될 것이다. 물론 환경은 근무처에 따라 다를 것이다. 예를 들어, 재택근무를 하는 경우 사무실이나 콜센터와 같은 협업적인 근무 환경에서 일할 때만큼 많은 잠재적인 방해 요소에 직면할 수 있다.

당신이 예민한 직원이라면 다음과 같이 방법이 도움이 될 것이다.

- 근무 공간(집에서 작업하는 경우 집 주변)의 시각적으로 어수선함을 줄이거나 제거하기
- 사무실 문(있는 경우라면)을 최대한 활용해 주변 소음을 차단하기
- 좋은 소음 차단 헤드폰 구매하기
- 공기 청정기를 사용해 답답한 공기와 알레르기 유발 항원을 감소시키기
- 근무 공간을 차분하거나, 영감을 주는 방식으로 꾸미기(가능한 경우라면)
- 스트레칭, 물 한 잔 마시기, 간식 먹기, 걷기 등으로 정기적인 휴식을 취하기

집에서 일하는 경우라면 당신에게 가장 적합한 물리적 환경을 훨씬 더 자유롭게 만들 수 있다. 백색 소음이나 마음을 가라앉히는 음악을 틀어놓거나 파티션을 설치해 소음을 차단할 수도 있다. 또한 집을 같이 쓰는 사람이나 가족과 조용한 시간(모두가 소음을 줄이고 서로를 방해하지 않기로 동의하는 시간)을 정하면 도움이 될 수 있다.

또한 예민한 사람들은 물리적 환경에서 자신에게 필요한 것을 이해해주는 동료나 적어도 관리자가 필요하다. 당신이 예민한 사람들의 고용주라면 규칙은 간단하다. 그들에게 근무 공간에 대한 통제권을 최대한 많이 부여하면 된다. 사무실의 조용한 구석에서 일하거나, 다른 직원들이 적은 시간에 일찍 오거나 늦게까지 일하거나, 일주일에 며칠간 재택근무를 할 수 있도록 허용하는 것도 좋다.

열린 의사소통은 또 다른 중요한 방법이다. 예민한 사람들은 종종 다른 사람들의 감정에 대해 걱정하고, 부담을 주거나 불편함을 주고 싶지 않기 때문에 자신에게 필요한 사항에 대해 목소리를 내지 않을 수도 있다. 예민한 직원들은 편의를 요청하는 것이 불편하면 현재의 환경에 갇혀 있다고 느낄 수도 있다. 그러니 정기적으로 모든 직원에게 업무를 더 잘 수행하기 위해 필요한 사항이 있는지 물어보고, 이상하게 생각되는 요청이라도 판단을 유보하자. 이처럼 일상적으로 소통하면 예민한 직원들은 무엇 때문에 스트레스를 받고 효과적으로 일하는데 방해가 되는 것이 무엇인지 더 쉽게 말하게 될 것이다.

예민한 직장인의 정서 환경

사람과의 관계는 예민한 사람들이 직장에서 직면하는 가장 큰 어려움이다. 물리적 방해 요소는 차단할 수 있지만, 주변 직원들의 감정과 태도를 잠재울 수 있는 방법은 없다. 직장 문화가 좋지 못하다면 사무실 안에서 일어나는 감정들이 가장 지치게 한다. 서로 다른 성격, 에너지 수준, 요구 사항에 대처하기란 누구에게나 어려운 일이지만, 예민한 사람들에게는 그것이 정신 건강에 엄청난 영향을 미칠 수 있다. 시끄럽고 스트레스가 많은 업무 환경에 마감 기한이 촉박하고 압박이 많은 환경까지 더해지면 예민한 직장인은 금방 지쳐버릴 수 있다.

그리고 예민한 사람은 주변 사람들의 감정에 쉽게 영향을 받는다. 직장에서는 약 8시간(또는 그 이상) 동안 다른 사람들과 함께 있는 경우가 많다. 사람들은 종종 스트레스를 받고, 마감일에 대해 걱정하며, 긍정적인 감정과 부정적인 감정 등 다양한 감정을 느낀다. 그런 감정들을 흡수하면 자신의 일에 집중하는 데 어려움을 겪을 수 있다. 이러한 감정을 집으로까지 가져오면 정신적, 심리적 부담이 가족 관계를 긴장시키고 삶의 질이 저하될 수 있다. 마찬가지로, 예민한 사람은 양심적이고 다른 사람들을 기쁘게 하고 싶어 하기 때문에 자신의 욕구와 동료들의 욕구 사이에서 끊임없이 줄다리기해야 하는 것에 질릴 수도 있다.

따라서 적합한 물리적 근무 환경이 필요하듯이, 예민한 직원들은 적합한 정서적 환경이 필요하다. 이를 위해 건강한 경계를 설정하고 자신이 필요로 하는 것에 대해 목소리를 높이는 것이 좋다. 사무실에서 튀는 사람이 되는 것을 좋아하는 사람은 아무도 없지만(예민한 사람이라면 더욱), 직접적인 의사소통은 다른 사람들이 나의 욕구를 이해하게 하는 가장 좋은 방법이다. 다음은 회사에서 경계를 설정하는 데 사용할 수 있는 몇 가지 예시이다.

예민함의 힘

- "질문에 대해 생각할 시간이 필요합니다. 나중에 말씀드릴게요."
- "지금 좀 힘이 들어서 주신 피드백에 집중하기가 어렵습니다. 잠깐 쉬었다가 이야기 나누시죠."
- "제가 도와 드릴 수 있다면 좋겠지만, 이번 주말에는 추가 근무를 할 수 없습니다."
- "흥미로운 프로젝트 같지만, 마땅한 시간을 낼 수 없을 것 같아요."
- "이 프로젝트의 중요성은 알겠는데 저는 지금 X, Y, Z 작업도 하고 있습니다. 이 중 어느 것을 잠시 멈출까요?"
- "의도하신 건지는 모르겠지만, X라고 말씀하셨을 때 마음이 불편했습니다."

예민한 사람도 덜 예민한 동료만큼이나 소중한 가치를 가지고 있다. 예민한 사람이라고 해서 고쳐야 할 것은 없다. 만약 나 자신이 문제가 있다고 믿는다면, 다른 사람들도 그렇게 생각하고 나를 대할 것이라고 예민한 사람들을 위한 커리어 코치인 린다 빈스_{Linda Binns}는 말한다. 오히려 예민한 사람은 자신이 가진 많은 재능을 포용하는 것이 중요하다. 빈스는 "자신을 이런 식으로 보면 자신감이 생기고, 자신에게 필요한 것을 알고 요구하게 되며, 경계를 잘 설정할 수 있어요. 다른 사람들도 자연스럽게 당신에게 더 긍정적으로 반응하기 시작하고, 그렇게 되면 당신의 자신감은 더욱 커질 거예요."라고 설명한다. 이러한 자신감은 최고의 업무 수행에 필요한 환경을 요구하는 데 도움이 된다.

의미 있는 일에 대한 열망

예민한 사람들은 적절한 업무 환경뿐 아니라 업무의 의미에 대한 욕구도 높다. 그들은 단순히 월급을 모으기보다는 다른 사람들을 변화시키고 공익에 기여하고 싶어 한다. 물론 예민함에 상관없이 자신의 일이 무의미하다고 생각하는 사람은 없지만, 많은 예민한 사람들은 의미 있는 일에 대한 필요성을 강하게 느끼고 그것을 중심으로 삶 전체를 조직한다. 작가이자 예민한 사람인 앤 마리 크로스트와이트Anne Marie Crosthwaite는 "그들은 의미를 찾으며, 의미를 느끼지 못하는 일은 선뜻 하지 못한다."라고 말한다.

의미 있는 직업은 행복하고 예민한 삶의 핵심적인 부분이다. 그렇다면 의미 있는 일이란 정확히 어떤 것일까? 대답은 사람마다 다르겠지만, 일반적으로 자신이 하는 일이 자신이라는 존재를 넘어서 더 높은 목적에 기여한다고 느낄 때를 의미한다. 더 높은 목적이란 생명을 구하고, 기후 변화에 맞서 싸우며, 누군가의 하루를 조금 더 원활하게 하는 데 기여하는 것 등일 수 있다.

목적의식을 갖는 것은 만족감을 주면서도 가치 있는 일이다. 목적의식은 개인의 행복과 회사의 수익에 기여한다. 경영 컨설팅 회사 맥킨지의 연구에 따르면, 직장에서 강한 목적의식을 느끼는 직원들은 더 건강하고 회복 탄력성이 높다. 당연히 업무에 대한 만족도도 높다. 업무 만족도는 생산성 향상과 관련이 있다. 추산에 따르면 의미 있는 업무는 직원 1인당 연간 9,078달러(약 1,183만 원)의 추가 수익을 창출한다. 또한 기업은 만족하는 직원을 더 오래 고용하여 연간 직원 1만 명당 평균 643만 달러(약 83억 8,000만 원)의 이직 관련 비용을 절감한다. 여기서 우리는 의미 있는 일의 가치를 본질적으로 알고 있는 예민한 사람들로부터 또 다른 교훈을 얻을 수 있다.

그러나 의미 있는 일의 모든 이점에도 많은 예민한 사람들은 자신의 일이 가치 있거나 중요하다고 느끼지 않는다고 말한다. 그렇다면 예민한 사람이 자신의 일을 좀 더 의미 있게 만들 수 있는 몇 가지 방법을 살펴보자.

그들에게 가장 좋은 직업

센서티브 레퓨지의 독자들은 예민한 사람들에게 가장 좋은 직업을 말해달라고 요청하곤 한다. 순서대로 나열하면 다음과 같다.

- 당신이
- 하고
- 싶어 하는
- 일이라면
- 모두 다

그렇다. 예민한 사람에게 의미 있는 일을 만들어줄 마법의 직업 목록은 없다. 예민한 사람은 CEO에서 건설 노동자에 이르기까지 어떤 자리에서도 잘할 수 있다.

하지만 예민한 사람이 다른 사람들보다 더 끌리는 특정 직업들이 있는데, 공감, 창의력, 세심한 주의력을 활용할 수 있는 직업들이다. 예민한 사람들은 치료사, 선생님, 의사, 간호사, 성직자, 보육 또는 노인 돌봄 서비스, 마사지 치료사, 라이프 코치 등 타인을 돌보는 직종에서 뛰어난 능력을 보인다. 알레시아는 병원의 행동 건강 부서에서 레크리에이션 치료사로 일하는 예민한 사람이다. 환자들의 정서적 요구에 잘 대응할 수 있는 것은 그녀가 예민하기 때문이다. "특정 치료를 하기 위해 준비된 방에 들어갔다가 환자들이 어떻게 느끼는지에 따라 치료 방법을 완전히 바꾼 적이 많아요."라고 그녀는 말했다. 그러나 돌봄 직업은 대개 높은 수준의 스트레스와 돌보는 대상으로부터의 감정의 영향이 있기 때문에 모든 예민한 사람에게 적합한 것은 아니다. 알레시아는 돌보미 번아웃caregiver burnout[타인을 돌보는 사람들이 겪는 번아웃 증상-옮긴이]이 심각한 도전이라고 말을 이었다. "다른 사람들에 대한 과도한 불안은 지치는 일이에요. 이런 상황에서 매일 일하다 보면 저녁에는 말을 하고 싶지 않아져요. 저는 두 명의 10대 아이들이 있는 싱글맘인데, 집에 오면 아이들에게 잘해주지 못해서 미안해요."라고 말이다.

예민한 사람들은 글쓰기, 음악, 예술 같은 창의적인 직업에서도 뛰어나다. 실제로 세계에서 가장 성공한 예술가 중에도 예민한 사람들이 있다. 에미상과 골든 글로브상을 여러 번 수상한 배우 니콜 키드먼을 예로 들어보자. 그녀는 자신이 매우 예민한 사람이며, '배우들은 대체로 매우 예민한 사람들'이라고 말한다. 하지만 자신들의 삶과 일에 대한 끊임없는 비판에는 '둔감해져야' 한다고 말한다. 자신이 예민하다고 말하는 다른 유명한 창의적인 예술가에 는 돌리 파튼, 로드, 엘튼 존, 요요마, 앨라니스 모리셋, 브루스 스 프링스틴 등이 있다. 창의적인 사람들은 모순적으로 보이는 몇 가 지 특성을 가지고 있다. 유명한 심리학자 미하이 칙센트미하이Mihaly Csikszentmihalyi는 그들은 예민하지만 새로운 아이디어와 경험에 개방 적이라고 말한다. 이러한 이중적인 특성은 그들이 감정적으로 취약 하고 쉽게 압도될 수 있지만 동시에 카리스마 있고 인상적인 모습 을 보이는 이유를 설명한다. "창의적인 사람들이 가진 개방성과 예 민성은 고통뿐 아니라 많은 즐거움을 불러옵니다."라고 칙센트미하 이는 말한다.

사람, 주변 환경, 엑셀의 숫자 등 세부 사항에 주의를 기울여야 하는 직업 또한 예민한 사람에게 적합할 수 있다. 이벤트 기획, 회 계, 재무, 연구, 과학, 건축, 원예 및 조경, 무역 업무, 법률, 소프트웨 어 개발과 같은 분야가 그 예이다. 자신이 사회성이 있고, 감정에 예 민하며, 예술 감각이 있다고 설명한 예민한 여성은 일부러 이 모든 것과는 정반대되는 직종인 금융 시스템 분석가를 선택했다고 말한 다. 하루 종일 숫자를 다루는 일은 그녀를 진정시키고 감정적인 측 면에서 휴식을 준다.

예민한 사람에게 이상적인 일은 직업이 아닐 수도 있다. 《매우 예 민한 사람을 위한 직업Making Work for the Highly Sensitive Person》의 저자인 배리 예거Barrie Jaeger는 예민한 사람들에게 자영업을 권하는데, 그녀 의 예민한 고객 중 많은 사람이 전통적인 직업보다 자영업에 더 만 족한다고 말하기 때문이다. 자영업은 디자인, 사진, 비디오, 가구 복원, 소셜 미디어 관리, 창업, 컨설팅, 또는 현재 직업의 프리랜서 버전이다. 자영업의 장점은 예민한 사람들이 업무 환경과 일정을 통제해 과도한 자극을 덜 받는다는 점이다. 물론 정기적인 급여가 부족한 점, 특정 직종에 있어서는 마케팅과 네트워킹이 필요해 기운이 소진될 수 있다는 점 등 단점도 있다. 따라서 다른 일들과 마찬가지로 자영업에 적합하지 않은 예민한 사람들도 있을 것이다.

다시 말하지만, 예민한 사람들은 여기에 언급하지 않은 직업들을 포함해 하고 싶은 어떤 일도 할 수 있다. 하지만 올바른 진로를 선택할 때 확실히 피해야 할 몇 가지가 있다. 이러한 것들은 신경계에 큰 타격을 주고 과도한 자극과 번아웃을 야기할 것이다. 게다가 예민한 사람이 의미 있는 찾고자 하는 것에 반할 수 있다. 다음의 특성이 많은 직업은 피하는 것이 좋다.

- 갈등 또는 대립
- 경쟁, 높은 위험 또는 극단적인 위험
- 소음이 많거나 바쁜 물리적 환경
- 휴식 시간이 거의 없는 사람들과의 상호 작용
- 더 큰 임무에 대한 명확한 연결이 없는 반복적인 업무
- 해로운 회사 문화 또는 불건전한 경영 스타일
- 돈을 위해 당신의 원칙을 내려 놓으라는 요구

안타깝지만 거의 모든 직업에서 이 중 일부(또는 전부)의 특성을 경험할 것이다. 중요한 것은 이런 일들이 일진이 안 좋은 날(또는 안

예민함의 힘

좋은 날들의 연속)에만 일어나는 것이 아니라 정기적으로 일어나는 직업을 피하는 것이 핵심이다. 자신에게 귀를 기울여보자. 나의 감정과 직관은 과도한 자극이 만성적인지 아니면 단지 가끔 있는 것인지를 알려줄 것이다. 예민한 사람이라면 바쁜 일과가 끝난 후 육체적 피곤함과 정신적 피로를 느낄 수 있다. 하지만 업무 중에 만성적으로 과도한 자극을 경험하는 것은 다른 문제다. 몸에서 느껴지는 신체적인 감각에도 주의를 기울이자. 근육통과 긴장, 배탈, 가슴이 조이는 느낌, 수면 장애, 통증, 피로를 자주 경험하고, 이러한 증상들에 질환이나 감염과 같은 명확한 신체적 원인이 없다면, 신체가 나와 소통하려는 또 다른 방법일 수 있다.

딥 워크와 느린 생산성

이런저런 이유로 항상 완벽한 직업을 선택할 수는 없다. 살고 있는 지역에 취업 기회가 제한되어 있거나, 원하는 일에 대한 학위나 교육을 받지 못했을 수도 있다. 일정 기간 계약 기간에 묶여 있을 수도 있다. 또는 여러 가지로 고려해 볼 때 지금 당장 직업을 바꾸는 것은 현실적이지 않을 수도 있다. 의미 있는 경력을 쌓기까지는 시간이 걸리고, 때에 따라서는 평생이 걸릴 수도 있으며, 지불해야 할 청구서가 있기 때문에 많은 사람들이 그다지 이상적이지 않은 직업을 일시적으로 받아들인다. 저자인 우리 두 사람 또한 생활비를 벌기 위해 다양한 일을 했다. 젠은 건물 청소를, 안드레는 요리사로 일했다. 어떤 이유에서건 만약 당신이 현재의 직업을 유지하기로 선택한다면, 그 일을 더 의미 있고 덜 자극적으로 만드는 방법들이 있다.

예민한 사람들이 시도할 수 있는 한 가지 방법은 더 많은 공간, 특히 정신적 공간을 구축하는 것이다. 정신적 공간은 방해 없이 일에 집중할 수 있게 해준다. 누구에게나 정신적 공간이 있으면 일을 더 잘할 수 있지만, 특히 예민한 사람에게는 깊이 생각하며 일을 가장 잘하기 위해서 차분하고 편안함을 느낄 수 있는 정신적 공간이 필요하다. 정신적 공간은 직업마다 다르다. 시스템 분석가에게는 이메일이나 회의에 방해받지 않고 조용히 자신의 업무에 집중하는 것일 수 있다. 자동차 정비사에게는 차고에서 일어나는 다른 일들에 신경을 끊고 자신이 작업하고 있는 차에 집중하기 위해 음악을 크게 틀어놓는 것일 수 있다.

안타깝게도 현대의 사무실 환경에서는 정신적 공간을 확보하기가 특히 어려울 수 있다. 교수이자 베스트셀러 작가인 칼 뉴포트는 그 이유를 인간의 본능 때문이라고 말한다. 인간은 누구나 무언가를 성취하고 과제가 완료되는 것을 보고 싶어 하는 본능이 있으며, 프로젝트를 완료했을 때 가장 큰 만족감을 느낀다. 그러나 많은 직장인에게 진정한 의미의 완성은 결코 이루어지지 않는다. 절대 비는 일이 없는 받은 편지함, 자는 동안에도 울리는 업무용 메신저 알람, 유용성이 의심스러운 회의들로 가득 찬 달력을 생각해보자. 이메일과 메신저로 오는 요청 사항들을 처리하고 나면 잠깐 기분이 좋지만, 몇 초 후에 다시 새로운 요청 사항들이 온다. 뉴포트는 이런 과정에서 우리의 수렵 채집 뇌가 겁을 먹기 시작한다고 말한다. "아직 사냥이 안 끝났어! 수확을 해야 해! 사람들은 나에게 의지하고 있어!"라고 말이다. 하지만 사냥은 절대 끝나지 않을 것이고, 우리의 수렵 채집 뇌는 이 모든 걱정이 무의미하다는 것을 알지 못한다. 그래서 뇌는 머릿속에서 계속 소리치고, 우리는 이메일과 메신저 사이를 분주히 오가며 우리의 정신적 공간은 사라진다(심지어 닫힌 문이 있는 개인 사무실에서도).

뉴포트는 이런 업무 방식을 '하이브 마인드 활동과잉hyperactive hive mind'이라고 부른다. 이론적으로 볼 때 지식 노동자들이 협업하는 방식이기 때문이다(모든 메시지와 회의가 그런 목적이다). 그는 "이건 재앙입니다. 이 업무 방식은 우리를 지치게 하고, 명확하게 생각할 수 없게 하며, 우리를 비참하게 만듭니다."라고 말했다. 예민한 사람들에게는 과도한 자극보다 끊임없는 소통을 의미하는 하이브 마인드가 훨씬 더 나쁘다. 뉴포트는 "공감의 관점에서 볼 때, 무수히 많은 사람에게 바로 응해줄 수 없기 때문입니다. 논리적으로는 긴급한 이메일들이 아니라는 것을 안다 해도, 마음이 편치 않습니다. 나를 필요로 하는 사람들이 있다는 것을 알고 있기 때문입니다."라고 말한다. 답장을 하지 못한 이메일은 누군가를 실망시키는 것처럼 느껴진다.

뉴포트는 경험과 실천으로 자신이 집중할 수 있는 환경을 만들었다. 그는 깊게 집중할 수 있는 방식을 연구해왔고, 다른 사람들에게 이를 가르쳐왔으며, 최대한 '피상적이고' 감당하기 버거운 업무들을 없애 왔다(예를 들어 뉴포트의 웹사이트에는 단일화된 문의 양식 대신에, 사항에 따라 직원들과 자신에게 문의 사항을 전할 수 있는 다양한 연락처 목록을 두어 중요한 일에 집중할 수 있도록 했다. 그는 자신이 예민한 사람이기 때문에 우리를 위해 시간을 냈다고 말했다. 그리고 예민함이 그가 작가로 성공한 이유라고 말했다).

뉴포트는 하이브 마인드 활동과잉이 일을 잘하는 데 필요하지 않으며, 심지어 사무직이나 기술 중심의 경제 환경에서도 필요하지 않다고 말한다. 이러한 업무 방식은 생산성을 저해하기 때문에, 하이브 마인드 활동과잉은 일상적인 정신 건강에 해로울 뿐만 아니라 고용주에게도 해롭다. 그는 조직의 대부분 이메일을 계속 처리하거나 꼬리를 무는 회의에 참석하는 등 가치가 낮은 업무에 많은 시간을 할애하는 것을 원하지 않는다고 말한다. 하지만 많은 직원이 목표가 모호하고 방향성이 충분하지 않기 때문에 기본적으로 이러한 업무에 빠지는 경향이 있다.

이에 대한 대안은 '느린 생산성slow productivity'이다. 느린 생산성은 더 적은 일을 하지만 더 잘 해내는 기술이다. 하이브 마인드는 정신적 공간을 삼켜버리지만, 느린 생산성은 정신적 공간을 키운다. 느린 생산성은 예민한 사람들에게 이상적인 모델이다. 그것은 세심한 계획, 사려 깊은 의사 결정, 높은 수준의 완벽성 등 예민한 사람들이 가장 잘할 수 있는 요소에 의존하기 때문이다. 특히, 느린 생산성은 방해받지 않고 가치가 높은 업무에 집중해서 장시간 일하는 데 도움이 된다. 뉴포트를 이를 '딥 워크deep work'라고 이름 지었다. 받은 편지함을 정리하는 것은 피상적인 작업이다. 그것은 하이브 마인드 활동과잉로 돌아가는 것이다. 반면, 한 시간 동안 전화기 등 접촉을 차단하고 프리젠테이션 슬라이드를 마치는 것이 딥 워크이다.

예민한 사람들의 딥 워크

뉴포트는 우리가 생각하는 것보다 업무 방식에 더 많은 자율성을 가질 수 있다고 말한다. 어느 정도의 느린 생산성은 허가가 필요하지 않을 수 있다. 상사와 이야기하지 않고도 느린 생산성을 실행할 수 있다. 그는 다른 사람에게 직접적인 영향을 미치지 않는 범위 내에서 업무 방식을 바꿔 보기를 권한다. 딥 워크를 하는 한 시간 동안은 이메일과 메신저를 보지 않거나 하루에 두 번만 이메일과 메신저를 확인하는 것이다. 사실 그는 동료들에게 이러한 변화에 대해 말하지 말라고 조언한다. 동료들이 눈치채지 못할 가능성이 높고, 불편을 끼친다는 오해를 피할 수 있기 때문이다.

마찬가지로 뉴포트는 당신의 업무 방식의 변경에 대해 상사에게 말한다면, 상사의 의견을 듣고자 한다는 프레임을 짜고, 적정 균형에 대해 명확히 설명하라고 말한다. 적절한 대화의 예시는 다음과 같다.

"제가 해야 할 딥 워크와 피상적인 업무의 비율에 대해 이야기하고 싶습니다. 딥 워크는 프로젝트에서 제가 맡은 부분을 끝내거나 업무 계획을 마무리하는 것입니다. 피상적 업무는 이메일에 답장하고 회의에 참석하는 것과 같은 일입니다. 둘 다 중요하지만 제 업무에서 이상적인 비율은 어느 정도일까요?"

이는 이메일이나 회의 요청이 너무 많다(상사가 보내고 요청하는 경우가 아마도 많을 것이다)고 말하는 것과는 완전히 다른 대화이다. 상사가 중요하게 여기는 목표에 집중하는 것이다. 예상보다 훨씬 더 많은 동의를 얻을지 모른다. 그렇다면 당신은 이제 더 많은 회의를 거절하거나 문을 닫고 딥 워크를 해도 좋다는 허락을 받은 것이다. 이 제안은 단순한 이론이 아니다. 독자들에게 상사들과 이처럼 대화하도록 조언한 후, 뉴포트는 독자들이 매우 견고 부동한 문화가 있는 곳이라고 생각했던 직장에서조차도 놀라운 변화가 있었다는 수많은 피드백을 받았다. 많은 경우 상사는 아이디어를 받아들여 비율을 계산해 반나절 동안 집중할 수 있는 시간을 주었다. 심지어 내부 이메일을 아예 금지하기도 했다. "불가능하다고 생각했던 일들이 일어났습니다. 타당한 근거가 있으니까요."라고 뉴포트는 말한다. 이처럼 직장 업무 문화의 변화를 가능하게 하는 것 또한 예민한 사람들이 타고난 잡 크래프터job crafter이기 때문이다.

잡 크래프팅: 지루한 일을 의미 있는 일로 바꾸기

에이미 브제스니브스키Amy Wrzesniewski 교수는 무엇이 일을 의미 있게 만드는지 알아보고자 가장 화려하지 않은 직업 중 하나인 병원 청소부들을 만나기로 했다. 그녀는 그들이 더럽고 반복적이며 사람들이 감사해할 줄 모르는 자신들의 일에 만족하지 못할 것이라고 예상했다. 실제로 그녀는 불평하는 청소부들을 많이 발견했지만, 예외도 있었다. 몇몇 청소부들은 자신의 직업에 대해 열정적으로 말했다. 그들은 스스로를 병원의 홍보대사로, 심지어 환자들의 증세가 호전될 수 있도록 병원을 소독하는 치료사라고 표현하기도 했다. 그들은 일을 즐길 뿐 아니라 성취감을 느꼈다.

이러한 모습에 흥미를 느낀 브제스니브스키는 그들을 따라다니며 무엇이 차이를 만드는지 알아봤다. 그녀는 차이를 보이는 청소부들이 다른 청소부들과 같은 일을 하지만 의미 있는 다른 일을 추가하기 위해 노력한다는 것을 발견했다. 일부 직원은 면회객이 없는 환자에게 시간을 할애해 이야기를 나누곤 했다(한 직원은 퇴원한 지 오래된 환자와 편지를 주고받기도 했다). 환자의 건강을 자극하지 않기 위해 청소 화학물질이 환자들에게 어떤 영향을 미치는지 알아본 직원도 있었다. 한 직원은 환자의 뇌를 자극하는 데 도움이 될지 모른다는 생각에 중환자실 병동의 예술 작품의 위치를 바꿔보기도 했다. 이 모든 일들은 업무 외적인 것들이었다. 이러한 노력은 그들의 일이 왜 중요한지, 청소부들이 어떻게 환자들의 편의를 위해 진심으로 일하고 있는지를 보여주었다. 이 직원들은 일의 의미란 우리가 어떤 일을 하는가에 달려 있는 것이 아니라 어떻게 하는가에 달려 있다는 것을 보여주었다.

이러한 이해와 다른 연구를 통해 브제스니브스키는 평범한 일을 의미 있는 일로 바꾸는 기술인 '잡 크래프팅job crafting'을 개발했다. 그녀는 잡 크래프팅이 운전석에 앉아 운전대를 잡고 자신의 직업에 대해 생각하는 방법이라고 말한다. 그 이후로 수많은 연구를 통해 잡 크래프팅이 사무직부터 숙련된 전문직, 심지어 스트레스를 많이 받는 CEO에게도 효과가 있다는 것이 입증되었다.

잡 크래프팅이 효과적인 이유는 딥 워크와 마찬가지로, 허가가 필요 없기 때문이다(물론 상사의 동의를 얻으면 더 많은 옵션이 제공되지만 시간이 걸릴 수 있다). 잡 크래프팅은 성과를 향상시키기 때문에, 변화를 인식한 상사들은 직원들의 잡 크래프팅을 응원한다. 예민한 사람들은 잡 크래프팅에 뛰어나다. 연구자들이 잡 크래프팅의 성공과 성격 특성을 비교한 결과, 공감, 정서 지능, 호감, 양심 등 예민한 사람들에게 공통적으로 나타나는 특성과 상관관계가 있음을 발견했다. 이러한 이유로 많은 예민한 사람들은 타고난 잡 크래프터이다.

잡 크래프팅의 효과

잡크래프팅의 일부분은 자신이 하는 일에 대한 인식을 바꾸고 그 일이 더 높은 목적과 연결될 수 있는 방법을 찾는 것을 의미한다. 이 단계가 직업을 바꾸는 대신 현재 직업을 즐기도록 하는 정신 승리처럼 들린다면 부분적으로 맞다. 물론 자신의 직업에 대해 어떻게 생각하느냐에 따라 직업에 대한 느낌도 크게 달라지지만, 잡 크래프팅은 실제적인 결과도 가져온다. 업무에 대한 비전과 자신이 할 수 있는 일을 확장하는 이러한 인식의 변화는 시간이 지남에 따라 자신의 역할을 변화시킬 수 있는 경우가 많다. 매일 일을 하는 측면에서는 실질적인 변화를 가질 수 있고, 멀리 보면 다음에 승진과 같은 더 많은 기회를 얻을 수 있다.

'인지 크래프팅cognitive crafting'이라고 불리는 잡 크래프팅에는 2가지 정신적 변화가 수반된다. 첫째, 자신의 힘에 대한 관점을 확장한다. 자신의 직무 경계를 바꿀 수 있는 힘이 자신에게 있다는 사실을 받아들이는 것이다(이 단계는 어떤 의미에서 스스로 직업을 창조할 수 있는 권한을 부여하는 것이다). 둘째, 자신의 역할에 대한 관점을 확장한다. 많은 사람이 자신의 직무를 구인 공고에 명시된 특정 업무로 간주한다. 그러나 이런 관점에서는 의미 있는 업무를 수행할 수 있는 능력이 직무 설명에 의해 제한된다. 당신에게는 공식적으로 주어진 업무를 뛰어넘는 결과를 만들어낼 힘이 있으며, 이런 생각을 바탕으로 자신의 직무를 정의해야 한다.

예를 들어 간호사의 직업은 본질적으로 의미 있는 것처럼 보이지만, 카테터 삽입과 같은 기술이나 체크리스트 같은 암기식 업무와 같이 주어진 작은 그림의 업무에 초점을 맞추면 사람을 치유한다는 더 큰 목적과 멀어지게 된다. 같은 업무를 큰 틀에서 바라보는 간호사는 "나는 환자를 치료하는 팀의 일원이다." 또는 "나는 모든 환자에게 가능한 최고의 결과를 제공한다."라고 말할 수도 있다. 이러한 큰 그림으로 자신의 역할을 설명하면, 직무 기술서를 넘어서는 의무가 생기게 된다. 차트에 표시되지 않은 문제를 확인하거나, 환자에게 질문하고 치료와 직접 관련이 없는 환자의 요구 사항이 해결되도록 도와주거나, 환자를 대신해 환자의 입장을 대변할 수도 있다. 다시 말해서, 모든 환자가 원하는 요소를 갖춘 간호사가 될 수 있다. 이러한 패턴은 모든 직업에서 반복된다. 영양가 있는 요리를 만드는 것이 자신의 일이라고 생각하는 요리사도 있고, 삶을 변화시키는 제품을 만드는 것이 자신의 일이라고 생각하는 부사장도 있다.

그렇다고 해서 잡 크래프팅에 장애물이 없는 것은 아니다. 모든 직업에는 장애물이 있을 것이다(자신의 일을 사랑하는 한 요리사가 우리에게 말했듯이 모든 직업에는 각기 어려움이 있다). 하지만 잡 크래프팅은 그러한 장애물들을 극복하는 데 도움이 된다. 당신의 직업을 의미 있게 만들 수 있는 몇 가지 다른 방법들을 이어서 소개한다.

업무 방법 조정

'과업 크래프팅task crafting'이라고 하는 이 단계에서는 자진해서 일부 새 업무를 맡거나, 재량권이 있으면 일부 업무를 중단할 수 있다. 또한 일하는 방식을 바꾸거나, 수행해야 할 다양한 책임에 기울이는 시간과 주의를 바꿀 수도 있다. 예를 들어, 옷 디스플레이에 많은 노력을 기울이는 매장 직원은 앞으로 모든 디스플레이를 담당하고 창의력을 펼칠 수 있도록 요청받을 수 있다. 또는 학생들의 퇴실 절차를 수정하는 교사는 학교 전체에 대한 퇴실 절차 개선 방법을 찾도록 요청받을 수도 있다. 업무를 조정하려면 상사의 승인이 필요할 수도 있지만, 공식적인 지시를 기다리는 대신 비공식적으로 업무를 시작할 수도 있다.

건강한 업무 관계 맺기

연구에 따르면 직장에서 의미 있는 관계를 갖는 것은 직업 만족도에 있어 중요한 요소 중 하나이며, 직장 환경이나 실제 업무보다 훨씬 더 중요하다. 한 연구는 동료 직원들의 정서적인 지지를 받고, 직장에 친구가 있는 직원들이 더 높은 직업 만족도를 보인다는 결과를 내놓았다. 직장인이라면 함께 일하는 사람들이 좋기 때문에 힘들거나 낮은 임금을 받아도 그 직장에 머물렀던 적이 한 번쯤은 있을 것이다. 이 연구가 그 이유를 설명해준다. 그러나 잡 크래프팅에 있어서 중요한 것은 모든 사람과 친구가 되는 것이 아니다. 누구와 시간을 보내는지, 왜 시간을 보내는지 생각해 보는 것이다.

업무 관계에 의도적으로 개입하는 이 과정을 '관계 크래프팅 relational crafting'이라고 한다. 병원 청소부는 면회객이 없는 환자들과 이야기를 나누면서 관계 크래프팅을 하고 있었는데, 외로울 수 있는 사람들을 위해 자신의 시간을 할애하기로 선택했기 때문이다. 마찬가지로 당신은 단골, 일반 고객, 또는 환자들을 알아가고 그들을 기억하기 위해 노력할 수 있다. 서류상으로는 직무 범위에 명시되어 있지 않더라도 좋은 결과를 얻기 위해 나의 일로 생각하자. 모두가 공유하고 있는 문제에 대해 동료들과 이야기하고 해결 방안을 도출하자. 자주 교류하지는 않지만 내가 정말 소통해야 할 사람들에 대해 생각해보자. 그들은 지식과 경험 등 배울 점이 있는 사람들이거나 나의 관심사나 강점에 해당하는 일을 하는 사람들일 수 있다. 마찬가지로, 새로운 팀원들에게 도움이 필요한지 확인하고 내가 도움을 줄 수 있다는 것을 알려주자. 반대로 나의 기운을 빼앗는 동료나 고객을 파악하고 그들과의 교류에 건강한 경계를 두자.

직급에 따른 잡 크래프팅

조직 내 직급에 따라 의미 있는 업무를 수행하는 데 방해가 되는 장벽이 다르기 때문에, 직급에 따라 접근 방식을 달리해야 한다. 관리직이 아닌 직급이라면 특정 업무에 얽매여 있을 가능성이 높으며, 이 경우에는 자율성이 주요 장벽이다. 따라서 비효율적인 프로세스를 수정하고, 강력한 관계를 구축하며, 성과를 통해 신뢰를 구축해 관리자가 나의 제안과 요청에 열린 자세로 받아들일 수 있도록 하는 데 집중할 수 있다. 더 높은 직급에 있는 경우라면 잡 크래프팅이 달라질 수 있다. 시간을 사용하는 데 있어 훨씬 더 큰 자유를 누릴 수 있기 때문이다. 반면 리더는 달성해야 하는 일련의 목표나 결과에 얽매이게 된다(제시간에 제품을 출시하는 것과 같이 매우 높은 위험이 따른다). 따라서 가장 큰 장벽은 제한된 시간과 다른 리더들의 동의를 얻는 것이다. 이를 염두에 두고 일상적인 업무를 위임해 자신의 시간을 확보하거나, 혁신적인 소규모 파일럿 프로젝트를 실행해 그 결과를 다음 리더십 회의나 기타 회사 모임에 가져갈 수 있도록 하는 데 집중할 수 있다.

가치 있는 일

칼 뉴포트에 따르면, 더 많은 자율성과 숙련된 기술이 있는 직업은 본질적으로 더 의미 있게 느껴질 것이다. 모든 직업이 이러한 특성이 있는 것은 아니며, 더군다나 신입직에서는 거의 찾아볼 수 없다. 하지만 뉴포트는 직책에 자율성이 부족하다고 해서 걱정할 필요는 없다고 말한다. 오히려 계획을 세울 수 있기 때문이다. 스스로 결정할 수 있는 능력을 포함해 더 의미 있는 일을 하고 싶다면 해당 업계에서 다른 사람들이 가지고 있지 않은 기술을 마스터해야 한다. 물론 이는 하버드 법학 학위를 취득하는 것을 의미할 수도 있지만, 그것만이 유일한 방법은 아니다. 예를 들어, 우리는 어떤 고객이든 의뢰받아 일했던 웹 개발자와 이야기를 나눴다. 그녀는 숙련되었지만, 다른 개발자들과 크게 다른 점이 없었다. 그러던 중 그녀는 장애인이 사용할 수 있는 웹사이트를 디자인해야 하는 프로젝트를 맡게 됐다. 이 일에 흥미를 느낀 그녀는 점점 더 많은 시간을 할애해 장애인이 사용할 수 있는 웹사이트의 모범 사례들을 익혔다. 그러면서 이 방면에서 전문성을 갖춘 개발자가 거의 없다는 사실을 깨달았다. 현재 그녀는 어떤 고객들과 함께 일할지를 고르고 선택할 수 있을 뿐 아니라, 더 나은 보수를 받는 데다 사람들을 돕는 의미 있는 일을 하기 때문에 기분 좋게 일하고 있다. 또 다른 예로, 처음에는 일반 건축 공사를 시작했지만, 오래된 주택을 복원하는 법을 배우는 데 관심을 두게 된 장인의 경우를 들어보자. 그는 새로운 전문성을 갖추기 위해 복잡한 목공과 화려한 미장 등 오래전에 사라진 수십 가지의 기술들을 습득해야 했다. 이러한 기술을 사용해 집을 변화시키는 것은 그에게 큰 만족감을 주고, 그보다 더 중요한 것은 원하는 장소에서, 원하는 시간에, 원하는 방식으로 일할 수 있다는 것이다.

직장 생활의 이러한 변화는 번아웃을 최소화하고 뛰어난 성과를 낼 수 있는 환경을 조성할 수 있다. 이러한 궤적은 인정과 승진 같은 물질적 성공으로 이어질 뿐 아니라 예민한 사람의 개인적인 욕구도 충족시켜 준다. 예민한 사람은 거의 모든 직업에서 성공할 수 있다. 환자에게 편지를 쓰고 벽에 다채로운 예술 작품을 걸어두는 병원 청소부들을 생각해보자. 주변 환경을 큐레이팅하고 자신의 직업을 잡 크래프팅해 나간다면, 의미 있고, 만성적인 피로감을 느끼지 않을 수 있다. 스트레스를 많이 받지 않고도 높은 성과를 낼 수 있다. 그리고 성공할 수 있다.

9장

예민함이
필요한 사회

예술가들은 매우 민감하기 때문에 사회에 유용하다.
그들은 무척 예민하다. 사회가 큰 위험에 처했을 때,
예술가는 아마도 경보를 울릴 가능성이 높다.

–커트 보니것Kurt Vonnegut

예민함과 성공한 뉴딜 정책

오늘날 우리는 대공황을 하나의 시대로 생각한다. 하지만 당시에는 한 세기에 걸친 일련의 금융 재난 중 가장 최근의 사건에 불과했다. 최악의 공황 중 하나인 1837년 공황은 전 세대의 미국인들을 영양실조에 빠뜨렸고, 그 결과 미국인의 수명이 눈에 띄게 짧아졌다. 또 다른 장기 대공황은 파업 중인 철도 노동자들과 연방군 사이에 격렬한 총격전을 촉발했다. 한 노동자는 신문과의 인터뷰에서 더 이상 잃을 것이 없다며 "굶어 죽느니 총알에 맞아 죽는 편이 낫다."고 말했다. 이 불황은 20년 이상 계속됐다.

금융 위기에 대한 일반적인 해답은 허리띠를 조이고, 은행을 보호하며 강자가 살아남을 때까지 기다리는 것이었다. 그러나 1933년에 미국 정부는 다른 해결책을 준비했다. 프랜시스 퍼킨스Frances

Perkins라는 잘 알려지지 않은 노동 운동가가 노동부 장관으로 임명되며 미국 역사상 각료직을 맡은 최초의 여성이 되었다. 퍼킨스의 임명은 현명한 선택이었다. 그녀의 경력은 시카고의 빈민촌에서 가난한 사람들과 실직자들을 위한 자원봉사로 시작되었다. 1911년 트라이앵글 셔츠웨이스트 공장에서 화재가 발생하던 날, 공장에 갇힌 노동자들이 불길을 피해 투신해 사망하는 장면을 공포에 질려 지켜보며 그녀는 중요한 전환점을 맞았다. 퍼킨스만큼 헌신적으로 미국의 노동자들을 도운 사람은 없었다고 해도 과언이 아니다.

하지만 그녀는 입각을 위해 조건을 내걸었다. 프랭클린 D. 루스벨트 대통령이 아동 노동 폐지, 주 40시간 근무제, 최저 임금제, 산재 보상 제도, 연방 실업 구제책, 사회 보장 제도 등 그녀의 정책을 지지해야 한다는 것이었다. 현재 우리가 '사회 안전망social safety net'이라고 부르는 그녀의 접근법은 긴축 정책과는 정반대였다.

루스벨트 대통령은 그녀가 내건 조건에 동의했고, 대통령 재임 기간 동안 그녀는 역사상 가장 긴박한 시기에 미국 정부의 닫힌 지갑을 열 수 있는 많은 정책을 그에게 건넸다. 그녀의 정책은 노동자, 예술가, 젊은이, 가족, 심지어 경제에 기여하지 않을 사람들, 예를 들어 장애인과 노인들에게 재원을 제공했다. 대통령은 약속을 지키고 이 모든 정책을 뒷받침했다. 갑자기 사람들은 최저 임금, 최대 주급, 그리고 학교, 도로, 우체국에 대한 자금 지원을 받게 되었다. 루스벨트가 바꾼 유일한 변화는 정책의 이름을 좀 더 간결하게 뉴딜 정책으로 바꾼 것뿐이었다.

퍼킨스는 예민한 사람이었을까? 그녀는 예민성이라는 특성에 대한 인식이 생기기 훨씬 전인 1965년에 세상을 떠났기 때문에 확실하게 알 수는 없다. 하지만 타인에 대한 그녀의 관심은 모든 예민한 사람들의 가장 큰 재능 중 하나인 공감을 나타낸다. 프랜시스 퍼킨스 센터의 설립자인 그녀의 손자 톰린 퍼킨스 코게샬Tomlin Perkins Coggeshall은 그녀가 모든 사람을 돕고 싶어 했고, 그래서 가장 많은 사람을 위한 복지를 향상할 수 있는 법률 제정에 힘썼다고 말했다. 또한 정부에 대한 그녀의 관점에서도 타인을 돕고자 하는 열망이 보인다. 그녀는 말년에 뉴딜 정책의 영향을 되돌아보면서 "정부에게 중요한 것은 국민이며, 정부는 모든 국민에게 가능한 한 최고의 삶을 마련해 주는 것을 목표로 해야 한다."는 유명한 말을 남겼다.

우리는 이제 뉴딜 정책이 대공황을 종식하는 데 기여했을 뿐 아니라 한 세대가 넘는 동안 국가의 정신을 형성했다는 것을 알고 있다. 뉴딜 정책은 800만 명의 사람들을 일터로 복귀시키고, 침체된 경제에 경기 부양책을 투입했으며, 은행이 또다시 파산할 경우 국민들의 저축을 보호했다. 또한 호황과 불황의 순환을 깨뜨렸다. 뉴딜 정책으로 인해 거의 한 세기 동안 미국은 대공황에 버금가는 또 다른 위기를 피할 수 있었다. 간단히 말해 예민한 정책은 현명한 정책이다.

능력 기르기, 자신감 키우기

1장에서 처음 논의했던 센서티브 웨이로 돌아가보자. 센서티브 웨이는 우리가 가진 예민함을 감추기보다는 포용하는 것이다. 선물이자 재능인 특성을 부끄러워하지 말고 퍼킨스가 그랬던 것처럼 우리의 재능을 옹호하는 것이다. 속도를 늦추고 성찰하며, 공감과 연민으로 이끌고 인간의 모든 감정을 용감하게 표현하는 것이다. 이처럼 센서티브 웨이는 강인함 신화에 대한 해독제이다. 분열되고, 서두르며, 지나치게 과도한 이 세상에 절실히 필요한 것이다.

하지만 예민한 사람들은 세상에 알려줄 것이 많음에도 불구하고, 자신들이 선생님이나 리더처럼 느껴지지 않는다고 말한다. 사실 많은 예민한 사람들은 자신도 모르게 다른 사람들과의 상호 작용에서 자신을 낮은 지위에 둔다. 지위는 얼마나 많은 돈을 가졌는지나 직업에 의해서만 결정되는 것이 아니라(물론 이러한 요소들이 중요한 역할을 하긴 하지만) 자세, 말하는 방식, 외모 등 세상에 나를 어떻게 드러내는지를 말한다. 이 경우 지위는 영향력, 권위 또는 권력을 의미한다.

낮은 지위와 높은 지위는 즉흥 코미디에서 유래한 개념이다. 극작가인 키스 존스톤Keith Johnstone은 한 장면에서 배우들이 서로의 지위를 나타내는 신호를 통해 무언의 정보를 전달한다는 사실을 깨달았다. 그는 배우들에게 무대 위에서 신체적 행동을 통해 지위를 전달하도록 가르쳤고, 이는 지루한 장면에 생동감을 불어넣었다. 예를 들어, 높은 지위의 캐릭터들은 몸을 벌린 자세로 서 있고, 일직선으로 걸으며 다른 배우가 자신을 만지거나 접근할 때 움찔하지 말라고 지시받았다. 낮은 지위의 캐릭터들은 그 반대의 행동을 하도록 지시받았다. 가장 흥미로운 장면은 여왕과 집사처럼 신분 차이가 큰 두 캐릭터가 함께 등장할 때 발생했다. 여왕이 집사를 위해 집안일을 하는 것처럼 등장인물들이 자신의 원래 지위와는 다르게 행동할 때 코미디가 탄생했다.

낮은 지위와 높은 지위의 차이는 실생활에서 쉽게 알아차릴 수 있는 건 아니다. 친구들의 모임에서 지위가 높은 사람은 먼저 저녁 식사 자리에서 일어나 다음에 무엇을 할지 결정하는 사람일 수 있다. 낮은 지위의 사람은 조언을 구하고 경청하는 사람일 수 있다. 우리 모두는 상황에 따라 지위가 바뀌며, 심리학자들은 가장 건강한 관계일수록 지위가 자주 뒤바뀔 수 있는 기회를 제공한다고 믿는다. 만약 한 사람이 언제나 낮은 지위에 머물러 있다면, 그것은 건강하거나 만족스러운 관계가 아니다.

하지만 낮은 지위가 반드시 피해야 할 것은 아니다. 높은 지위에 이점(권위, 존경과 같은)이 있듯이, 낮은 지위에도 이점이 있다. 낮은 지위의 사람들은 더 신뢰할 수 있고, 말을 붙이기 쉬우며, 호감을 가는 것으로 보인다. 비즈니스 코치는 회사 CEO와 같은 권력을 가진 사람들에게 낮은 지위의 특성을 키우라고 조언한다. 항상 높은 지위를 선택하는 사람들은 거만하고, 위협적이며, 지배적으로 보일 수 있고, 다른 사람들이 그들과의 관계가 즐겁지 않다고 생각하기 때문에 외로움을 느낄 수 있다. 우리는 이런저런 역할에 익숙해지는 경향이 있고, 그중 한 역할이 기본이 된다. 베스트셀러 작가인 수전 케인은 여성과 내향적인 사람들은 낮은 지위와 관련된 방식으로 소통하는 경향이 있다고 지적했다. 보통 다른 사람들을 지배하거나 권력을 갖는 것에 신경을 쓰지 않는 예민한 사람들도 마찬가지다.

지위가 높거나 낮은 것은 잘못된 것이 아니다. 하지만 일부 예민한 사람들은 낮은 지위에 갇혀 있다고 느낄 수 있다. 이들은 자신의 예민함이 결점이라는 말을 들은 후 자존감이 낮아질 수 있다. 예민한 사람들은 자신이 원할 때 높은 지위로 올라갈 수 있는 능력과 자신감을 가져야 한다. 우리의 지위를 높이는 것이 바로 센서티브 웨이다. 나서서 목소리를 내야 한다. 자신에게 유익할 뿐 아니라 타인에게도 유익한 방식으로 우리가 가진 재능을 사용해야 한다. 그렇다고 해서 자신의 모습을 바꾸고 주변 사람들을 지배하거나 제압해야 한다는 의미가 아니다. 예민한 사람들이 자신의 방식으로 주도할 수 있는 능력과 자신감을 가져야 한다는 뜻이다.

예민한 리더의 강점

리더의 성격이 어떻게 변화를 가져올 수 있는지 이해하기 위해 다니엘 골먼과 연구원들은 보스턴에 있는 한 병원으로 눈길을 돌렸다. 두 명의 의사가 병원을 운영하는 회사의 CEO가 되기 위해 경쟁하고 있었다. 직원들은 그들을 닥터 버크와 닥터 훔볼트라고 이름 지어 불렀다. "두 분 다 훌륭한 의사로 각기 학과장이었고, 유명 의학 저널에 널리 인용되는 다수의 연구 논문을 발표했습니다. 하지만 두 사람은 성격이 아주 달랐어요."라며 직원들은 버크를 비인간적이고, 일에 집중하며 가차 없는 완벽주의자로 묘사했다. 직원들은 그의 전투적인 스타일로 인해 계란 껍질 위를 걷는 것처럼 조심스럽게 행동했다. 반면 훔볼트는 직원들에게 버크와 같은 지시를 내려도 친근하고, 친절하며, 심지어 장난기도 많은 사람이었다. 연구원들은 훔볼트의 부서원들이 훨씬 더 편안해 보였고, 친밀하게 서로를 웃고 놀리며 지냈다고 말했다. 가장 중요한 것은 직원들이 자유롭게 자신의 생각을 말할 수 있다는 점이었다. 그 결과, 성과가 높은 직원들은 훔볼트의 팀으로 이동했지만, 버크의 부서에서는 떠나갔다. 병원 이사회가 훔볼트를 새로운 CEO로 선택한 것은 당연한 일이었다. 정서 지능이 높은 것과 같은 예민한 지도자의 강점을 보여준 훔볼트는 함께 일하는 직원들에게 따뜻한 환경을 만들어 주었다.

사람들은 대부분 아마도 버크가 아니라 훔볼트 같은 사람과 함께 일하고 싶을 것이다. 골먼과 그의 공동 저자이자 행동과학자인 리처드 E. 보이애치스Richard E. Boyatzis는 "효과적으로 리더십을 발휘하려면 상황이나 사회적 기술에 능통한 것보다는 협력과 지원이 필요한 사람들에게 긍정적인 감정을 불러일으킬 수 있는 관심과 재능을 개발하는 것이 중요하다."고 지적한다. 이런 면에서는 기업, 사회운동, 친구와 가족을 이끌고 있는 예민한 리더들이 빛을 발한다. 만약 당신이 예민한 사람이라면 리더십 면에서 스스로를 충분히 인정하지 못하고 있을 것이다. 하지만 당신은 자신이 생각하는 것보다 더 훌륭한 리더가 될 수 있다.

공감과 같이 훌륭한 리더를 만드는 많은 자질은 예민한 사람에게 자연스럽게 나타난다. 3장에서 보았듯이, 예민한 사람은 공감의 선수들이어서 주변 사람들을 더 깊이 이해할 수 있다. 그리고 다른 사람들의 경험에 공감할 수 있는 능력은 리더들에게 상당한 이점이다. 한 연구에 따르면 공감하는 리더는 직장에서 더 높은 수준의 혁신과 참여, 협력을 불러일으킨다. 리더가 의사 결정 과정에 공감을 포함하면 직원들은 공감이 더 많은 공감을 낳기 때문에 이를 따를 가능성이 높아지며 장기 근속할 가능성도 높아진다. 마찬가지로 공감형 리더는 타인의 경험을 이해하고 지원함으로써 포용적인 직장을 만들고 유지한다.

공감 능력이 뛰어난 리더는 주변 상황을 빠르게 읽고 다른 사람들의 말에 귀를 기울인다. 이러한 능력은 다른 사람들의 감정을 이해하는 것이 잠재력을 여는 열쇠이기 때문에 많은 환경에서 유리하다. 정서적으로 직관적인 상사는 직원의 감정과 어려움을 재빨리 파악하고 돕기 위한 최선의 조치를 취할 수 있다. 정서적으로 직관적인 부모, 선생님, 치료사도 마찬가지다. 요컨대, 예민한 사람들은 시간을 들여서 타인의 경험을 이해하고 강한 관계를 구축하기 때문에, 예민한 리더십은 구성원들의 행복과 충성도에 강력한 영향을 미친다.

한국계 미국인 언론인 유니 홍Euny Hong은 이 능력을 '눈치nunchi'라는 단어로 설명한다. 그녀는 한국에서 눈치는 타인의 감정이나 생각을 감지하는 기술을 의미하며, 행복과 성공의 비결로 여겨진다고 말한다. "한국 아이들은 3살 때부터 이 단어를 압니다. 보통 부정적인 측면에서 눈치를 배워요. 예를 들어서 사람들이 에스컬레이터의 오른쪽에 서 있는데 자신의 아이만 왼쪽에 서 있으면, 부모는 '너는 눈치도 없니?'라고 말할 겁니다. 이것은 무례하게 굴지 말라는 의미도 있지만 '왜 주변 사람들을 신경 쓰지 않니?'라는 의미도 있어요. 눈치란 누가 말하고 있는지, 누가 듣고 있는지, 누가 인상을 찌푸리고 있는지, 누가 주의를 기울이지 않는지 등 주변을 읽고 알아차리는 것을 의미해요."라고 말한다. 실제로 한국 사람들은 눈치를 타고 났거나 빠른 눈치를 가진 사람은 더 많은 인맥을 쌓고, 더 유능해 보이며, 더 잘 협상하고, 인생에서 더 많은 것을 누릴 수 있다고 생각한다.

또한 예민한 사람들은 따뜻함을 투영하여 구성원들이 자신을 신뢰하게 만든다. 하버드 경영대학원의 에이미 커디Amy Cuddy와 연구진은 다양한 유형의 리더들의 효과를 조사한 결과, 훔볼트 박사처럼 따뜻함을 투영하는 리더가 다가가기 어려워 보이는 리더보다 더 효과적이라는 것을 발견했다. 한 가지 이유는 신뢰다. 예민한 리더는 구성원들이 쉽게 다가와 속마음 털어놓을 수 있도록 하여 보다 신뢰할 수 있는 관계를 형성한다. 이러한 리더는 다양한 관점과 경험에 개방적이고 모든 구성원이 자신의 가치와 신념을 공유할 수 있는 공간을 적극적으로 마련해 정직하고 진정성 있는 문화를 장려한다. 예민한 리더는 팀원들을 동질적인 존재로 보기보다는 개개인으로 바라보고 그들이 필요로 하는 것을 이해하며 팀원에게 가장 좋은 방향과 결과를 위해 노력할 가능성이 높다.

마지막으로, 예민한 리더는 성찰하는 경향이 있다. 그들은 어떤 것이 효과적이고 효과적이지 않은지를 판단하기 위해 모든 세부 사항을 분석하며, 필요에 따라 적응하고 발전할 가능성이 더 높다. 또한 예민한 감각을 가지고 있어 무언가 잘못되었다고 느껴질 때 이를 감지할 수 있다. 창의적이고 혁신적이기 때문에 다양한 각도에서 문제를 보고 새로운 통찰력을 제공할 수 있다. 자신의 성공만을 강조하는 리더들도 있지만, 많은 예민한 사람들은 실패에서 교훈을 얻어 앞으로 실수하지 않으려고 노력한다. 그들은 비판에 열려 있고 중요시하기 때문에 비판할 때는 건설적인 방향으로 전달하며, 자신과 팀의 더 깊이 있는 자기 계발을 도모한다.

예민한 리더로 당신의 강점은 무엇인가요?

"저는 현재 높은 관심을 받는 기술 프로젝트를 이끌고 있습니다. 제 예민함은 여러 가지로 도움이 됩니다. 세부 사항과 프로젝트의 모든 다양한 부분들이 어떻게 조화를 이뤄야 하는지에 대해 잘 파악할 수 있어서 프로젝트를 순조롭게 진행할 수 있습니다. 다른 사람들의 관점을 이해하거나 또는 적어도 이해하려고 노력하기 때문에 다양한 역할을 맡고 있는 동료들과 잘 지낼 수 있습니다. 이 능력은 저와 다른 관점이나 선험적 관계를 가진 외부 사람들과 함께 일해야 할 때 유용하게 쓰입니다. —브루스

"저는 매니저들의 목소리 톤만으로도 그들이 필요한 것이 무엇인지 알 수 있어요. 그리고 그들이 부족한 부분을 채워줄 수 있습니다. 중요한 전환점은 갈등이 너무 불편해서 갈등 해결 석사학위를 받고 공인 중재인이 된 것이에요. 그 이후로 저는 이러한 기술을 사용해 제 팀원들과 제 아이들에게 더 나은 의사소통, 경청 및 협력 방법을 알리고 있습니다." —웬디

"예민하기 때문에 최고 경영진보다 팀의 역학관계와 직원들이 필요

로 하는 것을 더 일찍, 그리고 더 정확하게 보게 됩니다. 이러한 선견지
명 덕분에 문제를 더 잘 해결할 수 있습니다."

—프랭키

🙎 "친구들 사이에서 앞장서곤해요. 그 이유 중 하나는 확실히 저의
예민한 특성 때문이에요. 저는 상황을 깊고 빠르게 처리해요. 그래서 어
떤 게임을 할지, 어떤 문제를 어떻게 다뤄야 할지에 대한 의견과 정보를
종합할 수 있어요. 그리고 목적 없는 토론을 하게 되면 실질적인 문제
해결로 대화의 방향을 돌려요."

—줄리

세심한 직관 따르기

기업의 CEO만 리더 역할을 하는 것은 아니다(비록 우리가 자신의
예민함이 CEO 역할에서 이점이라는 것을 아는 몇몇 CEO들과 이야기를 나
누긴 했지만). 영업팀을 이끌거나 친구나 가족에게 연락해 다음 모임
을 계획하는 등 다양한 방법으로 리더십을 발휘할 수 있다. 리더십
은 다른 사람들이 간과하는 문제를 발견하고 이에 대해 이야기하
는 것만큼이나 간단할 수 있다. 예를 들어, 가족 생일 파티에서 예
민한 리더십은 "아이들이 지쳐가고 있으니까 너무 지쳐서 재미가
반감되기 전에 지금 선물을 열어보자."라고 말할 수 있다. 또는 직장
에서 "이 양식은 잠재 고객들에게 혼란을 줄 수 있어 고객이 작성
을 포기할 수 있기 때문에 더 간단한 양식을 제안합니다."라고 말하
는 식이다. 하지만 예민한 사람들은 이런 것들을 알아차려도 자신

의 직관을 불신하도록 길들여졌기 때문에 목소리를 높이는 것이 전체를 위해 도움이 될 때 아무 말도 하지 않을 수 있다.

이처럼 강하고 섬세한 리더가 되는 것은 직관에 귀를 기울이는 것으로부터 시작된다. 그것은 예전에 침묵하거나, 경시하거나, 무시했을 수도 있는 마음과 머리에서 나오는 목소리를 존중하는 것이다. 이 목소리는 틈새, 위험 신호, 성가신 일, 문제 또는 무언가 이상할 때를 알아챈다. 다음에 일어날 일이나 상황이 어떻게 전개될 것인지에 대한 예측(종종 정확하다)을 한다. 예민한 사람은 드러나지 않은 사실을 알고 있다. 다른 사람들이 모르는 것을 알고 있다. 덜 예민한 사람들은 이러한 문제를 인식하지 못할 수도 있으며, 이러한 문제가 중요하지 않거나 사소하기 때문에 인식하지 못하는 것은 아니다. 무언가를 알아차린다면 용기를 내어 친절하게 말하자. 우리가 1장에서 소개했던 예민한 간호사인 앤은 바로 이렇게 행동했고, 그녀의 행동이 생명을 구했다.

부당함을 보면 목소리를 내는 것과 같이 모범을 보일 수 있다. 예를 들어, 미국 중서부의 작은 마을에서 한 스쿨버스 운전사가 버스를 탄 소말리아 학생들에게 인종 차별적인 불쾌한 말과 행동을 했다. 다른 교사들과 지역 사회 구성원들은 어린 학생들의 인종 차별 사건을 무시했다. 하지만 한 예민한 선생님은 아이들의 말을 믿고, 목소리를 내어 버스 회사에 차별을 멈추라고 요구했다. 동료들은 그녀의 행동이 학교 행정부로부터 반발을 살 위험이 있다고 경고했지만, 교사는 용기 있게 나섰다. 익명을 원한 선생님은 "저는 가만히 있을 수 없었어요. 아이들은 학대와 차별을 받고 있었고, 그것은 아이들의 삶과 교육에 심각한 영향을 미치고 있었어요."라고 말했다. 그녀는 자신을 리더라고 생각해 본 적이 없었지만, 자신의 직관에 귀를 기울이고 학생들을 위해 목소리를 내면서 리더가 되었다.

예민한 사람들은 이 세상이 필요로 하는 리더들이다. 하지만 리더가 되기 위해서는 먼저 자신의 예민함을 수용하고 수치심의 악순환을 끊는 법을 배워야 한다.

수치심의 악순환에서 벗어나기

사람들과 예민함의 의미에 대해 이야기하면 "바로 제 얘기예요!"라는 말을 반복해서 듣는다. 예민한 사람들은 보통 어린 시절의 기억을 떠올린다. 마당에서 죽은 새를 발견하고 울었던 일이나, 어른들이 자신에게 어찌할 수 없는 감정은 털어내고 "그냥 넘어가라."고만 거듭 말하던 일 등이 그 예다. 회의, 파티, 심지어 공중화장실에서도 이런 이야기를 할 때면 마치 자신의 경험이 숨기고 싶은 비밀인 것처럼 목소리를 낮춰 속삭이듯 이야기한다. 많은 사람이 자신의 예민함이나 상처받은 감정에 대해 수치심을 표현한다.

이러한 수치심의 표현은 놀랄 일이 아니다. 앞서 살펴본 것처럼 강인함 신화는 예민한 사람들에게 우리의 본성을 바꿔야 한다고 가르치기 때문이다. 그 결과 우리는 세상과 상호 작용하는 방식에 대해 스스로 의문을 가질 수 있다. 시간을 더 들여 이메일을 쓰거나 혈당을 안정적으로 유지하기 위해 직장에서 간식 시간을 가지는 등 우리는 조심스럽게 세상을 헤쳐 나가려고 적응한다. 조심하는 것이 잘못된 것은 아니지만, 문제는 우리가 이 세상을 살아가려면 본성을 조심스럽게 숨겨야 한다고 느낄 수도 있다는 것이다.

해법은 사회의 맥락에서 자신을 보는 방식을 바꾸는 것이다. 변화를 만드는 한 가지 방법은 사과할 필요가 없는 것에 대해 사과하는 것을 멈추는 것이다. 예민한 사람들은 휴식이 필요한 것에 대해, 거절한 것에 대해, 과도한 자극으로 일찍 자리를 떠난 것에 대해, 울거나 상황을 깊은 감정을 느끼는 것에 대해, 자신의 예민한 성격과 관련해 사과해서는 안 된다. 미안하다는 말을 그만두기로 결심하는 것은 긴 여정이 될 수 있지만 지금부터 시작이다. 당신과 모두가 함께 말이다. 우리는 예민함을 정상화하는 집단적 사고방식의 전환을 시작할 수 있다. 예민함은 부끄러운 비밀이나 변명 거리가 아니라 우리 모두가 어느 정도 공유하고 있는 정상적이고 건강한 특성으로 인식되어야 한다. 예민함은 정상적일 뿐 아니라, 우리가 자신에 대해 사랑하고 즐길 수 있는 자부심의 원천이 될 수 있다.

선천적으로 운동 신경이 좋거나, 말하기를 좋아하거나, 키가 큰 사람들이 있는 것처럼, 선천적으로 더 예민한 사람도 있다. 바꿔야 할 것은 아무것도 없다. 있는 그대로 우리의 모습을 포용하면 된다. 다른 사람들이 할 수 있는 것을 내가 못한다고 해서 변명하거나 자책할 이유가 없다(그리고 당신이 자신의 예민함에 대해 이런 식으로 행동하면 다른 사람들도 그것을 결점으로 보기 쉽다). 오히려 예민함을 자신의 가장 큰 강점으로 보면 당신의 그러한 태도에 영향을 받아 다른 사람들 또한 그런 생각을 할 것이다. 예민함은 유전적이고, 건강하며, 재능과 관련이 있다는 것을 기억하자.

그렇다면 자신의 예민성을 보는 방법을 어떻게 바꿀 수 있을까? 예민함을 나쁜 것으로 생각하지 않고 강점으로 보기 위해 관점을 바꿀 방법은 무엇일까?

예민하다는 자부심

직장, 학교, 기타의 환경들은 전통적으로 예민한 특성을 보이지 않는 사람들을 선호해왔다. 하지만 그것은 우리 사회가 깊이, 공감, 이해, 직관, 다른 사람들과의 조화가 필요한 상황 등 예민한 사람들이 빛을 발하는 영역들을 간과했기 때문이다. 우리 사회는 이런 면에서 부족했다. 감정은 언제나 중요하다. 그보다 더 중요한 것은 그러한 감정들을 타당한 것으로 인식하고, 표현하며 타인에게 자신의 감정이 인정받고 전달되고 있다는 것을 아는 것이다. 다른 사람의 감정을 느끼고 공감을 통해 그들과 소통하는 것은 인간의 본성이다. 사회에서 부족한 소프트 스킬은 예민한 사람들이 쉽게 메울 수 있는 격차 중 하나에 불과하다. 깊이 들어가서 새롭고 예상치 못한 해결책을 제시하는 것도 예민한 사람의 본성이다. 자신이 어떤 강점을 가지고 있는지 파악하자. 나 자신과 타인에게 도움이 되는 나의 예민함과 관련된 특징들을 하나씩 적어 보는 시간을 가지자. 그런 다음, 다른 사람들과 교류하거나 예민함에 대해 이야기할 때 이 목록을 떠올리자. 당신에게 영감을 주기 위해 세상에 진정한 이점을 제공하는 예민함의 몇 가지 측면을 소개한다(이 말들은 자랑하는 것이 아니라 긍정적인 자기 대화이다).

- "저는 주변 사람들에게 제가 귀 기울여 듣고 있고 이해하고 있다는 느낌을 줘요."
- "저는 다른 사람들이 놓칠 수 있는 중요한 세부 사항들을 잘 잡아냅니다. 일, 관계, 제 삶의 기타 부분에서요."
- "저는 에너지가 부족하거나 지쳐있을 때 빨리 알아차릴 수 있어요. 다른 사람들이라면 경험했을 번아웃을 피하는 데 도움이 돼요."
- "저는 피상적인 해답에 그치지 않아요. 문제의 핵심뿐 아니라 큰 그림도 보고, 돌파구를 찾을 때까지 계속 나아갑니다. 이러한 깊이 덕분에 다른 사람들이 보지 못하는 해결책을 찾게 돼요."
- "저는 강하게 느끼기 때문에 제가 하거나 만드는 모든 것은 그 강렬함을 전달하고, 저의 가치관, 일, 예술, 관계 등에 스며듭니다."
- "저는 삶에 쉽게 감동하기 때문에 쉽게 울지만(또는 다른 방식으로 벅찬 감정을 보이지만), 모든 사람이 삶의 아름다움을 이런 식으로 느끼지는 않아요."
- "서로 관련이 없어 보이는 정보들 사이에서 연결 고리를 볼 수 있어요. 그 연결 고리를 따라가다 보면 다른 사람들은 볼 수 없는 진실을 쉽게 발견할 수 있어요. 이런 능력은 저를 창의적으로, 그리고 연습을 통해 현명하게 만들 수 있어요."
- "저는 다른 사람들보다 앞을 내다보고 모든 가능성을 생각합니다. 이러한 경향은 실수를 피하고, 작은 문제들이 커지기 전에 알아차리며,

전반적으로 인생에서 더 잘 준비할 수 있습니다."

- "제 직감은 앞으로 나아갈 길을 보여줍니다. 저는 문제를 해결하거나 목표를 달성하는 독특한 방법을 알고 있고, 다른 사람들은 저의 통찰력, 조언, 리더십으로부터 도움을 받습니다. 저는 덜 예민한 사람들이 가지지 못하는 관점을 제시하니까요."

- "제가 가진 공감 능력은 다른 사람들이 필요로 하는 것과 관점을 고려하는 데 도움이 됩니다. 그리고 제가 더 도덕적이고, 윤리적이며 연민이 있고, 사심 없는 결정을 내리도록 해줍니다. 저는 옳고 그름, 건강하지 못한 것과 건강한 것, 거짓과 진실을 쉽게 구분할 수 있습니다."

'매우 예민한 사람'이라는 용어를 만든 심리학자인 일레인 아론은 "예민한 당신은 사회의 정신적, 도덕적 리더이자 조언자, 사상가로 태어났어요. 자부심을 가질 충분한 이유가 있어요."라고 말한다.

예민함 포용 연습

하루 종일 나의 예민함의 강점을 알아차리는 데 집중해보자. 예를 들어, 심부름을 한 후 지친 기분이 드는 등 예민함과 관련된 일로 인해 좌절감을 느끼더라도 잠시 멈추고 마음을 가다듬도록 하자. 상황의 긍정적인 면을 알아차리라고 뇌의 옆구리를 '쿡' 하고 찌르자. "피곤해서 집에 가야 할 때를 알아차릴 수 있는 자각 능력이 있다는 것은 감사할 일이지."라거나 "내가 가진 예민함 때문에 해질 녘 하늘의 다채로운 색깔 등 주변의 아름다움을 알 수 있어."라고 생각할 수 있다.

이러한 변화는 하룻밤 사이에 일어나지는 않을 것이다. 나의 예민함을 받아들이기까지는 몇 달 혹은 심지어 몇 년이 걸릴지도 모른다. 하지만 괜찮다. 오래 걸리는 것이 정상이다! 이미 당신은 여러 가지 면에서 예민함을 이해하지 못하는 사회에 적응하는 연습을 오랫동안 해왔다. 그러니 시간을 가지고 예민함을 드러내는 데 익숙해질 수 있도록 작은 단계부터 시작하자. 그렇게 한다면 현재와 미래의 모든 예민한 사람들이 자신의 모습을 받아들이고 세상이 필요로 하는 변화를 만들 수 있는 길을 여는 데 일조하게 될 것이다.

타인에게 나의 예민함 소개하기

예민한 사람은 자신의 장점을 인식하는 것과 함께, 다른 사람들에게 자신의 예민함에 대해 말하는 방식도 바꿀 필요가 있다. 어떤 면에서 이것은 자신의 예민함을 위한 홍보 활동이라고 생각할 수 있다. 하지만 이는 또한 훨씬 더 깊은 것이기도 하다. 당신이 누구인지에 대해 진실하고 정직하게 이야기하자. 예민함을 가지고 있다고 인정하자. 그리고 자신감 있고 명확하며 논쟁의 여지가 없도록 이야기하자. 다음은 사람들에게 예민함을 설명하는 데 사용할 수 있는 몇 가지 대본이다.

예민함의 힘

- "심리학에서 예민하다는 것은 경험과 환경을 매우 깊게 처리한다는 것을 의미해. 그게 바로 나야. 예민함에는 많은 장점이 있지만 어려움도 있어. 나는 이 2가지 측면을 모두 가지고 있고 자랑스럽게 생각해."
- "저는 저의 예민함을 바꿀 생각이 없어요. 예민함은 좋은 것이고, 저는 절대 포기하지 않을 거예요."
- "아시다시피 저는 매우 예민한 사람이고, 그것이 저의 가장 큰 장점 중 하나라고 생각해요. 그래서 제가 창의적이고, 이상주의자이며 제일을 잘할 뿐만 아니라 사람들의 생각을 잘 읽는 거죠. 더 많은 사람이 예민함을 받아들였으면 좋겠어요."
- "세 명 중 한 명은 감정적으로나 육체적으로 조금 더 예민하게 태어나요. 우리의 뇌가 정보를 매우 깊이 처리하게 되어 있기 때문이에요. 기본적으로 예민한 사람은 더 오래 생각하고, 더 강하게 느끼고, 다른 사람들이 놓치는 연결 고리를 봐요. 오해를 받기도 하지만 예민함은 건강한 특성이에요."

예민하지 않은 사람들, 즉 당신과 같은 방식으로 삶을 경험하지 않는 사람들에게 예민함을 설명하기는 특히 어려울 수도 있다. 예민함이란 무엇이며 그렇지 않은지에 대한 오해가 걸림돌이 되기도 한다. 예민한 정신 건강 작가인 브리트니 블론트Brittany Blount는 덜 예민한 아버지가 자신이 경험하는 것을 이해해주기를 원했다. 그녀는 "아버지도 대부분의 사람과 마찬가지로 예민함은 나약함을 드러내는 것이고 피해야 할 것이라는 생각으로 자라셨어요. 예민함을 설명하는 데 있어 큰 어려움 중 하나는 예민함이 우리가 배운 것과는 반대로 강점일 수 있다고 다른 사람들에게 처음으로 설득하는 것이에요."라고 센서티브 레퓨지에 기고한 글에서 말했다. 아버지에게 예민함에 대해 설명하려는 몇 번의 시도가 실패한 후, 그녀는 이를 자신이 가장 좋아하는 슈퍼히어로에 비유했다.

슈퍼맨이 멀리서 아주 작은 핀이 떨어지는 소리를 어떻게 들을 수 있는지 아시나요? 예민함은 슈퍼히어로의 감각을 갖는 것과 비슷해요. 예민한 상태에서는 경험하는 모든 것이 고도로 집중돼요. 아주 작은 변화도 알아차리죠. 시계가 똑딱거리는 것과 같은 작은 소리도 크게 들려요. 향수는 다른 사람들에게는 기분 좋은 냄새일 수 있지만 예민한 사람에게는 세 배나 강하고 메스꺼울 수 있어요. 그리고 저는 사람들과 이야기할 때 가끔 그들이 나에게 말하지 않아도 그 사람에 대한 것들을 알아요. 마음을 읽지는 못하지만, 상대방이 거짓말을 할 때, 혹은 행복하지 않은데 행복한 척을 할 때를 알 수 있어요. 사람들이 쓰고 있는 가면 너머를 볼 수 있거든요. 사람들의 의도, 마음, 두려움도 알아야 할 이유는 없지만 그냥 알게 돼요.

처음에 그녀의 아버지는 아무 말도 하지 않았지만, 브리트니는 약간의 변화를 알아차렸다. 그는 그녀가 한 말을 곰곰이 생각해보고 있었다. 잠시 후, 그는 그녀를 올려다보며 천천히 고개를 끄덕였다. 그는 "나는 네 말을 믿는다."며 마침내 딸이 아버지가 이해해주기를 오랫동안 바랐던 중요한 부분을 인정해주었다.

"왜 그렇게 예민해?"라는 말은 가스라이팅이다

나의 예민함을 받아들이는 또 다른 중요한 단계는 "왜 그렇게 예민해?"는 비난이 가스라이팅이라는 사실을 인식하는 것이다. 이러한 심리 조종으로 가스라이팅하는 사람은 당신이 자신과 현실을 의심하게 만들어서 당신이 그의 해석에 의존하도록 한다. '가스라이팅gaslighting'이라는 용어는 1938년 영국의 연극 〈가스등Gas Light〉에서 유래했는데, 극 중 부정직한 남편은 다락방의 소리와 집의 가스등이 어두워지는 것과 같은 것들이 아내의 상상일 뿐이라고 거짓 설득하며 아내를 정신 건강 위기로 몰아넣는다. 사실 그는 가족의 보석을 훔치려고 그렇게 한 것이었다. 다음은 예민한 사람들을 가스라이팅하기 위해 사용되는 몇 가지 일반적인 말이다.

- "당신은 과민 반응하고 있어."
- "당신은 더 강해져야 해."
- "당신은 더 둔감해져야 해."
- "왜 그대로 내버려 두지 않는 거야?"
- "당신은 뭐든지 감정적으로 받아들이고 있어."

어린 시절에 부모님이나 기타 보호자가 이러한 말들을 당신에게 했다면 특히 상처받았을 것이다. 심지어 적정 수준으로 허용되는 예민함의 정도란 것이 존재한다고 믿게 되었을 수도 있다. 결과적으로 당신은 자신이 예민하고 쉽게 상처를 받는 것에 대해 수치심을 느끼면서 오랜 시간을 보냈을 수도 있다. 그러나 친구, 당신에게 중요한 사람, 동료가 이런 비판적인 말을 할 때도 마찬가지로 상처를 받는다. 당신이 과민 반응하고 있다고 말하는 것은 나르시시스트와 학대자들이 가장 흔하게 사용하는 가스라이팅의 형태 중 하나라고《우리가 살면서 만나게 되는 나르시시스트들The Narcissist in Your Life》의 저자 줄리 L. 홀Julie L. Hall은 설명한다. 그들은 당신 자신에 대한 신뢰를 떨어뜨리고 당신의 감정을 무시하여 상처를 주는 말이나 행동에 대한 책임을 지지 않기 위해 이런 말을 한다. 나르시시스트는 "당신은 과민 반응하고 있다."는 말을 통해 당신을 비이성적이거나 지나치게 감정적인 사람으로 몰아붙일 수 있다. "아마도 그 사람 말이 옳을 거야. 그 말은 잔인한 게 아니라 내가 너무 예민한 거야."라고 스스로를 의심한다면, 당신은 그의 학대를 받아들이는 것이다. 하지만 나르시시스트들이야말로 과민하고 감정 조절이 안 되는 사람들이다. 그가 당신에게 너무 예민하다고 말할 때, 그것은 전형적인 투사의 형태이다. 그들은 자신의 감정을 당신에게 돌리는 것이다.

이런 말을 하는 사람들이 모두 나르시시스트는 아니다. 어떤 사람들은 당신이 자신에 대해 몰랐던 것을 지적하는 것이 당신을 돕는 것이라고 잘못 생각할 수도 있다. 그 사람의 의도는 그럴지라도 이 말들은 상처를 주며, 예민한 사람(또는 예민하지 않은 사람에게도)에게 절대로 해서는 안 되는 말이다. 사람들이 당신이 너무 예민하다고 말할 때 당신이 할 수 있는 행동은 다음과 같다.

- **미끼를 물지 말자.** 사람들이 이런 말을 할 때, 특히 오랫동안 표적이 되어온 사람이라면 자신을 방어하거나 역으로 그들을 모욕하고 싶은 마음이 들 수 있다고 홀은 말한다. 그러나 이러한 방법은 대개 갈등을 진정시키기보다는 오히려 고조시키기 때문에 감정을 억제하는 것이 최선이다. "알겠어요. 그러니까 당신 말은 내가 너무 예민하다고 생각하는 거죠. 그렇죠?"라며 그가 한 말을 반복해 말하며 대화에 여유를 가지자.

- **예민함이라는 선물에 집중하자.** "저는 제 예민함을 좋아하는 법을 배우고 있어요. 사실 예민함이 저의 큰 장점 중 하나라고 생각해요." 또는 "저는 제가 예민한 것이 좋아요. 저는 적당한 수준의 예민한 사람이라고 생각해요."라고 말하자. 나의 예민함이 나의 삶이나 그들과의 관계에서 어떻게 도움이 되는지 몇 가지 이야기나 예를 공유하자.

- **그 사람과의 접촉을 제한하거나 접촉을 아예 끊는 것을 고려하자.** 나의 메시지를 이해하지 못하고 예민함에 대해 계속해서 평가하거나 폄하하는 사람은 내가 삶에서 원하는 사람이 아닐 것이다. 시간이 지남에 따라 가스라이팅은 나의 자아 이미지를 약화시키고, 스스로에게 의문을 품게 하며, 나의 예민함에 대해 나쁘게 느끼게 할 것이다. 반면 건강한 관계는 일반적으로 나에 대해 좋은 감정을 갖게 한다. 가능하다면 가스라이터와 함께 보내는 시간을 줄이거나 아예 시간을 같이 보내지 말자. 만약 가능하지 않은 경우라면(예컨대 당신이 함께 일하는 사람이거나 이혼 후에 양육을 분담하는 전 배우자) 그들과의 교류에 경계를 설정하자.

- **나 자신에게 집중하자.** 가스라이터들은 나의 감정과 경험을 의심하게

만들어 계속해서 나를 통제하고 학대하기를 원한다는 것을 기억하자. 그들은 이미 자신을 불신하는 습관이 있는 사람들을 표적으로 삼는다. 자존감이 낮거나 자신의 몸이나 감정으로부터 단절된 느낌이 있는 사람들이 그 예다. 예민한 사람들은 강한 직관력을 가지고 있지만, 우리가 살펴본 바와 같이 그것을 의심하도록 길들여진다. 강인함 신화가 감정은 나약한 것이라고 주입하기 때문이다. 나의 경계를 살펴보고 보강이 필요한 부분이 있는지 확인하자. 나의 감정과 직관에 귀를 기울이고 인정하자. 모든 감정은 타당하다는 사실을 기억하자. 예컨대 만약 화가 났다면 이유가 있는 것이다. 만약 나르시시즘적 학대의 피해자였다면, 치료사에게 도움을 요청하고 그러한 학대로부터 발생할 수 있는 트라우마에 대해 배우도록 하자.

- **건강한 관계를 구축하자.** 진정으로 나를 신경 쓰는 사람이라면 나의 감정을 무시하지 않을 것이다. 나의 감정이 그들을 불편하게 만들 경우라도 말이다. 진정한 사람은 나의 예민함을 너그럽게 용인할 뿐 아니라 나를 있는 그대로 받아들이고 소중히 여길 것이다.

예민함을 받아들이는 사회

우리가 예민함을 수용할 때, 즉 강인함 신화보다 센서티브 웨이를 선택하는 것은 사회의 모든 부분에 혁명의 씨앗을 심는 것이다. 학교에서 센서티브 웨이를 따른다는 것은 학생들이 매 순간 자극에 시달리는 대신 긴장을 풀 수 있는 조용한 공간을 제공한다는 의미다. 이는 교장과 담임 선생님에게 부드러운 훈육 기술을 교육하고 학부모가 학교에서 자신의 예민한 아이를 옹호할 수 있도록 권한을 부여하는 것이다. 이는 아이들에게 예민한 것은 잘못된 것이 아니며, 무언가를 마치기 위해 시간을 더 걸리더라도 괜찮다고 가르치는 것이다. "남자는 울지 않는다."라는 말 대신 모든 감정은 정상적이고 건강하며 그것을 표현하는 것은 인간다움의 일부라는 것을 가르쳐야 한다. 또한 학생들이 강하고 정신적으로 건강한 행동 모델을 가지고 자신의 행복을 통제할 수 있도록 모든 학교에 사회적, 정서적 발달에 관한 교육 과정을 만들어야 한다. 이러한 변화들은 예민한 학생들에게만 도움이 되는 것이 아니라 모든 아이의 미래를 더 밝게 만들 것이다.

직장에서 센서티브 웨이는 저평가된 사람들을 끌어올린다. 그것은 채용과 승진 시 정서 지능과 같은 '소프트 스킬'을 높이 평가하는 것에서 시작된다. 마찬가지로 관리자가 직원들의 정서적인 요구를 중요시하고 연민으로 이끌 수 있도록 교육해야 할 때이다. 센서티브 웨이란 강해져야 하고, 개인 생활보다 일을 우선시해야 하고, 앞서 나가야 하고, 옆 사람보다 더 '적합한' 사람이 돼야 한다는 말을 더 적게 하는 것이다. 그리고 진정으로 성공하기를 원하는 기업들이라면 모든 직원에게 정신적으로 건강하고 생산성을 높일 수 있는 적절한 물리적, 정서적 환경을 조성하여 장기적인 성과에 투자하는 것이다. 이러한 권장 사항이 모두 어렵게 느껴진다면 기업은 간단한 지름길을 택할 수도 있다. 예민한 사람들에게 리더십을 주고, 문제가 스스로 해결되는 것을 지켜보는 것이다.

이와 같은 접근법은 우리의 개인적인 삶에도 적용된다. 센서티브 웨이는 사람들 사이의 의미 있고 건강한 교류에 초점을 맞춘다. 시끄러운 파티, 콘서트, 네트워킹 모임만이 친목을 도모할 수 있는 유일한 방법이 아니라는 것을 인정하고 대신 조용한 장소와 더 친밀한 경험을 수용하는 것이다. 또한 센서티브 웨이는 모든 사람이 자신의 한계를 존중하고 정신적, 정서적 행복을 최우선으로 생각하는 것이다. 집에 머물며 긴장을 풀어야 하므로 초대를 거절하거나, 끈질긴 질문을 받지 않고도 모임에서 일찍 떠나는 것이 사회적으로 받아들여질 수 있는 문화이다. "저는 약간의 휴식이 필요해요." 또는 "저는 그것에 대해 생각할 시간이 좀 필요해요."라는 말에 대해 편견이 없는 문화이다.

센서티브 웨이를 통해 현재 정치 시스템이 어떻게 변화할 수 있는지 상상해보자. 나와 다른 생각을 가진 사람들을 향해 소리를 지르고 욕설을 퍼부으며 악마화하는 대신에 공감이 가득한 토론을 할 수 있을 것이다. 나와 다른 사람들의 요구와 감정에 예민하게 반응하는 세상에서는 닫힌 마음이 아니라 열린 마음으로 정치 문제에 접근할 수 있다. 서로를 정치적 반대자가 아닌 동료 인간으로 볼 수 있을 것이다. 시끄럽고, 분노를 유발하는 후보는 더 이상 뉴스를 어둡게 가리지 않을 것이다.

시끄럽고, 빠르며 지나치게 과도한 세상에서 우리는 예민한 사람들에게 주목하고 기대를 걸어야 한다. 우리에게 배워야 할 교훈을 주기 때문이다. 그들은 속도를 늦추는 것의 가치를 보여준다. 그들은 깊이 교감하고, 우리의 평범한 삶에서 의미를 창조하는 사람들이다. 그뿐만 아니라 예민한 사람들은 세상이 필요로 하는 연민의 마음을 가진 리더들이다. 그들은 사회의 큰 문제들을 해결할 수 있는 사람들이다.

소설가 커트 보니것은 독가스로 가득 찬 탄광에서 먼저 쓰러져 위험을 알리는 카나리아처럼 '더 강인한 유형의 사람들이 위험이 있다는 것을 깨닫기 훨씬 전에' 먼저 뛰어드는 예민한 예술가들이 세상에 필요하다고 말한 적이 있다. 우리는 예민한 사람들을 다르게 보려 한다. 카나리아는 새장에 갇혀 살며 자신을 희생하는 방식으로 메시지를 전달한다. 예민한 사람들은 그동안 그 일을 충분히 해왔다. 이제 예민한 사람들을 너무 오랫동안 가둬두었던 새장을 부숴야 할 때이다. 예민함을 약점이 아닌 강점으로 보기 시작해야 한다. 예민함과 그것이 제공하는 모든 이점을 포용해야 할 때이다.

감사의 글

에이전트인 토드 슈스터에게 작가가 요구할 수 있는 가장 현명한 동맹자였습니다. 저희 책을 믿어주셔서 감사합니다.

토드의 뛰어난 공동 에이전트인 조지아 프랜시스 킹과 아비타스의 모든 팀에게 감사합니다. 여러분은 저희가 힘든 상황을 헤쳐 나갈 수 있도록 도와주셨고 변함없이 저희를 믿어주셨습니다.

마니 코크란에게 작가에게 당신보다 더 좋은 편집자는 없습니다. 당신은 우리 책이 결국에는 더 나아질 것이라고 항상 믿으면서 수많은 아이디어, 수정, 재작업을 즐겁게 함께 해주셨습니다. 당신의 통찰력(그리고 인내심) 덕분에 원고를 개선할 수 있었습니다. 감사드립니다.

다이애나 바로니에게 딱 한 번 이야기를 나눴지만, 하모니로 출판사를 정해야겠다는 확신을 준 것은 당신의 말이었습니다. 당신은 처음부터 예민함에 대한 우리의 비전을 이해해주었습니다.

하모니의 모든 팀원에게 여러분이 이 책을 완벽하게 만들기 위해 얼마나 많은 시간을 들였는지 저희는 결코 헤아릴 수 없을 겁니다. 감사합니다.

영국 펭귄 랜덤 하우스의 리디아 야디와 팀에게 전 세계 독자들을 위해 이 책을 만들 수 있도록 한 팀이 되어주셔서 감사합니다.

레이첼 리브시와 제프 리슨에게 여러분은 이 책이 말 그대로 아이디어에 불과했을 때 그 잠재력을 봐주셨습니다. 지도와 멘토링에 감사드립니다.

'매우 예민한 사람들의 대모'라고 불리는 일레인 아론에게 이 책은 당신의 연구, 비전, 그리고 오랜 노력이 없었다면 존재하지 못했을 것입니다.

마이클 플루에스에게 저희에게 많은 시간을 할애해 주시고, 항상 질문에 기꺼이 대답해 주시고, 연구와 통찰력을 공유해 주셔서 감사합니다. 또한, 세상에 예민함의 긍정적인 면을 보여주기 위해 노력해주신 데 대해 감사드립니다.

칼 뉴포트, 폴 길버트, 론 시겔, 라리사 겔러리스, 톰린 퍼킨스 코게샬, 린다 실버먼, 샤론 마틴, 줄리 비엘란, 브라이언 존스턴, 앨리샤 데이비스, 브룩 닐슨, 레이첼 혼, 브렛 데버로, 디미트리 반 더 린덴, 수잔 아울레트, 콘라도 실바 미란다, 안디타 발슬레브, 전문 지식과 통찰력을 빌려주신 기타 모든 분에게 여러분이 해주신 말을 다 담을 수는 없었지만, 모든 분이 크고 작은 방식으로 이 책을 만들고 개선하는 데 도움을 주셨습니다. 여러분의 시간과 지혜를 저희에게 공유해 주셔서 감사드립니다.

BT 뉴버그에게 어떤 작가도 당신보다 더 훌륭한 연구 조교를 두지 못했을 겁니다. 깊이 파고들고 때로는 반대되는 의견을 준 덕분에 새롭고 흥미로운 방향으로 나아가는 데 도움이 되었습니다.

신뢰감 있게 집필을 보조해준 로렌 발코에게 짧은 시간 내에 많은 내용을 간추려 설명하고 이해할 수 있도록 도와주셔서 감사합니다.

크리스틴 우츠에게 우리의 두 번째 눈이 되어 혼란스러운 부분을 명확히 정리해주셔서 감사합니다.

동료 작가들인 엘리자베스, 폴, 그리고 존에게 우리 책을 얼마나 읽어보셨나요? 이 책이 완성될 거라고 생각하셨나요? 피드백과 제안뿐 아니라 엄청난 시간을 할애해주시고 격려해 주신 데 대해 감사드립니다.

센서티브 레퓨지와 인트로버트 팀에게 우리가 책에 집중하기 위해 자주 자리를 비우는 동안 배가 계속 순항할 수 있도록 해주셔서 감사합니다. 정말 잘해줬어요.

센서티브 레퓨지 페이스북 그룹 회원들에게 이 책의 '예민한 사람들의 말'을 구성하는 여러분의 생각과 경험을 기꺼이 공유해 주셔서 감사합니다. 여러분의 글이 다른 예민한 사람들에게 길잡이가 될 것이라고 믿습니다. 책에 더 많은 후원자분의 이야기를 담지 못해서 아쉬웠습니다.

우리의 베타 독자이자 유용한 인사이트와 제안을 해준 에이미, 아가타, 매튜, 트렌트, 낸시, 폴, 엘리자베스에게 감사드립니다.

던에게 작가, 편집자, 출판사가 서로를 알아갈 수 있는 공간을 만들어 주셔서 감사합니다. 그리고 **데이빗에게** 그 공간에서 예민하고 어색한 두 사람을 발견하고, 우리를 당신의 친구로 받아주신 데 대해 감사드립니다. 두 분이 없었다면 이 책은 세상에 나오지 못했을 겁니다.

데릴에게 저희가 스트레스에 시달리는 동안 차분히 배려해주셔서 감사합니다.

우리가 이 책을 쓰는 가운데 눈 오는 날 태어난 아폴로에게 책을 마치려는 우리의 시도를 끝없이 좌절시켰지만, 방해는 그만한 가치가 있었단다. 사랑한다, 아들아.

젠의 부모님인 마지와 스티브에게 저희가 잠이 부족하고 글을 쓸 수 있는 방해를 받지 않는 시간이 필요할 때 아폴로를 돌봐주셔서 감사드립니다.

젠이 전하고 싶은 말

어머니에게 제가 연필을 잡기도 전에 항상 저의 예민함을 격려해주시고, 제 바보 같은 이야기들을 써주셔서 감사합니다.

아버지에게 과학에 대한 저의 관심을 격려해 주신 덕분에 글 쓰는 일을 직업으로 구체화할 수 있었어요. 감사드려요. 이 모든 것은 아버지가 퇴근 후 집에 가져온 페트리 접시와 동네 고양이와 강아지들의 입에서 면봉으로 표본을 채취하던 것에서부터 시작되었어요.

내 친구인 앰버, 에이미, 베다니, 던에게 이 책을 완성하면서 가장 힘들었던 고비마다 내 이야기를 들어주고 응원해줘서 고마워. 이제

와인 한잔하러 가자.

다시 한번 일레인 아론에게 몇 해 전에《타인보다 더 민감한 사람》을 다 읽고 난 후, 마침내 제 자신을 더 잘 이해하게 돼서 눈물을 흘렸습니다. 당신의 책은 제 인생을 바꿔놓았고 저의 예민함을 포용할 수 있는 길을 열어주었습니다. 예민한 사람들을 위해 해주신 모든 일에 감사드립니다.

어렸을 때 글을 쓰도록 격려해주신 모든 선생님과 어른들께 어린 소녀의 꿈을 믿어주셔서 감사해요.

이 책을 쓰는 동안 세상을 떠난 나의 고양이들 매티와 콤스에게 일주일 간격으로 세상을 떠난 너희는 내가 항상 알고 있던 사실을 확인시켜줬어. 너희는 함께 있어야 할 운명이었어. 너희가 보고 싶어.

이 책을 준비하며 저와 이야기를 나눈(속삭이는 목소리로) 모든 예민한 분들에게 기꺼이 마음을 열고 당신의 삶을 엿볼 수 있게 해주셔서 감사합니다. 예민한 사람들이 더 이상 속삭일 필요를 느끼지 않는 날을 희망해요.

안드레가 전하고 싶은 말

부모님께 감사 인사를 드리는 건 진부하지만, 부모님은 충분히 그럴 자격이 있으세요. 아버지, 자신은 정비사이고 아들은 시인이라고 말씀하시면서 우리 관계를 설명하신 적이 있으세요. 아버지가 옳았어요. 아버지는 기억하지 못하실 수도 있지만, 제가 작가가 되고 싶다는 걸 아셨을 때 밝은 파란색 표지로 된 브렌다 유랜드의 책 《글을 쓰고 싶다면》을 사주셨죠. 제가 본 적이 없는 책이었고, 결정적으로 제가 작가가 되기로 결심하게 한 책이에요. 저는 그 책에 서투른 글을 빼곡히 적고, 머릿속에서 책의 내용을 다시 한번 정리하곤 했었어요. 한 번도 그 책을 잊어 본 적이 없어요. 고마워요, 아버지.

어머니, 어머니는 책을 좋아하라고 가르쳐 주셨어요. 제가 책벌레가 된 건 어머니 덕분이었을 거예요. 제가 어렸을 때 책을 읽으면 취침 시간이 지나도 상관없다고 하셨어요. 정말 좋은 방침이었어요, 어머니, 어머니가 가지신 영어 학사 학위와 인내심으로 12살짜리 아이가 쓴 엉뚱하고, 창피할 정도로 형편없는 소설들을 잘 읽어주셔서 감사드려요.

프레드릭 도브케, 어디에 계시든 당신은 선생님 이상이었어요. 격려해 주시는 동시에 많은 지적도 해주셨죠. 선생님이 없었다면 제가 진지해지지 못했을 거예요. 그리고 선생님 말씀이 맞아요, 저는 사이먼 앤 가펑클을 좋아해요.

제가 14살이었을 때 인생에서 처음으로(그리고 가장 친절한) 제게 거절 편지를 보낸 편집자에게 감사드립니다. 편집자의 일정이 어떤 것인지 지금은 이해하고 있고, 당신이 시간을 들여 작성해 주신 메시지는 결코 잊지 못할 겁니다.

누나 장모(쥬쥬)에게 누나는 최고의 친구야. 어떻게 어머니와 아버지가 우리 둘을 낳으신 걸까?

사우미야와 어반에게 어반, 넌 바위처럼 든든한 친구야. 고마워.

사우미야, 넌 내게 늘 희망을 북돋아줘. 너희들을 사랑한다.

브랜든 무조건적인 우정과 사랑, 수용에 감사드려요. 제 불평을 들어주셔서 감사합니다. 먼데이 노트_{Monday Note} 등에 감사드립니다. 있는 그대로 당신의 모습을 보여줘서 고마워요.

저를 믿고 영감을 주신 분들에게 벤, 콜, 베스, 켄, 만다, 아리아나, '선한' 안드레아, 앰버, 뉴올리언스의 올드 오크 스트리트 작가 그룹, 리즈, 킨테인, 케빈(나무 위 오두막집 짓기를 곧 같이 끝내야죠?), 블레이크(평화로이 영면하시길요), 데미안(평화로이 영면하시길요), 버랜트 부인, 제 오래된 블로그를 팔로우한 모든 분. 레나트, 할렌벡 부인, 존 론 지웨이, 애런 스나이더, 존 보트맨, 맷 랭던, 아리 코헨, 제 여행에 관심을 가져준 친절한 낯선 사람들, 어리석은 탓에 제가 기억하기 힘들지만, 저를 격려해 주신 모든 분(그리고 제시카, 당신 말이 맞았어요. 힘들지만 저는 항상 결국 해내요).

자신이 전혀 예민하다고 생각하지 않는 모든 분, 제가 쓰고 있는 책에 대해 설명할 때 들어주셨던 분들, 질문을 연달아서 하거나 아무 말도 하지 않았지만, 곰곰이 생각해 본 후 자신의 또 다른 면을 보기 시작한(때로는 인정하기도 한) 분들에게 저 역시 그랬어요. 당신은 잘하고 있어요. 그저 (은밀하게 또는 공개적으로) 예민한 자신에게 충실하세요.

그리고 신에게(어떤 신이든 간에) 당신을 볼 수 있습니다. 당신이 하신 일을 알아요. 감사합니다.

독자 여러분께

마지막으로, 저희는 센서티브 레퓨지와 인트로버트의 독자들과 팬들에게 감사를 표하고 싶습니다. 여러분이 없었다면 이 책은 존재하지 않았을 것입니다. 여러분 중 많은 분이 오랫동안 저희 글을 읽어주셨고, 여러분이 보내주신 지지와 열정은 저희를 겸손하게 만들었습니다. 조용하고 예민한 영혼인 여러분 감사합니다.

- **예민함**은 당신이 얼마나 깊이 세상을 즉, 물리적 환경과 정서적 환경을 인지하고 반응하는지를 의미한다. 뇌가 정보를 더 깊이 처리할수록, 더 예민한 사람이다. **예민하다**sensitive를 더 정확히 나타내는 단어는 **잘 반응하는**responsive일 수 있다.

- **예민함은 인간의 근본적인 특성이다.** 모든 사람은 어느 정도 예민하고, 어떤 사람은 다른 사람에 비해 더 예민하다. 약 30%의 사람들이 매우 예민하다.

- **예민성은 유전적인 동시에 경험에 의해서도 형성된다.** 만약 당신이 예민하다면, 아마도 유전일 수 있다. 어린 시절의 특정한 경험들(많은 지원 또는 무시)이 당신의 예민성을 더욱 증가시켰을 수도 있다.

- **당신이 예민하다면, 그것은 당신의 일부이다.** 예민한 사람들은 예민함을 멈출 수 없고, 그래서도 안 된다. 대신에 사회가 예민함에는 창의력, 깊은 생각, 공감, 세부 사항에 대한 주목과 같은 많은 재능이 있다

는 것을 인식해야 한다. 이러한 특성들은 예리하고 세심한 사람들이 빛을 발하는 과학, 사업, 예술, 학계, 리더십, 기타 모든 삶의 영역에서 장점이 된다.

- **예민한 사람들은 사람들과 환경 모두를 잘 인지한다.** 그들은 미묘한 느낌, 사소한 세부 사항, 다른 사람들이 놓치는 변화를 알아차린다. 또한 더 많은 사회적, 정서적인 신호를 포착하기 때문에, 타인의 마음을 잘 읽고 심지어 낯선 사람들에게도 강하게 공감한다.

- **예민함에는 과도한 자극이라는 대가가 따른다.** 예민한 사람들은 혼란스럽고, 시끄럽거나 바쁜 환경에서 어려움을 겪는 경향이 있으며, 특히 더 빨리 더 많은 것을 성취해야 하는 압박감이 있다. 예민한 뇌는 모든 정보를 깊이 처리하기 때문에 바쁜 환경이나 일정에서 과부하가 걸린다.

- **예민함에 대한 사회의 잘못된 인식에도 불구하고, 그것은 건강한 성격 특성이다.** 예민함은 질환이 아니어서 진단 또는 치료가 필요하지 않으며, 내향성, 자폐증, 감각처리장애, 트라우마와 관련이 없다.

- **예민한 사람들에게는 센서티브 부스트 효과라는 장점이 있다.** 예민한 사람들은 어떤 종류의 경험에도 더 영향을 받기 때문에, 덜 예민한 사람들보다 지원, 교육, 격려로부터 훨씬 더 많은 것을 얻는다. 따라서 올바른 여건이 주어진다면 예민한 사람들은 다른 사람들을 빠르게 앞서나가고 더 많은 것을 성취할 수 있는 부스트 효과를 누린다.

Elaine Aron's The Highly Sensitive Person: How to Thrive When the World Over\-whelms You (New York: Carol Publishing Group, 1996)

Tom Falkenstein's The Highly Sensitive Man: Finding Strength in Sensitivity (New York: Citadel Press/Kensington Publishing, 2019)

Sharon Martin's The Better Boundaries Workbook: A CBT-Based Program to Help You Set Limits, Express Your Needs, and Create Healthy Relationships (Oakland, CA: New Harbinger Publications, 2021)

Our website, Sensitive Refuge, sensitiverefuge .com

Maureen Gaspari's blog, thehighlysensitivechild .com, which offers advice for par\-enting sensitive children and includes many free resources and printable check\-lists and worksheets

Michael Pluess's website, sensitivityresearch .com, which is dedicated to bringing academic information about sensitivity to the public

Therapist Julie Bjelland's website, juliebjelland .com, which offers many resources to help sensitive people thrive in life; includes a free blog and podcast as well as paid courses

April Snow's Find Your Strength: A Workbook for the Highly Sensitive Person

(New York: Wellfleet Press, 2022)

Brian R. Johnston's It's Okay to Fail: A Story for Highly Sensitive Children, self-published, 2018

Bill Eddy's It's All Your Fault! 12 Tips for Managing People Who Blame Others for Everything (High Conflict Institute Press, 2008) and other resources from the High Conflict Institute, highconflictinstitute .com

Shahida Arabi's The Highly Sensitive Person's Guide to Dealing with Toxic People: How to Reclaim Your Power from Narcissists and Other Manipulators (California: New Harbinger Publications, 2020)

Human Improvement Project's Happy Child app, humanimprovement .org /the -happy - child - app, which is not specifically about sensitive people but offers science-backed advice to help any parent create close, healthy bonds with their children

The Healthy Minds Program app, a free meditation and mindfulness app from neu\-roscientist Richard Davidson's nonprofit organization, Healthy Minds Innova\-tion, hminnovations .org

Daniel J. Siegel and Tina Payne Bryson's The Whole-Brain Child: 12 Revolutionary Strategies to Nurture Your Child's Developing Mind (New York: Bantam, 2012), which offers great tips to help parents teach their children emotional regulation

1장 예민함: 약점일까? 특별한 능력일까?

Page 24   **그는 혁신이:** 게오르크 짐멜의 논문 〈대도시와 정신생활The Metropolis and
              Mental Life〉은 여러 가지로 해석되어 왔으며, 그는 우리가 이 책에 포함
              하지 않은 많은 점을 지적한다. 학술적 개요에 대해서는 다음을 참조:
              Dietmar Jazbinsek, "The Metropolis and the Mental Life of Georg
              Simmel," Journal of Urban History 30, no. 1 (2003): 102−25, https://
              doi.org/10.1177/0096144203258342. 일반 독자들의 경우에는 예일 대
              학 모더니즘 연구소가 온라인으로 출판한 다음 요약본이 도움이 될 것이
              다: Matthew Wilsey, "The Metropolis and Mental Life," Campuspress,
              Yale University, n.d., https://campuspress.yale.edu/modernismlab/
              the-metropolis-and-mental-life/. 짐멜의 전체 에세이는 다음을 참
              조: George Simmel, 《게오르크 짐멜의 사회학The Sociology of George Simmel》,
              trans. Kurt Wolff (New York: Free Press, 1950), 409−24.

Page 24   **'외부 및 내부의 자극':** 짐멜, 《게오르크 짐멜의 사회학》

Page 24   **'정신력':** 짐멜, 《게오르크 짐멜의 사회학》

Page 25   **'심드렁blasé':** 짐멜, 《게오르크 짐멜의 사회학》

Page 25   **'악화하고 집어삼키는':** George Simmel, "Die Großstädte und das

Geistesleben," in Die Großstadt: Vorträge und *Aufsaä.tze zur Staä. dteausstellung*, vol. 9, ed. T. Petermann, independent translation (Dresden: Zahn & Jaensch, 1903), 186–206.

Page 26 한 추정에 따르면: Rick Smolan and Jennifer Erwitt, The Human Face of Big Data (Sausalito, CA: Against All Odds Productions, 2012); and Susan Karlin, "Earth's Nervous System: Looking at Humanity Through Big Data," Fast Company, November 28, 2012, https:// www .fastcompany .com /1681986 /earth -s -nervous -system -looking -at -humanity -through -big -data.

Page 26 2020년 현재 우리는: Irfan Ahmad, "How Much Data Is Generated Every Minute? [Infographic]," Social Media Today, June 15, 2018, https:// www .socialmediatoday .com /news /how -much -data -is -generated -every -minute -infographic -1 /525692/.

Page 26 이 기구를 연구하는 연구자들은: 레오 골드버거Leo Goldberger, 슐로모 브레즈 니츠Shlomo Breznitz, 《스트레스 핸드북Handbook of Stress》, 2nd ed. (New York: Free Press, 1993).

Page 29 "나는 너무 예민해.": Mariella Frostrup, "I'm Too Sensitive. How Can I Toughen Up?" Guardian, January 26, 2014, https:// www .theguardian .com /lifeandstyle /2014 /jan /26 /im -too -sensitive -want -to -toughen -up -mariella -frostrup.

Page 29 "어떻게 하면 지나치게 예민해지는 것을 멈출 수 있을까요?": "How to Stop Being So Sensitive," JB Coaches, February 3, 2020, https:// jbcoaches .com /how -to -stop -being -so -sensitive/.

Page 29 실험은 아기들에 대한 간단한 관찰로 시작되었다: Robin Marantz-Henig, "Understanding the Anxious Mind,"《뉴욕 타임스New York Times》, September 29, 2009, https:// www .nytimes .com /2009 /10 /04 / magazine /04anxiety -t .html.

Page 30 '고반응성': Marantz-Henig, "Understanding the Anxious Mind."

Page 30 대부분 학교에서 높은 점수를 받았고: Marantz-Henig, "Understanding the Anxious Mind."

Page 30   **수십 명의 연구자들이 이 사실을 확인했는데: 예컨대 다음의 연구들이 다.** Corina U. Greven, Francesca Lionetti, Charlotte Booth, Elaine N. Aron, Elaine Fox, Haline E. Schendan, Michael Pluess, Hilgo Bruining, Bianca Acevedo, Patricia Bijttebier, and Judith Homberg, "Sensory Processing Sensitivity in the Context of Environmental Sensitivity: A Critical Review and Development of Research Agenda," Neuroscience & Biobehavioral Reviews 98 (March 2019), 287-305, https:// doi .org/ 10 .1016/ j .neubiorev .2019 .01 .009.

Page 30   **일레인 아론이 가장 유명하다: 아론은 '매우 민감한 사람**highly sensitive person' 이라는 용어를 만들어내 그녀의 책 《타인보다 더 민감한 사람*The Highly Sensitive Person: How to Thrive When the World Overwhelms You*》(New York: Broadway Books, 1998)에서 대중에게 소개했다.

Page 30   **케이건이 일부 고반응성 아이들에게서 관찰한 두려움은:** Marantz-Henig, "Understanding the Anxious Mind."

Page 32   **최근 연구에 따르면:** In adults, for example, see Francesca Lionetti, Arthur Aron, Elaine N. Aron, G. Leonard Burns, Jadzia Jagiellowicz, and Michael Pluess, "Dandelions, Tulips and Orchids: Evidence for the Existence of Low-Sensitive, Medium-Sensitive and High-Sensitive Individuals," Translational Psychiatry 8, no. 24 (2018), https://doi. org/10.1038/s41398-017-0090-6. In children, see Michael Pluess, Elham Assary, Francesca Lionetti, Kathryn J. Lester, Eva Krapohl, Elaine N. Aron, and Arthur Aron, "Environmental Sensitivity in Children: Development of the Highly Sensitive Child Scale and Identification of Sensitivity Groups," Developmental Psychology 54, no. 1 (2018), 51-70, doi: https:// doi .org/ 10 .1037/ dev0000406. And for an integrated overview of a large number of studies, see Michael Pluess, Francesca Lionetti, Elaine Aron, and Arthur Aron, "People Differ in Their Sensitivity to the Environment: An Integrated Theory and Empirical Evidence," (2020). 10 .31234/ osf .io/ w53yc.

Page 39   **그 증거는 얼마나 많은 종이 이 특성을 발전시켰는지 살펴보기만 하면 된다:**

아론,《타인보다 더 민감한 사람》

Page 40 **게다가 연구자들은**: Emily Deans, "On the Evolution of the Serotonin Transporter Gene,"《사이컬러지 투데이Psychology Today》, September 4, 2017, https:// www .psychologytoday .com /us /blog /evolutionary -psychiatry /201709 /the -evolution -the -serotonin -transporter -gene.

Page 40 **붉은털원숭이를 따라다니며 관찰하는 것만으로도**: S. J. Suomi, "Early Determinants of Behaviour: Evidence from Primate Studies," *British Medical Bulletin* 53, no. 1 (1997): 170 – 84, doi: 10 .1093 /oxfordjournals .bmb .a011598; and S. J. Suomi, "Up-Tight and Laid-Back Monkeys: Individual Differences in the Response to Social Challenges," in *Plasticity* of Development, edited by S. Brauth, W. Hall, and R. Dooling (Cambridge, MA: MIT, 1991), 27 – 56.

Page 40 **직관력과 예민함 사이의 연관성은**: Jonathan P. Roiser, Robert D. Rogers, Lynnette J. Cook, and Barbara J. Sahakian, "The Effect of Polymorphism at the Serotonin Transporter Gene on Decision-Making, Memory and Executive Function in Ecstasy Users and Controls," *Psychopharmacology* 188, no. 2 (2006): 213 – 27, https:// doi .org /10 .1007 /s00213 -006 -0495 -z.

Page 40 **컴퓨터 시뮬레이션을 이용한 자연 선택에 대한 또 다른 연구는**: M. Wolf, G. S. van Doorn, and F. J. Weissin, "Evolutionary Emergence of Responsive and Unresponsive Personalities," *Proceedings of the National Academy of Sciences* 105, no. 41 (2008): 15,825 – 30, https:// doi .org /10 .1073 /pnas .0805473105.

Page 41 **간호사인 그녀는 불평하는 것을 좋아하진 않지만**: 테드 제프Ted Zeff, 일레인 아론Elaine Aron,《예민함의 힘The Power of Sensitivity: Success Stories by Highly Sensitive People Thriving in a Non-Sensitive World》(San Ramon, CA: Prana Publishing, 2015).

Page 42 **"저는 정신없이 빠르게 돌아가는"**: 제프,《예민함의 힘》

Page 42 **"만약 환자의 몸이"**: 제프,《예민함의 힘》

Page 43 **"제가 그녀를 살릴"**: 제프,《예민함의 힘》

Page 43   "제가 가진 예민한 재능을": 제프, 《예민함의 힘》

Page 44   2010년, 자지아: Jadzia Jagiellowicz, Xiaomeng Xu, Arthur Aron, Elaine Aron, Guikang Cao, Tingyong Feng, and Xuchu Weng, "The Trait of Sensory Processing Sensitivity and Neural Responses to Changes in Visual Scenes," *Social Cognitive and Affective Neuroscience* 6, no. 1 (2011): 38-47, https:// doi .org /10 .1093 /scan /nsq001.

Page 45   예민한 사람일수록: Jagiellowicz et al., "Sensory Processing Sensitivity."

Page 45   신경과학자인 비앙카 아세베도는: Bianca Acevedo, T. Santander, R. Marhenke, Arthur Aron, and Elaine Aron, "Sensory Processing Sensitivity Predicts Individual Differences in Resting-State Functional Connectivity Associated with Depth of Processing," *Neuropsychobiology* 80 (2021): 185-200, https:// doi .org /10 .1159 /000513527.

Page 46   지워내기 위해: University of California, Santa Barbara, "The Sensitive Brain at Rest: Research Uncovers Patterns in the Resting Brains of Highly Sensitive People," *ScienceDaily*, May 4, 2021, https:// www .sciencedaily .com /releases /2021 /05 /210504135725 .htm.

Page 46   주요 특징: University of California, Santa Barbara, "Sensitive Brain at Rest."

Page 47   임상 연구: 린다 실버맨Linda Silverman, 저자와의 이메일, January 7, 2022.

Page 47   성공적인 음악가들에 대한 연구: Scott Barry Kaufman, "After the Show: The Many Faces of the Creative Performer," *Scientific American*, June 10, 2013, https:// blogs .scientificamerican .com /beautiful -minds / after -the -show -the -many -faces -of -the -creative -performer/.

Page 48   아론을 포함한 일부 전문가들은: 일레인 아론Elaine Aron, 《타임지Time Magazine》: 'The Power of (Shyness)' and High Sensitivity, 《사이칼러지 투데이》, February 2, 2012, https:// www .psychologytoday .com /us /blog / attending-the -undervalued -self /201202 /time -magazine -the -power -shyness -and -high -sensitivity.

Page 48   아론은: 아론, 《타임지》

Page 50 　전문가들은 예민한 사람이: Elaine Aron, "HSPs and Trauma," The Highly Sensitive Person, November 28, 2007, https:// hsperson .com / hsps -and -trauma/.

Page 50 　그러나 트라우마와 예민함은: Acevedo et al., "Functional Highly Sensitive Brain."

Page 52 　평생: Fáabio Augusto Cunha, "The Challenges of Being a Highly Sensitive Man," Highly Sensitive Refuge, May 12, 2021, https:// highlysensitiverefuge .com /the -challenges -of -being -a -highly -sensitive -man/.

Page 53 　만약 남자 동료들이: Nell Scovell, "For Any Woman Who's Ever Been Told She's Too 'Emotional' at Work, . . ." Oprah.com, n.d., https:// www .oprah .com /inspiration /for -any -woman -whos -ever -been -told -shes -too -emotional -at -work.

Page 53 　분노 역시 감정이라는: Scovell, "For Any Woman."

Page 54 　저의 HSP 특성을 이해하니: Michael Parise, "Being Highly Sensitive and Gay," LGBT Relationship Network, n.d., https:// lgbtrelationshipnet work .org /highly -sensitive -gay/.

Page 54 　특히 흑인은: Kara Mankel, "Does Being a 'Superwoman' Protect African American Women's Health?" Berkeley News, September 30, 2019, https:// news .berkeley .edu /2019 /09 /30 /does -being -a -superwoman -protect -african -american -womens -health/.

Page 54 　그때 그녀의 아버지는: Raneisha Price, "Here's What No One Told Me About Being a Highly Sensitive Black Woman," Highly Sensitive Refuge, October 16, 2020, https:// highlysensitiverefuge .com /highly -sensitive -black -woman/.

Page 56 　짐멜은 시민들이: 짐멜,《게오르크 짐멜의 사회학》

2장 예민함이라는 재능

Page 61 　손에 땀을 쥐게 하고: Richard Ford, "Richard Ford Reviews Bruce

Springsteen's Memoir," 《뉴욕 타임스》, September 22, 2016, https:// www .nytimes .com /2016 /09 /25 /books /review /bruce -springsteen -born -to -run -richard -ford .html.

Page 62   **매우 예민한 아이였고**: Bruce Springsteen, "Bruce Springsteen: On Jersey, Masculinity and Wishing to Be His Stage Persona," interview by Terry Gross, Fresh Air, NPR, October 5, 2016, https:// www .npr .org /2016 /10 /05 /496639696 /bruce -springsteen -on -jersey -masculinity -and -wishing -to -be -his -stage -persona.

Page 62   **마마보이**: 브루스 스프링스틴Bruce Springsteen, 《본 투 런Born to Run》 (New York: Simon & Schuster, 2017).

Page 63   **여러 연구가**: Joan Y. Chiao and Katherine D. Blizinsky, "Culture-Gene Coevolution of Individualism-Collectivism and the Serotonin Transporter Gene," *Proceedings Biological Sciences* 277, no. 1681 (2010): 529 – 37, https:// doi .org /10 .1098 /rspb .2009 .1650.

Page 64   **하지만 존 치아오는 이 결론을 받아들이기 힘들었다**: Chiao and Blizinsky, "Culture-Gene Coevolution."

Page 65   **예를 들어 한 연구는**: Dean G. Kilpatrick, Karestan C. Koenen, Kenneth J. Ruggiero, Ron Acierno, Sandro Galea, Heidi S. Resnick, John Roitzsch, John Boyle, and Joel Gelernter, "The Serotonin Transporter Genotype and Social Support and Moderation of Posttraumatic Stress Disorder and Depression in Hurricane-Exposed Adults," *American Journal of Psychiatry* 164, no. 11 (2007): 1693 – 99, https:// doi .org /10 .1176 /appi .ajp .2007 .06122007.

Page 65   **10대들을 대상으로 한 또 다른 연구**: David Dobbs, "The Depression Map: Genes, Culture, Serotonin, and a Side of Pathogens," *Wired*, September 14, 2010, https:// www .wired .com /2010 /09 /the -depression -map -genes -culture -serotonin -and -a -side -of -pathogens/.

Page 66   **사회적 예민성 유전자**: Baldwin M. Way and Matthew D. Lieberman, "Is There a Genetic Contribution to Cultural Differences? Collectivism,

Individualism and Genetic Markers of Social Sensitivity," *Social Cognitive and Affective Neuroscience* 2-3 (2010): 203-11, https:// doi .org /10 .1093 /scan /nsq059.

Page 66 **오늘날 과학자들은**: J. Belsky, C. Jonassaint, Michael Pluess, M. Stanton, B. Brummett, and R. Williams, "Vulnerability Genes or Plasticity Genes?" Molecular Psychiatry 14, no. 8 (2009): 746-54, https:// doi .org /10 .1038 /mp .2009 .44.

Page 67 **가소성 유전자**: Belsky et al., "Vulnerability Genes or Plasticity Genes?"

Page 68 **예민도가 다른 3가지 주요 원인**: Hanne Listou Grimen and ÅAge Diseth, "Sensory Processing Sensitivity: Factors of the Highly Sensitive Person Scale and Their Relationships to Personality and Subjective Health Complaints," *Comprehensive Psychology* (2016), https:// doi .org /10 .1177 /2165222816660077; Michael Pluess, interview with authors via Zoom, November 23, 2021; and Kathy A. Smolewska, Scott B. McCabe, and Erik Z. Woody, "A Psychometric Evaluation of the Highly Sensitive Person Scale: The Components of Sensory-Processing Sensitivity and Their Relation to the BIS/BAS and 'Big Five,' " *Personality and Individual Differences* (2006), https:// doi .org /10 .1016 /j .paid .2005 .09 .022.

Page 71 **예민함은 유전자의 변이와**: Corina U. Greven and Judith R. Hornberg, "Sensory Processing Sensitivity: For Better or Worse? Theory, Evidence, and Societal Implications," ch. 3 in 《매우 민감한 뇌*The Highly Sensitive Brain: Research, Assessment, and Treatment of Sensory Processing Sensitivity*》, ed. 비앙카 아세베도Bianca Acevedo (San Diego: Academic Press, 2020).

Page 71 **2001년 9월 11일 아침**: Annie Murphy Paul, "How Did 9/11 and the Holocaust Affect Pregnant Women and Their Children?," *Discover Magazine*, October 14, 2010, https:// www .discovermagazine .com /health /how -did -9 -11 -and -the -holocaust -affect -pregnant -women -and -their -children.

Page 71 **이들 중 약 1,700명이**: 애니 머피 폴Annie Murphy Paul, 《오리진-엄마 뱃속 9개

월에 관한 모든 오해와 진실Origins: How the Nine Months Before Birth Shape the Rest of Our Lives》 (New York: Free Press, 2011).

Page 71　**이 임산부들의 약 절반이**: Danielle Braff, "Moms Who Were Pregnant During 9/11 Share Their Stories,"《*시카고 트리뷴Chicago Tribune*》, September 7, 2016, https:// www .chicagotribune .com /lifestyles /sc -911 -moms -family -0906 -20160911 -story .html.

Page 72　**같은 날 아침**: Rachel Yehuda, Stephanie Mulherin Engel, Sarah R. Brand, Jonathan Seckl, Sue M. Marcus, and Gertrud S. Berkowitz, "Transgenerational Effects of Posttraumatic Stress Disorder in Babies of Mothers Exposed to the World Trade Center Attacks During Pregnancy," *Journal of Clinical Endocrinology & Metabolism* 90, no. 7 (2005): 4115 - 18, https:// doi .org /10 .1210 /jc .2005 -0550.

Page 72　**이 자녀 중 많은 사람이**: Yehuda et al., "Transgenerational Effects."

Page 73　**이후의 연구는**: Yehuda et al., "Transgenerational Effects." https:// www .ncbi .nlm .nih .gov /pmc /articles /PMC2612639/ and https:// www.ncbi.nlm.nih.gov/pmc/articles/PMC2612639/.

Page 73　**후생유전학이라고 부르는**: Centers for Disease Control and Prevention, "What Is Epigenetics?," U.S. Department of Health & Human Services, August 3, 2020, https:// www .cdc .gov /genomics /disease / epigenetics .htm.

Page 74　**프레리들쥐에 대한 최근 연구는**: Sarah Hartman, Sara M. Freeman, Karen L. Bales, and Jay Belsky, "Prenatal Stress as a Risk and an Opportunity-Factor," *Psychological Science* 29, no. 4 (2018): 572 - 80, https:// doi .org /10 .1177 /0956797617739983.

Page 76　**유전자는 예민성 정도에 약 47% 영향을 미치고**: Elham Assary, Helena M. S. Zavos, Eva Krapohl, Robert Keers, and Michael Pluess, "Genetic Architecture of Environmental Sensitivity Reflects Multiple Heritable Components: A Twin Study with Adolescents," *Molecular Psychiatry* 26 (2021): 4896 - 4904, https:// doi .org /10 .1038 /s41380 -020 -0783 -8.

Page 76　**이것은 여전히 탐구해야 할**: 플루에스Pluess, 인터뷰

Page 76 **어린이들의 예민성 수준**: Z. Li, M. Sturge-Apple, H. Jones-Gordils, and P. Davies, "Sensory Processing Sensitivity Behavior Moderates the Association Between Environmental Harshness, Unpredictability, and Child Socioemotional Functioning," *Development and Psychopathology* (2022): 1-14, https:// doi .org /10 .1017 / S0954579421001188.

Page 79 **하지만 이러한 어린 시절의 경험은**: 플루에스, 인터뷰

Page 80 **플루에스가 말했듯이**: 플루에스, 인터뷰

Page 80 **이 이론을 검증하기 위해**: Michael Pluess and Ilona Boniwell, "Sensory-Processing Sensitivity Predicts Treatment Response to a School-Based Depression Prevention Program: Evidence of Vantage Sensitivity," *Personality and Individual Differences* 82 (2015): 40-45, https:// doi .org /10 .1016 /j .paid .2015 .03 .011.

Page 81 **이혼 직전의 예민한 성인이**: Michael Pluess, Galena Rhoades, Rob Keers, Kayla Knopp, Jay Belsky, Howard Markman, and Scott Stanley, "Genetic Sensitivity Predicts Long-Term Psychological Benefits of a Relationship Education Program for Married Couples," *Journal of Consulting and Clinical Psychology* 90, no. 2 (2022): 195-207, https:// doi .org /10 .1037 /ccp0000715.

Page 81 **좋은 보살핌을 받는 예민한 아이들은**: Grazyna Kochanska, Nazan Aksan, and Mary E. Joy, "Children's Fearfulness as a Moderator of Parenting in Early Socialization: Two Longitudinal Studies," *Developmental Psychology* 43, no. 1 (2007): 222-37, https:// doi .org /10 .1037 /0012 -1649 .43 .1 .222.

Page 81 **이타적인 행동에서 더 높은 점수를 받는다**: Paul G. Ramchandani, Marinus van IJzendoorn, and Marian J. Bakermans-Kranenburg, "Differential Susceptibility to Fathers' Care and Involvement: The Moderating Effect of Infant Reactivity," Family Science 1, no. 2 (2010): 93-101, https:// doi .org /10 .1080 /19424621003599835.

Page 83 **화를 잘 내고 못마땅해 하는 아버지 밑에서 자란**: 스프링스틴, 《본 투 런》.

Page 84 **가장 많은 돈을 버는:** "World's Highest-Paid Musicians 2014," *Forbes*, December 10, 2014, https:// www .forbes .com /pictures /eeel45fdddi /5 -bruce -springsteen -81 -million / ?sh = 1f66bd816d71.

Page 84 **'온화함, 소심함, 겁, 불안감을 숨기고 있는':** 스프링스틴, 《본 투 런》.

Page 84 **창조물:** Michael Hainey, "Beneath the Surface of Bruce Springsteen," *Esquire*, November 27, 2018, https:// www .esquire .com / entertainment /a25133821 /bruce -springsteen -interview -netflix -broadway -2018/.

3장 예민함의 다섯 가지 선물

Page 89 **제인 구달이:** "Being with Jane Goodall," in 〈과학자와 엔지니어의 숨겨진 삶*The Secret Life of Scientists and Engineers*〉, season 2015, episode 1, January 12, 2015, PBS, https:// www .pbs .org /video /secret -life -scientists -being -jane -goodall/.

Page 89 **고릴라 코코:** Allen and Beatrix Gardner, the first scientists to teach a gorilla to use sign language, drew partly on the work of Jane Goodall. See Roger Fouts and Erin McKenna, "Chimpanzees and Sign Language: Darwinian Realities Versus Cartesian Delusions," Pluralist 6, no. 3 (2011): 19, https:// doi .org /10 .5406 /pluralist .6 .3 .0019.

Page 90 **하지만 구달이:** Maria Popova, "How a Dream Came True: Young Jane Goodall's Exuberant Letters and Diary Entries from Africa," *Marginalian*, July 14, 2015, https:// www .themarginalian .org /2015 /07 /14 /jane -goodall -africa -in -my -blood -letters/.

Page 90 **과학자로서 객관적이어야 하기 때문에:** 〈과학자와 엔지니어의 숨겨진 삶〉, "Being with Jane Goodall."

Page 91 **"공감은 정말 중요해요.":** 〈과학자와 엔지니어의 숨겨진 삶〉, "Being with Jane Goodall."

Page 92 **'헐떡거리는 소리':** Frans de Waal, "Sex, Empathy, Jealousy: How Emotions and Behavior of Other Primates Mirror Our Own," interview by Terry Gross, *Fresh Air*, NPR, March 19, 2019, https:// www .npr .org /transcripts /704763681.

Page 93   '공감'이라는 단어는: Karsten Stueber, "Empathy," in The *Stanford Encyclopedia of Philosophy*, ed. Edward N. Zalta, revised June 27, 2019, https://plato.stanford.edu /archives/fall2019/entries/empathy/; and Gustav Jahoda, "Theodor Lipps and the Shift from 'Sympathy' to 'Empathy?,' " *Journal of the History of the Behavioral Sciences* 41, no. 2 (2005): 151–63, https:// doi .org /10 .1002 /jhbs .20080.

Page 94   1장에서 설명한 한 연구: Bianca Acevedo, T. Santander, R. Marhenke, Arthur Aron, and Elaine Aron, "Sensory Processing Sensitivity Predicts Individual Differences in Resting-State Functional Connectivity Associated with Depth of Processing," *Neuropsychobiology* 80 (2021): 185–200, https:// doi .org / 10 .1159 /000513527.

Page 94   공감은 제인 구달이 성공하게 된 요인인 바로 그 특성이다: 〈과학자와 엔지니어의 숨겨진 삶〉, "Being with Jane Goodall."

Page 94   공감은 유전적이며: Helen Riess, "The Science of Empathy," *Journal of Patient Experience* 4, no. 2 (2017): 74–77, https:// doi .org /10 .1177 /2374373517699267; and V. Warrier, R. Toro, B. Chakrabarti, et al., "Genome-Wide Analyses of Self-Reported Empathy: Correlations with Autism, Schizophrenia, and Anorexia Nervosa," *Translational Psychiatry* 8, no. 35 (2018), https:// doi .org /10 .1038 /s41398 -017 -0082 -6.

Page 94   가르칠 수 있는 것: Riess, "Science of Empathy" F. Diane Barth, "Can Empathy Be Taught?," *Psychology Today*, October 18, 2018, https:// www .psychologytoday .com /us /blog /the -couch /201810 /can -empathy -be -taught; and Vivian Manning-Schaffel, "What Is Empathy and How Do You Cultivate It?," NBC News, May 29, 2018, https:// www .nbcnews .com /better /pop -culture /can -empathy -be -taught -ncna878211.

Page 95   심리학 교수인 아비가일 마쉬는: Abigail Marsh, "Abigail Marsh: Are We

Wired to Be Altruistic?" interview by Guy Raz, *TED Radio Hour*, NPR, May 26, 2017, https:// www .npr .org /transcripts /529957471; and Abigail Marsh, "Why Some People Are More Altruistic Than Others," video, TEDSummit, June 2016, https:// www .ted .com /talks /abigail _marsh _why _some _people _are _more _altruistic _than _others ?language = en.

Page 95 **20여 년 후**: Kristen Milstead, "New Research May Support the Existence of Empaths," *PsychCentral*, July 30, 2018, https:// psychcentral .com /blog /new -research -may -support -the -existence -of -empaths #1.

Page 95 **공감 능력이 낮은 사람의 극단적인 예는**: Marsh, "Are We Wired to Be Altruistic?" and Marsh, "Why Some People Are More Altruistic."

Page 96 **공감 능력이 없는 탓에**: 사이먼 바론 코헨Simon Baron-Cohen, 《악의 과학: 공감과 잔인함의 기원에 대하여The Science of Evil: On Empathy and the Origins of Cruelty》 (New York: Basic Books, 2012), ch. 3.

Page 96 **모든 사이코패스가 범죄를 저지르는 것은 아니지만**: Tori DeAngelis, "A Broader View of Psychopathy: New Findings Show That People with Psychopathy Have Varying Degrees and Types of the Condition," *American Psychological Association* 53, no. 2 (2022): 46, https:// www .apa .org /monitor /2022 /03 /ce -corner -psychopathy.

Page 96 **법원 사건들은 이를 뒷받침한다**: Kent A. Kiehl and Morris B Hoffman, "The Criminal Psychopath: History, Neuroscience, Treatment, and Economics," *Jurimetrics* 51 (2011): 355 – 97; and Wynne Parry, "How to Spot Psychopaths: Speech Patterns Give Them Away," Live Science, October 20, 2011, https:// www .livescience .com /16585 -psychopaths -speech -language .html.

Page 96 **스탠포드 교수**: 폴 R. 에얼릭Paul R. Ehrlich, 로버트 온스타인Robert E Ornstein, 《공감의 진화Humanity on a Tightrope: Thoughts on Empathy, Family and Big Changes for a Viable Future》 (Lanham, MD: Rowman & Littlefield, 2010).

Page 97 **'공감 부족'**: Claire Cain Miller, "How to Be More Empathetic," 《뉴욕 타

임스_New York Times_⟩, n.d., https:// www .nytimes .com /guides /year -of -living -better /how -to -be -more -empathetic.

Page 97   스미스는 그 해답은 무엇보다도 우리가 서로를 모방하는 능력에 있을 것이라는 의견을 내놓았다: Adam Smith, *The Theory of Moral Sentiments*, ed. D. D. Raphael and A. L. Macfie (Indianapolis: Liberty Fund, 1982), part I, section I, chapters III–V, https:// www .econlib .org /library / Smith /smMS .html ?chapter _num = 2 #book -reader; and Stueber, "Empathy."

Page 98   스미스와 동시대 인물이었던 데이비드 흄은: 데이비드 흄_David Hume_, ⟪인간본성론_A Treatise of Human Nature_⟫ (Oxford: Oxford University Press, 1978), 365.

Page 98   애덤 스미스의 이론은 당시에는 논쟁의 여지가 있었지만: Daniel B. Klein, "Dissing the Theory of Moral Sentiments: Twenty-Six Critics, from 1765 to 1949," *Econ Journal Watch* 15, no. 2 (2018): 201–54, https:// econjwatch .org /articles /dissing -the -theory -of -moral -sentiments -twenty -six -critics -from -1765 -to -1949.

Page 98   이제 그의 이론은 대체로 옳은 것으로 받아들여지고 있다: Lynne L. Kiesling, "Mirror Neuron Research and Adam Smith's Concept of Sympathy: Three Points of Correspondence," *Review of Austrian Economics* (2012), https:// doi .org /10 .2139 /ssrn .1687343.

Page 98   거울 뉴런은 몸의 움직임을 돕는 뇌의 운동 세포이다: Kiesling, "Mirror Neuron Research" and Antonella Corradini and Alessandro Antonietti, "Mirror Neurons and Their Function in Cognitively Understood Empathy," *Consciousness and Cognition* 22, no. 3 (2013): 1152–61, https:// doi .org /10 .1016 /j .concog .2013 .03 .003.

Page 98   연구를 통해 분명히 드러난 사실은 공감을 많이 하는 사람들도: Valeria Gazzola, Lisa Aziz-Zadeh, and Christian Keysers, "Empathy and the Somatotopic Auditory Mirror System in Humans," *Current Biology* 16, no. 18 (2006): 1824–29, https:// doi .org /10 .1016 /j .cub .2006 .07 .072; and Mbema Jabbi, Marte Swart, and Christian Keysers, "Empathy for Positive and Negative Emotions in the Gustatory Cortex," NeuroImage

34, no. 4 (2007): 1744–53, https:// doi .org /10 .1016 /j .neuroimage .2006 .10 .032.

Page 99 여기에는 예민한 사람들도 포함된다: Bianca P. Acevedo, Elaine N. Aron, Arthur Aron, Matthew-Donald Sangster, Nancy Collins, and Lucy L. Brown, "The Highly Sensitive Brain: An fMRI Study of Sensory Processing Sensitivity and Response to Others' Emotions," *Brain and Behavior* 4, no. 4 (2014): 580–94, https:// doi .org /10 .1002 /brb3 .242.

Page 99 스미스가 예측한 것처럼: Corradini and Antonietti, "Mirror Neurons."

Page 99 실험에서 이 연관성을 볼 수 있다: Paula M. Niedenthal, Lawrence W. Barsalou, Piotr Winkielman, Silvia Krauth-Gruber, and Françcois Ric, "Embodiment in Attitudes, Social Perception, and Emotion," *Personality and Social Psychology Review* 9, no. 3 (2005): 184–211, https:// doi .org /10 .1207 /s15327957pspr0903 _1.

Page 99 마쉬의 연구는: Abigail Marsh, "Neural, Cognitive, and Evolutionary Foundations of Human Altruism," *Wiley Interdisciplinary Reviews: Cognitive Science* 7, no. 1 (2015): 59–71, https:// doi .org /10 .1002 / wcs .1377; Marsh, "Why Some People Are More Altruistic."

Page 99 연구들이 이를 뒷받침한다: See, for example, Patricia L. Lockwood, Ana Seara-Cardoso, and Essi Viding, "Emotion Regulation Moderates the Association Between Empathy and Prosocial Behavior," *PLoS ONE* 9, no. 5 (2014): e96555, https:// doi .org /10 .1371 /journal .pone .0096555; Jean Decety and William Ickes, "Empathy, Morality, and Social Convention," in *The Social Neuroscience of Empathy*, ed. Jean Decety and William Ickes (Cambridge, MA: MIT Press, 2009); Baron-Cohen, Science of Evil and Leigh Hopper, "Mirror Neuron Activity Predicts People's Decision-Making in Moral Dilemmas, UCLA Study Finds," University of California, Los Angeles, January 4, 2018, https:// newsroom .ucla .edu /releases /mirror -neurons -in -brain -nature -of -morality -iacoboni.

Page 99 신생 분야: Ari Kohen, Matt Langdon, and Brian R. Riches, "The Making

of a Hero: Cultivating Empathy, Altruism, and Heroic Imagination,"
Journal of Humanistic Psychology 59, no. 4 (2017): 617–33, https:// doi
.org /10 .1177 /0022167817708064.

Page 100 **이러한 공감의 효과를 볼 수 있다**: 루시오 루소Lucio Russo, 《잊혀진 혁명The
Forgotten Revolution: How Science Was Born in 300 BC and Why It Had to Be Reborn》 (New York:
Springer, 2004).

Page 100 **"범용 용매"**: 바론 코헨,《악의 과학》 194.

Page 101 **연구원인 니나 볼프는**: Nina V. Volf, Alexander V. Kulikov, Cyril U.
Bortsov, and Nina K. Popova, "Association of Verbal and Figural
Creative Achievement with Polymorphism in the Human Serotonin
Transporter Gene," *Neuroscience Letters* 463, no. 2 (2009): 154–57,
https:// doi .org /10 .1016 /j .neulet .2009 .07 .070.

Page 102 **과학자들 사이에서 유명한 이론 중 하나는**: Maria Popova, "The Role of
'Ripeness' in Creativity and Discovery: Arthur Koestler's Seminal 1964
Theory of the Creative Process," *Marginalian*, August 8, 2012, https://
www .themarginalian .org /2012 /08 /08 /koestler -the -act -of
-creation/; Maria Popova, "How Creativity in Humor, Art, and Science
Works: Arthur Koestler's Theory of Bisociation," *Marginalian*, May
20, 2013, https:// www .themarginalian .org /2013 /05 /20 /arthur
-koestler -creativity -bisociation/; and Brian Birdsell, "Creative
Cognition: Conceptual Blending and Expansion in a Generative
Exemplar Task," *IAFOR Journal of Psychology & the Behavioral
Sciences* 5, SI (2019): 43–62, https:// doi .org /10 .22492 /ijpbs .5 .si .03.

Page 102 **"우리는 별의 물질로 이루어져 있다"**: 칼 세이건Carl Sagan, 《코스믹 커넥
션 - 우주에서 본 우리Carl Sagan's Cosmic Connection: An Extraterrestrial Perspective》
(Cambridge: Cambridge University Press, 2000), 190.

Page 102 **부다페스트에서 태어난 그는**: Wikipedia, s.v. "Arthur Koestler," updated
June 21, 2020, https:// en .wikipedia .org /wiki /Arthur _Koestler.

Page 106 **정도의 예민함**: Kawter, "Heroic Wife Brings Husband back to Life
One Hour after His 'Death,' " *Goalcast*, August 5, 2020, https:// www

.goalcast .com /wife -brings -husband -back -to -life -one -hour -after -his -death/.

Page 107 **예를 들어 군대에서**: National Research Council, Tactical Display for Soldiers: *Human Factors Considerations* (Washington, DC: National Academies Press, 1997).

Page 107 **비행기가 추락하지 않게 하며**: Mica R. Endsley, "Situation Awareness and Human Error: Designing to Support Human Performance," paper presented at the Proceedings of the High Consequence Systems Surety Conference, Albuquerque, NM, 1999. https:// www .researchgate .net /publication /252848339 _Situation _Awareness _and _Human _Error _ Designing _to _Support _Human _Performance.

Page 107 **발전소가 녹아내리지 않게 하고**: Maggie Kirkwood, "Designing for Situation Awareness in the Main Control Room of a Small Modular Reactor," *Proceedings of the Human Factors and Ergonomics Society Annual Meeting* 63, no. 1 (2019): 2185-89, https:// doi .org /10 .1177 /1071181319631154.

Page 107 **범죄를 해결하는데도 상황 인식이 중요한 역할을 담당**: T. F. Sanquist, B. R. Brisbois, and M. P. Baucum, "Attention and Situational Awareness in First Responder Operations Guidance for the Design and Use of Wearable and Mobile Technologies," report prepared for the U.S. Department of Energy, Richland, WA, 2016.

Page 107 **상황 인식이 부족하다면**: Endsley, "Situation Awareness and Human Error."

Page 107 **병원에서 잘못된 환자에게 항응고제를 주입하는 것과 같이**: Jeanne M. Farnan, "Situational Awareness and Patient Safety," Patient Safety Network, April 1, 2016, https:// psnet .ahrq .gov /web -mm / situational -awareness -and -patient -safety.

Page 107 **한편, 스포츠에서 감각 지능은**: Craig Pulling, Philip Kearney, David Eldridge, and Matt Dicks, "Football Coaches' Perceptions of the Introduction, Delivery and Evaluation of Visual Exploratory Activity,"

예민함의 힘

Psychology of Sport and Exercise 39 (2018): 81–89, https:// doi .org /10 .1016 /j .psychsport .2018 .08 .001.

Page 108 전 하키 선수 웨인 그레츠키의 시야 범위: Wikipedia, s.v. "Wayne Gretzky," updated March 19, 2019, https:// en .wikipedia .org /wiki /Wayne _ Gretzky.

Page 108 '위대한 선수': Wikipedia, s.v. "Wayne Gretzky."

Page 108 "동료 선수가 다음에 어디에 있을지 느낌이 옵니다": Wikipedia, s.v. "Wayne Gretzky."

Page 108 NFL 쿼터백 톰 브래디: Wikipedia, s.v. "Tom Brady," updated February 25, 2019, https:// en .wikipedia .org /wiki /Tom _Brady.

Page 108 눈물을 흘릴 정도로 예민한 사람인: TeaMoe Oliver, "Tom Brady Cried on National Television, and That's Why He's Great," *Bleacher Report*, April 12, 2011, https:// bleacherreport .com /articles /659535 -tom -brady -cried -on -national -television -and -thats -why -hes -great.

Page 110 인간과 원숭이 모두에서 예민성 유전자를 가진 개체는: H. P. Jedema, P. J. Gianaros, P. J. Greer, D. D. Kerr, S. Liu, J. D. Higley, S. J. Suomi, A. S. Olsen, J. N. Porter, B. J. Lopresti, A. R. Hariri, and C. W. Bradberry, "Cognitive Impact of Genetic Variation of the Serotonin Transporter in Primates Is Associated with Differences in Brain Morphology Rather Than Serotonin Neurotransmission," *Molecular Psychiatry* 15, no. 5 (2009): 512–22, https:// doi .org /10 .1038 /mp .2009 .90.

Page 112 이 재능의 근원은: R. M. Todd, M. R. Ehlers, D. J. Muller, A. Robertson, D. J. Palombo, N. Freeman, B. Levine, and A. K. Anderson, "Neurogenetic Variations in Norepinephrine Availability Enhance Perceptual Vividness," *Journal of Neuroscience* 35, no. 16 (2015): 6506–16, https:// doi .org /10 .1523 /jneurosci .4489 -14 .2015.

Page 112 1960년대: Sharon Lind, "Overexcitability and the Gifted," SENG — Supporting Emotional Needs of the Gifted, September 14, 2011, https:// www .sengifted .org /post /overexcitability -and -the -gifted.

Page 113   재능 있는 학생들을 가르치는 교육자들은: Lind, "Overexcitability and the Gifted" D. R. Gere, S. C. Capps, D. W. Mitchell, and E. Grubbs, "Sensory Sensitivities of Gifted Children," *American Journal of Occupational Therapy* 63, no. 3 (2009): 288–95, https:// doi .org /10 .5014 /ajot .63 .3 .288; and Linda Silverman, "What We Have Learned About Gifted Children 1979–2009," report prepared by the Gifted Development Center, 2009, https:// www .gifteddevelopment .org /s /What -We -Have -Learned -2009 .pdf.

Page 113   이 연관성에 대한 한 가지 가능한 설명은: Jennifer M. Talarico, Kevin S. LaBar, and David C. Rubin, "Emotional Intensity Predicts Autobiographical Memory Experience," *Memory & Cognition* 32, no. 7 (2004): 1118–32, https:// doi .org /10 .3758 /bf03196886; and Olga Megalakaki, Ugo Ballenghein, and Thierry Baccino, "Effects of Valence and Emotional Intensity on the Comprehension and Memorization of Texts," *Frontiers in Psychology* 10 (2019), https:// doi .org /10 .3389 /fpsyg .2019 .00179.

Page 113   하지만 오늘날 우리는 다른 종류의 지성, 즉 정서 지능에 초점을 맞춘다: Heather Craig, "The Theories of Emotional Intelligence Explained," PositivePsychology.com, August 2019, https:// positivepsychology .com /emotional -intelligence -theories/.

Page 113   정서 지능에는 예민한 사람들의 강점인 몇 가지 요소가 포함되어 있기 때문이 다: John D. Mayer, Richard D. Roberts, and Sigal G. Barsade, "Human Abilities: Emotional Intelligence," *Annual Review of Psychology* 59, no. 1 (2008): 507–36, https:// doi .org /10 .1146 /annurev .psych .59 .103006 .093646.

Page 113   예를 들어, 예민한 사람들은 자기 인식이 크다: J. D. Mayer, P. Salovey, and D. R. Caruso, "Emotional Intelligence: New Ability or Eclectic Traits?," *American Psychologist* 63, no. 6 (2008): 503–17, https:// doi .org /10 .1037 /0003 -066x .63 .6 .503.

Page 113   정서 지능은 정신 건강: Hassan Farrahi, Seyed Mousa Kafi, Tamjid

Karimi, and Robabeh Delazar, "Emotional Intelligence and Its Relationship with General Health Among the Students of University of Guilan, Iran," Iranian Journal of *Psychiatry and Behavioral Sciences* 9, no. 3 (2015), https:// doi .org /10 .17795 /ijpbs -1582.

Page 113 　더 나은 업무 성과: Dana L. Joseph, Jing Jin, Daniel A. Newman, and Ernest H. O'Boyle, "Why Does Self-Reported Emotional Intelligence Predict Job Performance? A Meta-Analytic Investigation of Mixed EI," *Journal of Applied Psychology* 100, no. 2 (2015): 298 – 342, https:// doi .org /10 .1037 /a0037681.

Page 113 　리더십 능력: Robert Kerr, John Garvin, Norma Heaton, and Emily Boyle, "Emotional Intelligence and Leadership Effectiveness," *Leadership & Organization Development Journal* 27, no. 4 (2006): 265 – 79, https:// doi .org /10 .1108 /01437730610666028.

Page 114 　마틴 루터 킹: Kelly C. Bass, "Was Dr. Martin Luther King Jr. a Highly Sensitive Person?" Highly Sensitive Refuge, February 4, 2022, https:// highlysensitiverefuge .com /was -dr -martin -luther -king -jr -a -highly -sensitive -person/.

Page 115 　"그 음악들은 깊은 그리움으로 가득 차 있었다.": 브루스 스프링스틴Bruce Springsteen, 《본 투 런》 (New York: Simon & Schuster, 2017).

Page 115 　비밀 병기: 스프링스틴, 《본 투 런》.

Page 116 　"여기 있을 때의 제 모습이 좋아요.": Bruce Springsteen, "Bruce Springsteen: On Jersey, Masculinity and Wishing to Be His Stage Persona," interview by Terry Gross, *Fresh Air*, NPR, October 5, 2016, https:// www .npr .org /2016 /10 /05 /496639696 /bruce -springsteen -on -jersey -masculinity -and -wishing -to -be -his -stage -persona.

4장 지나치게 시끄럽고, 복잡하고, 빠른 세상

Page 120 　앨리샤 데이비스: Alicia Davies, email correspondence with authors,

March 13, 2022.

Page 120 **으로 가득 찬**: Alicia Davies, "This Is What Overstimulation Feels Like for HSPs," Highly Sensitive Refuge, October 14, 2019, https://highlysensitiverefuge .com /what -overstimulation -feels -like/.

Page 120 **'사랑스러운 작은 침실'**: Davies, "What Overstimulation Feels Like."

Page 120 **드릴 소리, 톱질 소리**: Davies, "What Overstimulation Feels Like."

Page 120 **모든 대화가**: Davies, "What Overstimulation Feels Like."

Page 120 **울고 싶었어요**: Davies, "What Overstimulation Feels Like."

Page 125 **그러나 양동이의 크기와 상관없이**: 라리사 겔레리스_{Larissa Geleris}, 저자와 인터뷰, June 28, 2021.

Page 126 **양동이에 물이 가득 차면**: 겔레리스, 인터뷰

Page 126 **제 치료사는**: 겔레리스, 인터뷰

Page 126 **"제가 최대한 버티고 있다는 걸 느낄 수 있었어요."**: 겔레리스, 인터뷰

Page 127 **뒤돌아서**: 겔레리스, 인터뷰

Page 128 **보통 우리는 오감을 가지고 있다고 생각을 하지만**: 겔레리스, 인터뷰

Page 129 **하루 종일**: 겔레리스, 인터뷰

Page 129 **예민한 사람들은 특정 자극, 특히 소리와 촉각의 감각 입력에 더 반응하는 신경계를 가지고 있다**: 겔레리스, 인터뷰

Page 130 **위협 모드**: 폴 길버트_{Paul Gilbert}, 저자와 인터뷰, July 14, 2021.

Page 130 **'편도체 납치amygdala hijack'**: 다니엘 골먼_{Daniel Goleman}, 《감성지능_{Emotional Intelligence}》 (New York: Bantam Books, 2005).

Page 131 **'흥분되는 즐거움과 기쁨을 준다.'**: 길버트 인터뷰.

Page 131 **"사람들은 성취하고, 먹고, 무언가를 하고, 소유하는 것에 절대적으로 집착하게 되고"**: 길버트 인터뷰.

Page 133 **저와 제 주변의**: 데이비스_{Davies}, 이메일 답장

Page 135 **'내면에 번개 자국 같은 느낌'을 남겼다**: 라마 로드로 장모_{Lama Lodro Zangmo}, 저자와의 이메일, April 15, 2022.

Page 135 **침묵을 지키면**: 장모_{Zangmo}, 이메일 답장

Page 135 **과잉 자극될 수 있는 가능성**: 톰 팔켄슈타인_{Tom Falkenstein}, 일레인 아론_{Elaine Aron}, 벤 퍼거슨_{Ben Fergusson}, 《매우 민감한 남자_{The Highly Sensitive Man: Finding}

Strength in Sensitivity》(New York: Citadel Press, 2019).

Page 138 **과도한 자극을 받는 순간에는**: 겔레리스, 인터뷰

Page 138 **고유 수용성 감각 입력**: 겔레리스, 인터뷰

Page 140 **진정하거나 울음을 멈추지 않았을 것**: 팔켄슈타인, 아론, 퍼거슨,《*매우 민 감한 남자*》

Page 140 **감정적인 뇌가 활성화되면**: Julie Bjelland, "This Simple Mental Trick Has Helped Thousands of HSPs Stop Emotional Overload," Highly Sensitive Refuge, December 12, 2018, https:// highlysensitiverefuge .com /highly -sensitive -people -trick -bypass -emotional -overload/.

Page 141 **모든 감정에 대해 적어도 3가지의 인지적 사실을 적으라고**: Bjelland, "This Simple Mental Trick."

Page 144 **격한 감정에 압도당할 때**: 스티븐 C. 헤이스Stephen C. Hayes, 스펜서 제비어 스 미스Spencer Xavier Smith,《*마음에서 빠져나와 삶 속으로 들어가라Get Out of Your Mind and Into Your Life: The New Acceptance & Commitment Therapy*》(Oakland, CA: New Harbinger Publications, 2005).

Page 144 **감정이란 자연스럽게 오는 것이고**: Steven C. Hayes, "The Shortest Guide to Dealing with Emotions: People Often Avoid Emotions Instead of Confronting Them," *Psychology Today*, April 13, 2021, https:// www .psychologytoday .com /us /blog /get -out -your -mind /202104 /the -shortest -guide -dealing -emotions.

Page 145 **심리학자들은 이처럼 놀이에 집중하고 즐겁게 참여하는 것을 '놀이 윤리'라고 부른다**: Carolyn Cole, "How to Embrace Your 'Play Ethic' as a Highly Sensitive Person," Highly Sensitive Refuge, June 14, 2021, https:// highlysensitiverefuge .com /how -to -embrace -your -play -ethic -as -a -highly -sensitive -person/.

Page 145 **세월이 흐르면서 가려진다**: Cole, "Embrace Your 'Play Ethic.'"

Page 146 **"가능하다면 감정의 파도를 조금만 타세요."**: 겔레리스 인터뷰

5장 공감 능력이 뛰어나서 생기는 고통

Page 149 레이첼 혼은: Rachel Horne, "Sensitive and Burned Out? You Might Be Ready for the Nomad Life," Highly Sensitive Refuge, October 19, 2020, https:// highlysensitiverefuge .com /ready -for -the -nomad -life/.

Page 150 "저와 환자들이 느끼는 고통 사이에 직업적으로 거리를 두는 것은 불가능했어요.": 레이첼 혼Rachel Horne, 저자와 인터뷰, June 11, 2021.

Page 151 "저를 필요로 하는 사람들 앞에서는 참을 수 있었지만": 혼, 인터뷰

Page 151 그런데 그때: Rachel Horne, "As an HSP, the Hermit's Life Is the Best Life for Me," Highly Sensitive Refuge, July 26, 2021, https:// highlysensitiverefuge .com /as -an -hsp -the -hermits -life -is -the -best -life -for -me/.

Page 152 코로나19 팬데믹이 한창이던 2021년: Qing Yang and Kevin Parker, "Health Matters: Turnover in the Health Care Workforce and Its Effects on Patients," State Journal-Register, March 14, 2022, https:// www .sj -r .com /story /news/healthcare /2022 /03 /14 /turnover -health -care -workforce -and -its -effects -patients /7001765001/.

Page 155 카멜레온 효과: T. L. Chartrand and J. A. Bargh, "The Chameleon Effect: The Perception-Behavior Link and Social Interaction," Journal of Personality and Social Psychology 76, no. 6 (1999): 893–910, https:// doi .org / 10 .1037 / /0022–3514 .76 .6 .893.

Page 156 감정에 전염되고 되돌려 주는 이 생물학적 과정은 3가지 단계로 일어난다: Gary W. Lewandowski Jr., "Is a Bad Mood Contagious?," Scientific American Mind 23, no. 3 (2012): 72, https:// doi .org /10 .1038 / scientificamericanmind0712 -72a.

Page 157 한 연구는 배우자들이 서로의 스트레스 수준에 깊은 영향을 미친다는 것을 발견했다: Sherrie Bourg Carter, "Emotions Are Contagious: Choose Your Company Wisely," 《사이컬러지 투데이》, October 20, 2012, https:// www .psychologytoday .com /us /blog /high -octane -women /201210 /emotions -are -contagious -choose -your -company -wisely.

Page 158 여성이 남성보다 정서 전염, 특히 스트레스와 부정적인 감정에 더 취약한 것으로 나타났다: 일레인 해트필드Elaine Hatfield, 존 T. 카시오포John T. Cacioppo, 리차드 L. 랩슨Richard L. Rapson, 《정서 전염Emotional Contagion》 (Cambridge: Cambridge University Press, 2003).

Page 158 배우자의 우울증: Bourg Carter, "Emotions Are Contagious."

Page 158 한 연구에서: Bourg Carter, "Emotions Are Contagious."

Page 158 전 세계로 부정적인 감정을 퍼뜨리는 슈퍼 전파자이다: 해트필드, 카시오포, 랩슨, 《정서 전염》

Page 159 공감은 연습을 통해: Kelly McGonigal, "How to Overcome Stress by Seeing Other People's Joy," *Greater Good*, July 15, 2017, https:// greatergood .berkeley .edu /article /item /how _to _overcome _stress _by _seeing _other _peoples _joy.

Page 159 '세상에서 가장 행복한 사람': 로날드 시겔Ronald Siegel, 저자와 인터뷰, June 3, 2021.

Page 160 "이제 연민의 감정을 사용할 수 있을까요?": Ronald Siegel, "Overcoming Burnout: Moving from Empathy to Compassion," Praxis, July 3, 2019, https:// www .praxiscet .com /posts /overcoming -burnout -moving -from -empathy -to -compassion/.

Page 160 연민의 마법: Siegel, "Overcoming Burnout."

Page 161 연민에 대한 주요 연구자인: Tania Singer and Olga M. Klimecki, "Empathy and Compassion," *Current Biology* 24, no. 18 (2014): R875 - 78, https:// doi .org /10 .1016 /j .cub .2014 .06 .054.

Page 161 세상에 변화를 가져온다: Denise Lavoie, "Two 9/11 Widows Raise Funds to Help Bereaved Afghan Women," Boston.com, August 4, 2010, http:// archive .boston .com /news /local /massachusetts /articles /2010 /08 /04 /two _911 _widows _raise _funds _to _help _bereaved _ afghan _women/.

Page 165 마음가짐을 전환하는 입증된 방법 중 하나는: Antoine Lutz, Julie Brefczynski-Lewis, Tom Johnstone, and Richard J. Davidson, "Regulation of the Neural Circuitry of Emotion by Compassion

Meditation: Effects of Meditative Expertise," *PLoS ONE* 3, no. 3 (2008): e1897, https:// doi .org /10 .1371 /journal .pone .0001897.

Page 164 **"배려와 연민이 없는 공감은 자기중심적인 경험"**: Richard Davidson, "Tuesday Tip: Shift from Empathy to Compassion," Healthy Minds Innovations, December 8, 2020, https:// hminnovations .org / blog /learn -practice /tuesday -tip -shift -from -empathy -to -compassion.

Page 164 **마음가짐, '태도'**: Davidson, "Tuesday Tip."

Page 165 **'사랑하는 사람들이 잘되기를 바라는 좌식 수련'**: Richard Davidson, Healthy Minds Program app, Healthy Minds Innovations, https:// hminnovations .org /meditation -app.

Page 165 **무료 트랙**: Healthy Minds Innovations, "Wishing Your Loved Ones Well: Seated Practice," SoundCloud, 2021, https:// soundcloud .com /user -984650879 /wishing -your -loved -ones -well -seated -practice.

Page 165 **'당신이 고난을 덜 겪기를'**: Healthy Minds Innovations, "Wishing Your Loved Ones Well."

Page 165 **세상에서 가장 행복한 사람이라고 불리는 리카르**: "매튜 리카르_{Matthieu Ricard}와의 인터뷰," interview by Taking Charge of Your Health & Wellbeing, University of Minnesota, 2016, https:// www .takingcharge .csh .umn .edu /interview -matthieu -ricard.

Page 166 **"우리는 그것을 다른 방식으로 보아야 한다고 생각한다."**: 리카르, "인터뷰."

Page 166 **'자신에게 지나치게 집중하지 않는 것'**: 리카르, 인터뷰.

Page 166 **일부 연구자들은 공감의 고통이**: Dorian Peters and Rafael Calvo, "Compassion vs. Empathy," *Interactions* 21, no. 5 (2014): 48 – 53, https:// doi .org /10 .1145 /2647087; and Jennifer L. Goetz, Dacher Keltner, and Emiliana Simon-Thomas, "Compassion: An Evolutionary Analysis and Empirical Review," *Psychological Bulletin* 136, no. 3 (2010): 351 – 74, https:// doi .org /10 .1037 /a0018807.

Page 166 **연민으로 나아갈 가능성이 작고**: Peters and Calvo, "Compassion vs.

Empathy" and Goetz et al., "Compassion."

Page 168 연구에 따르면 타인의 행운을 축하할 때 우리 뇌의 보상 체계가 활성화되며: McGonigal, "Seeing Other People's Joy."

Page 168 "이 감정이 나의 것인가": 브룩 닐슨Brooke Nielsen, 저자와 인터뷰, June 4, 2021.

Page 170 "몸을 따뜻하게 할 수 있는 것들을 가지고 다니세요.": 혼, 인터뷰

Page 171 난생처음으로: 혼, 인터뷰

Page 172 '급하게 가는 것을 멈추도록': 혼, 인터뷰

Page 172 "매우 예민한 사람들은 모든 것을 깊이 처리해요.": Horne, "Sensitive and Burned Out?"

6장 예민함 사람들의 인간관계와 사랑

Page 175 "성가신 아이였어요.": Brian R. Johnston and Sarah Johnston, 저자와 인터뷰, August 12, 2021.

Page 175 두 사람은 고등학교 때부터 알았지만: Brian R. Johnston, "My High Sensitivity Saved My Marriage. But First, It Almost Ruined It," Highly Sensitive Refuge, November 4, 2020, https:// highlysensitiverefuge .com /my -high -sensitivity -saved -my -marriage/.

Page 176 "가장 로맨틱한 남자는 아닐지 모르지만": 존 부부Johnston and Johnston, 인터뷰.

Page 176 '인스턴트 가족': 존 부부, 인터뷰.

Page 176 "그녀는 당장 문제를 해결하고 싶어 하는 사람이에요.": 존 부부, 인터뷰.

Page 176 '완전히 다르며': 존 부부, 인터뷰.

Page 177 "남자들은 예민해서는 안 됩니다.": 존 부부, 인터뷰.

Page 179 예민성 전문가인 일레인 아론: 일레인 아론Elain Aron, 《타인보다 민감한 사람의 사랑The Highly Sensitive Person in Love: Understanding and Managing Relationships When the World Overwhelms You》 (New York: Harmony Books, 2016).

Page 179 '지루함'과 '틀에 박힌 생활': 아론, 《타인보다 민감한 사람의 사랑》

Page 179 "친밀한 관계에서 지루함을 느낄 때": 아론, 《타인보다 민감한 사람의 사랑》

Page 182 가장 최근 미국인의 관점 조사에 따르면: Daniel A. Cox, "The State of

American Friendship: Change, Challenges, and Loss," Survey Center on American Life, June 8, 2021, https:// www .americansurveycenter .org /research /the -state -of -american -friendship -change -challenges -and -loss/.

Page 183 끈끈한 관계는 우리가 더 오래 살고: Julianne Holt-Lunstad, Timothy B. Smith, and J. Bradley Layton, "Social Relationships and Mortality Risk: A Meta-Analytic Review," PLoS Medicine 7, no. 7 (2010), https:// doi .org /10 .1371 /journal .pmed .1000316.

Page 183 병으로부터 더 빨리 회복하도록 하며: Office of Public Affairs, "Seven Reasons Why Loving Relationships Are Good for You," University of Utah, February 14, 2017, https:// healthcare .utah .edu /healthfeed / postings /2017 /02 /relationships .php.

Page 183 더 행복하고 생산적으로 일하도록 하는 것과 같은 많은 이점을 가지고 있다: Johnny Wood, "Why Workplace Friendships Can Make You Happier and More Productive," World Economic Forum, November 22, 2019, https:// www .weforum .org /agenda /2019 /11 /friends -relationships -work -productivity -career/.

Page 183 하버드 의대는 사회적 관계가: "The Health Benefits of Strong Relationships," Harvard Health Publishing, November 22, 2010, https:// www .health .harvard .edu /staying -healthy /the -health -benefits -of -strong -relationships.

Page 183 연구는 인간관계가 우리 삶에서 가장 가치 있는 것이라고 결론지었다: Margaret S. Clark, Aaron Greenberg, Emily Hill, Edward P. Lemay, Elizabeth Clark-Polner, and David Roosth, "Heightened Interpersonal Security Diminishes the Monetary Value of Possessions," Journal of Experimental Social Psychology 47, no. 2 (2011): 359–64, https:// doi .org /10 .1016 /j .jesp .2010 .08 .001.

Page 184 남수단에서는: "War and Peace and Cows," presented by Noel King and Gregory Warner, Planet Money, NPR, November 15, 2017, https:// www .npr .org /transcripts /563787988.

Page 184 **하지만 사회 심리학자인 엘리 핀켈은:** 엘리 핀켈Eli J. Finkel, 《괜찮은 결혼 - 결혼의 양극화에 대한 사회심리학The All-or-Nothing Marriage: How the Best Marriages Work》 (New York: Dutton, 2017); 엘리 핀켈, "결혼의 양극화The All-or-Nothing Marriage," 《뉴욕 타임스New York Times》, February 14, 2014, https:// www.nytimes.com/2014/02/15/opinion/sunday/the-all-or-nothing-marriage.html.

Page 185 **피노는 껍질이 얇고:** 〈사이드웨이Sideways〉, directed by Alexander Payne (Fox Searchlight Pictures, 2004), DVD.

Page 188 **연구자들은 부부의 갈등이 전투 스트레스와 같은 생리적 효과를 가지며:** 존 가트맨John Gottman, 《결혼 클리닉The Marriage Clinic: A Scientifically-Based Marital Therapy》 (New York: Norton, 1999), B. J. 앳킨슨B. J. Atkinson, 《커플 치료에서의 정서 지능Emotional Intelligence in Couples Therapy: Advances in Neurobiology and the Science of Intimate Relationships》 (New York: Norton, 2005).

Page 189 **"남편과 의견이 다를 때":** Megan Griffith, "How to Survive a Fight with Your Partner When You're the Sensitive One," Highly Sensitive Refuge, February 19, 2020, https:// highlysensitiverefuge .com /how -to -survive -a -fight -with -your -partner -when -youre -the -sensitive -one/.

Page 189 **갈등을 피하면 분명 깊은 관계가 제한된다:** 에이프릴 스노우April Snow, 이메일 답장, September 1, 2021.

Page 189 **"상대방은":** 스노우, 이메일 답장

Page 190 **"어려운 순간들을 통해 문제 해결 방법을 배우고":** 스노우, 이메일 답장

Page 191 **갈등 연구소의 빌 에디:** 윌리암 A. 에디William A. Eddy, 《모든 것에 대해 잘못을 떠넘기는 사람들을 상대하는 열두 가지 팁It's All Your Fault!: 12 Tips for Managing People Who Blame Others for Everything》 (San Diego: High Conflict Institute Press, 2008).

Page 192 **30년 동안 임상 심리학자로:** 리사 파이어스톤Lisa Firestone, "4 Ways to Say (and Get) What You Want in Your Relationship," 《사이컬러지 투데이》, December 11, 2015, https:// www .psychologytoday .com /us /blog / compassion -matters /201512 /4 -ways -say -and -get -what -you

-want -in -your -relationship.

Page 192   "솔직하고 직접적으로 당신이 원하는 것에 대해 말하면": Firestone, "4 Ways to Say."

Page 193   자신이 원하는 것을 진정성 있게 표현해야 한다: Firestone, "4 Ways to Say."

Page 194   취약성은 최근 연구자들로부터 많은 관심을 받고 있다: 브레네 브라운Brenée Brown, 《마음 가면Daring Greatly: How the Courage to Be Vulnerable Transforms the Way We Live, Love, Parent, and Lead》 (New York: Gotham Books, 2012).

Page 194   '다듬어지지 않은 구석과 인간의 불완전함': 로버트 글로버Robert Glover, 《잘난 놈 심리학No More Mr. Nice Guy: A Proven Plan for Getting What You Want in Love, Sex, and Life》 (Philadelphia: Running Press, 2017).

Page 194   취약함은 예술가가 자신이 만든 예술을 진정으로 공유할 때 느낄 수 있는 유일한 방법이다: 세스 고딘, 휴 매클라우드Seth Godin, Hugh MacLeod, 《컴포트존 밖의 삶V Is for Vulnerable: Life Outside the Comfort Zone》 (New York: Penguin, 2012).

Page 196   "매우 예민한 사람에게 물어보면": Deborah Ward, "The HSP Relationship Dilemma: Are You Too Sensitive or Are You Neglecting Yourself?" 《사이컬러지 투데이》, February 2, 2018, https:// www .psychologytoday .com /us /blog /sense -and -sensitivity /201802 /the -hsp -relationship -dilemma.

Page 197   먼저, 당신이 원하는 것이나 상대방이 지키길 바라는 경계를 매우 명확히 해야 한다: Sharon Martin, "How to Set Boundaries with Toxic People," Live Well with Sharon Martin, December 14, 2017, https:// www .livewellwithsharonmartin .com /set -boundaries -toxic -people/.

Page 198   "저는 사람들이 오랫동안 무례함과 부당한 대우를 받아들이면서": 샤론 마틴Sharon Martin, 이메일 답장, April 3, 2022.

Page 198   그래서 '애정 어린 분리'라는 방법이 도움이 될 수 있다: Martin, "Boundaries with Toxic People."

Page 199   "나르시시스트이고 남에게 해를 끼치는 사람들은": 마틴, 이메일 답장

Page 200   '극단적인 끝': 존 부부, 인터뷰

Page 213 "이런 문화에서 남성은 예민한 사람이 되기 매우 어렵다.": Elaine Aron, "For Highly Sensitive Teenagers," part 1, "Feeling Different," The Highly Sensitive Person, February 28, 2008, https:// hsperson .com /for -highly -sensitive -teenagers -feeling -different/.

Page 214 예민한 사람들은 해롭고 부정적인 환경에서 다른 사람들보다 더 많은 고통을 겪는다: 비앙카 아세베도Bianca Acevedo, 《매우 민감한 뇌The Highly Sensitive Brain: Research, Assessment, and Treatment of Sensory Processing Sensitivity》 (San Diego: Academic Press, 2020).

Page 214 카엘리차에서 수행된 연구를 예로 들어보자: Barak Morgan, Robert Kumsta, Pasco Fearon, Dirk Moser, Sarah Skeen, Peter Cooper, Lynne Murray, Greg Moran, and Mark Tomlinson, "Serotonin Transporter Gene (SLC6A4) Polymorphism and Susceptibility to a Home-Visiting Maternal-Infant Attachment Intervention Delivered by Community Health Workers in South Africa: Reanalysis of a Randomized Controlled Trial," PLOS Medicine 14, no. 2 (2017): e1002237, https:// doi .org /10 .1371 /journal .pmed .1002237.

Page 216 예민성 연구자인 마이클 플루에스는: Michael Pluess, Stephanie A. De Brito, Alice Jones Bartoli, Eamon McCrory, Essi Viding, "Individual Differences in Sensitivity to the Early Environment as a Function of Amygdala and Hippocampus Volumes: An Exploratory Analysis in 12-Year-Old Boys," Development and Psychopathology (2020): 1–10, https:// doi .org /10 .1017 /S0954579420001698.

Page 216 메릴랜드 대학의 한 연구는: Brandi Stupica, Laura J. Sherman, and Jude Cassidy, "Newborn Irritability Moderates the Association Between Infant Attachment Security and Toddler Exploration and Sociability," Child Development 82, no. 5 (2011): 1381–89, https:// doi .org /10 .1111 /j .1467 -8624 .2011 .01638 .x.

Page 216 소아과 의사: W. 토마스 보이스W. Thomas Boyce, 《난초와 민들레-일부 어린이가 어려움을 겪는 이유와 모든 어린이가 성공할 수 있는 방법The Orchid and the Dandelion: Why Some Children Struggle and How All Can Thrive*》(New York: Alfred A. Knopf, 2019).

Page 220 "아이들은 진정하는 데 어려움을 겪으면서": Maureen Gaspari, "Discipline Strategies for the Sensitive Child," The Highly Sensitive Child, August 28, 2018, https:// www .thehighlysensitivechild .com /discipline -strategies -for -the -sensitive -child/.

Page 220 교육 및 양육 환경의 예민함에 대한 연구에서: Monika Baryła-Matejczuk, Małgorzata Artymiak, Rosario Ferrer-Cascales, and Moises Betancort, "The Highly Sensitive Child as a Challenge for Education: Introduction to the Concept," *Problemy Wczesnej Edukacji* 48, no. 1 (2020): 51–62, https:// doi .org /10 .26881 /pwe .2020 .48 .05.

Page 221 "예민한 아이들은 자신을 훈육하는 부모처럼 행동하는 경향이 있어요.": Amanda Van Mulligen, "Why Gentle Discipline Works Best with the Highly Sensitive Child," Highly Sensitive Refuge, March 27, 2019, https:// highlysensitiverefuge .com /highly -sensitive -child -gentle -discipline/.

Page 222 모니카는 부모와 선생님들에게 아이가 수치심을 느끼는 상황에 빠뜨리지 말라고 조언한다: Baryła-Matejczuk, "Challenge for Education."

Page 225 "저는 완벽하지 않아요.": Gaspari, "Discipline Strategies."

Page 229 한 연구는 예민한 사람들이 다른 사람들보다 감정 조절 능력이 떨어진다는 것을 발견했다: Kimberley Brindle, Richard Moulding, Kaitlyn Bakker, and Maja Nedeljkovic, "Is the Relationship Between Sensory-Processing Sensitivity and Negative Affect Mediated by Emotional Regulation?," *Australian Journal of Psychology* 67, no. 4 (2015): 214–21, https:// doi .org /10 .1111 /ajpy .12084.

Page 230 심리학자 존 가트맨에 따르면: 존 가트맨John Gottman, 린 파인실버 카츠Lynn Fainsilber Katz, 캐롤 후븐Carole Hooven, 《초감정: 가족이 정서적으로 대화하는 방법Meta-Emotion: How Families Communicate Emotionally》(New York: Routledge, 2013).

Page 232 여자아이들은 특정 감정들이 받아들여지지 않는다는 것을: G. Young, and

J. Zeman, "Emotional Expression Management and Social Acceptance in Childhood," poster presented at Society for Research in Child Development, Tampa, FL, April 2003.

Page 233 자료에 따르면 부모들은 아들보다 딸과 감정에 대해 더 많이 이야기한다: Susan Adams, Janet Kuebli, Patricia A. Boyle, and Robyn Fivush, "Gender Differences in Parent-Child Conversations About Past Emotions: A Longitudinal Investigation," *Sex Roles* 33 (1995): 309-23, https:// link .springer .com /article /10 .1007 /BF01954572.

Page 233 특히 딸들과 슬픔을 나누는 것을 편안하게 여긴다: Robyn Fivush, "Exploring Sex Differences in the Emotional Context of Mother-Child Conversations About the Past," *Sex Roles* 20 (1989): 675-91, https:// link .springer .com /article /10 .1007 /BF00288079.

Page 233 아들은 체벌 양육을 겪고 부모의 분노 표시 외에는 감정과 관련한 대화를 거의 하지 못할 가능성이 높다: Susanne A. Denham, Susan Renwick-DeBardi, and Susan Hewes, "Affective Communication Between Mothers and Preschoolers: Relations with Social Emotional Competence," *Merrill-Palmer Quarterly* 40 (1994): 488-508, www .jstor .org /stable /23087919.

Page 233 모든 아이는 감정을 무시하는 부모의 양육법에 의해 피해를 당하지만, 연구자들은 남자아이들이 특히 이에 취약하다는 것을 발견했다: Young and Zeman, "Emotional Expression Management" Adams et al., "Gender Differences in Parent-Child Conversations" Fivush, "Exploring Sex Differences" and Denham et al., "Mothers and Preschoolers."

Page 233 연구자들은 감정을 알아차리고: Peter A. Wyman, Wendi Cross, C. Hendricks Brown, Qin Yu, Xin Tu, and Shirley Eberly, "Intervention to Strengthen Emotional Self-Regulation in Children with Emerging Mental Health Problems: Proximal Impact on School Behavior," *Journal of Abnormal Child Psychology* 38, no. 5 (2010): 707-20, https:// doi .org /10 .1007 /s10802 -010 -9398 -x.

8장 예민한 사람들의 업무 능력

Page 241　설문 조사에 따르면: Bhavini Shrivastava, "Identify and Unleash Your Talent," BCS, The Chartered Institute for IT, July 24, 2019, https:// www .bcs .org /articles -opinion -and -research /identify -and -unleash -your -talent/.

Page 247　만약 나 자신이 문제가 있다고 믿는다면: Linda Binns, "Why Your Workplace Doesn't Value HSPs—and How to Change That," Highly Sensitive Refuge, October 11, 2021, https:// highlysensitiverefuge .com /why -your -workplace -doesnt -value -hsps -and -how -to -change -that/.

Page 247　"자신을 이런 식으로 보면 자신감이 생기고": Binns, "Workplace Doesn't Value HSPs."

Page 248　"그들은 의미를 찾으며, 의미를 느끼지 못하는 일은 선뜻 하지 못한다.": Anne Marie Crosthwaite, "I Am a Highly Sensitive Person. Here's What I Wish More People Knew About HSPs," MindBodyGreen, August 4, 2017, https:// www .mindbodygreen .com /articles /i -am -a -highly -sensitive -person -heres -what -i -wish -more -people -knew -about -hsps/.

Page 248　경영 컨설팅 회사 맥킨지의 연구에 따르면: Naina Dhingra, Andrew Samo, Bill Schaninger, and Matt Schrimper, "Help Your Employees Find Purpose—or Watch Them Leave," McKinsey & Company, April 5, 2021, https:// www .mckinsey .com /business -functions /people -and -organizational -performance /our -insights /help -your -employees -find -purpose -or -watch -them -leave.

Page 248　추산에 따르면 의미 있는 업무는: Shawn Achor, Andrew Reece, Gabriella Kellerman, and Alexi Robichaux, "9 out of 10 People Are Willing to Earn Less Money to Do More-Meaningful Work," *Harvard Business Review*, November 6, 2018, https:// hbr .org /2018 /11 /9 -out -of -10 -people -are -willing -to -earn -less -money -to -do -more -meaningful -work.

Page 248 **기업은 만족하는 직원을 더 오래 고용하여**: Reece, "Meaning and Purpose at Work."

Page 250 **"배우들은 대체로"**: Jennifer Aniston, "Nicole Kidman Steps into Spring," *Harper's Bazaar*, January 5, 2011, https:// www .harpersbazaar .com /celebrity /latest /news /a643 /nicole -kidman -interview -0211/.

Page 251 **돌리 파튼**: Lauren Effron, "Dolly Parton Opens Up About Song Inspirations, Being 'Aunt Dolly' to Female Country Artists and Those Tattoos," *ABC News*, November 11, 2019, https:// abcnews .go .com /Entertainment /dolly -parton -opens -song -inspirations -aunt -dolly -female /story ?id = 66801989.

Page 251 **로드**: Rob Haskell, "Good Lorde! Behind the Blissed-Out Comeback of a Pop Iconoclast," 『보그*Vogue*』, September 8, 2021, https:// www .vogue .com /article /lorde -cover -october -2021.

Page 251 **엘튼 존**: Tatiana Siegel, " 'Rocketman' Takes Flight: Inside Taron Egerton's Transformation into Elton John (and, He Hopes, a Major Star)," *Hollywood Reporter*, May 6, 2019, https:// www .hollywoodreporter .com /movies /movie -features /rocketman -takes -taron -egertons -transformation -elton -john -1207544/.

Page 251 **요요마**: Carolyn Gregoire, "Why So Many Artists Are Highly Sensitive People," 《허프포스트*HuffPost*》, December 28, 2015, https:// www .huffpost .com /entry /artists -sensitive -creative _n _567f02dee4b0b958f6598764 ?u4ohia4i=.

Page 251 **앨라니스 모리셋**: 〈민감함: 알려지지 않은 이야기*Sensitive: The Untold Story*〉, directed by Will Harper (Global Touch Group, Inc., 2015), DVD.

Page 251 **브루스 스프링스틴**: Bruce Springsteen, "Bruce Springsteen: On Jersey, Masculinity and Wishing to Be His Stage Persona," interview by Terry Gross, Fresh Air, NPR, October 5, 2016, https:// www .npr .org /2016 /10 /05 /496639696 /bruce -springsteen -on -jersey -masculinity -and -wishing -to -be -his -stage -persona.

Page 251 **창의적인 사람들은 모순적으로 보이는 몇 가지 특성을 가지고 있다**: 스콧 배
리Scott Barry, 캐롤린 그레고어Carolyn Gregoire, 《창의성을 타고나다Wired to Create:
Unraveling the Mysteries of the Creative Mind》(New York: TarcherPerigee, 2016).

Page 251 **"창의적인 사람들이 가진 개방성과 예민성은 고통뿐 아니라 많은 즐거움을**
불러옵니다.": 배리, 그레고어, 《창의성을 타고나다》

Page 251 **저자인 배리 예거는**: 배리 예거Barrie Jaeger, 《매우 민감한 사람을 위한 직업
Making Work for the Highly Sensitive Person》(New York: McGraw-Hill, 2004).

Page 254 **칼 뉴포트는**: 칼 뉴포트Cal Newport, 저자와 인터뷰, April 29, 2021.

Page 254 **우리의 수렵 채집 뇌가 겁을 먹기 시작한다고 말한다**: 뉴포트, 인터뷰

Page 255 **하이브 마인드 활동과잉**: 뉴포트, 인터뷰

Page 255 **"이건 재앙입니다."**: 뉴포트, 인터뷰

Page 255 **예민한 사람들에게는**: 뉴포트, 인터뷰

Page 258 **"불가능하다고 생각했던 일들이 일어났습니다."**: 뉴포트, 인터뷰

Page 258 **에이미 브제스니브스키 교수는 무엇이 일을 의미 있게 만드는지 알아보고자**:
David Zax, "Want to Be Happier at Work? Learn How from These 'Job
Crafters,'" *Fast Company*, June 3, 2013, https:// www .fastcompany
.com /3011081 /want -to -be -happier -at -work -learn -how -from
-these -job -crafters.

Page 259 **브제스니브스키는 평범한 일을 의미 있는 일로 바꾸는 기술인 '잡 크래프팅'**
을 개발했다: Amy Wrzesniewski and Jane E. Dutton, "Crafting a Job:
Revisioning Employees as Active Crafters of Their Work," *Academy
of Management Review* 26, no. 2 (2001): 179–201, https:// doi .org /10
.5465 /amr .2001 .4378011; and Justin M. Berg, Jane E. Dutton, and
Amy Wrzesniewski, "Job Crafting and Meaningful Work," in Purpose
and Meaning in the Workplace, ed. Bryan J. Dik, Zinta S. Byrne, and
Michael F. Steger (Washington, DC: American Psychological Association,
2013).

Page 259 **이후로 수많은 연구를 통해**: Rebecca Fraser-Thill, "The 5 Biggest Myths
About Meaningful Work," Forbes, August 7, 2019, https:// www
.forbes .com /sites /rebeccafraserthill /2019 /08 /07 /the -5 -biggest

-myths -about -meaningful -work / ?sh = 7cda524770b8; Catherine Bailey, "What Makes Work Meaningful—or Meaningless," *MIT Sloan Management Review*, June 1, 2016, https:// sloanreview .mit .edu / article /what -makes -work -meaningful -or -meaningless/; Amy Wrzesniewski, Nicholas LoBuglio, Jane E. Dutton, and Justin M. Berg, "Job Crafting and Cultivating Positive Meaning and Identity in Work," Advances in Positive Organizational Psychology (2013): 281–302, https:// doi .org /10 .1108 /s2046 -410x (2013)0000001015; Wrzesniewski and Dutton, "Crafting a Job" and Justin M. Berg, Amy Wrzesniewski, and Jane E. Dutton, "Perceiving and Responding to Challenges in Job Crafting at Different Ranks: When Proactivity Requires Adaptivity," Journal of Organizational Behavior 31, no. 2–3 (2010): 158–86, https:// doi .org /10 .1002 /job .645.

Page 259 **잡 크래프팅이 사무직부터 숙련된 전문직, 심지어 스트레스를 많이 받는 CEO에게도 효과가 있다는 것이**: Berg et al., "Challenges in Job Crafting."

Page 260 **잡 크래프팅이 효과적인 이유는**: Tom Rath, "Job Crafting from the Outside In," *Harvard Business Review*, March 24, 2020, https:// hbr .org /2020 /03 /job -crafting -from -the -outside -in; and Wrzesniewski and Dutton, "Crafting a Job," 187, 193–194.

Page 260 **잡 크래프팅은 성과를 향상시키기 때문에, 변화를 인식한 상사들은**: Cort W. Rudolph, Ian M. Katz, Kristi N. Lavigne, and Hannes Zacher, "Job Crafting: A Meta-Analysis of Relationships with Individual Differences, Job Characteristics, and Work Outcomes," Journal of Vocational Behavior 102 (2017): 112–38, https:// doi .org /10 .1016 /j .jvb .2017 .05 .008.

Page 260 **연구자들이 잡 크래프팅의 성공과 성격 특성을 비교한 결과, 공감, 정서 지능, 호감, 양심 등 예민한 사람들에게 공통적으로 나타나는 특성과 상관관계가 있음을 발견했다**: Alessio Gori, Alessandro Arcioni, Eleonora Topino, Letizia Palazzeschi, and Annamaria Di Fabio, "Constructing Well-Being in Organizations: First Empirical Results on Job Crafting,

Personality Traits, and Insight," *International Journal of Environmental Research and Public Health* 18, no. 12 (2021): 6661, https:// doi .org /10 .3390 /ijerph18126661.

Page 260 잡 크래프팅의 일부분은 자신의 일에 대한 인식을 바꾸고 그 일이 더 높은 목적과 연결될 수 있는 방법을 찾는 것을 의미한다: Wrzesniewski and Dutton, "Crafting a Job" and Berg et al., "Job Crafting and Meaningful Work."

Page 260 '인지 크래프팅'이라고 불리는 잡 크래프팅에는: Wrzesniewski and Dutton, "Crafting a Job" and Berg et al., "Job Crafting and Meaningful Work," pp. 89–92.

Page 261 예를 들어 간호사의 직업은: Wrzesniewski and Dutton, "Crafting a Job," 185–86.

Page 262 과업 크래프팅: Wrzesniewski and Dutton, "Crafting a Job" and Berg et al., "Job Crafting and Meaningful Work," 86–87.

Page 263 연구에 따르면 직장에서 의미 있는 관계를 갖는 것은 직업 만족도에 있어 중요한 요소 중 하나이며: L. Meyers, "Social Relationships Matter in Job Satisfaction," *American Psychological Association* 38, no. 4 (2007), https:// www .apa .org /monitor /apr07 /social.

Page 263 관계 크래프팅: Wrzesniewski and Dutton, "Crafting a Job" and Berg et al., "Job Crafting and Meaningful Work," 87–89.

Page 264 직급에 따라 접근 방식을 달리해야 한다: Berg et al., "Challenges in Job Crafting."

Page 265 칼 뉴포트에 따르면: 뉴포트, 인터뷰

9장 예민함이 필요한 사회

Page 269 최악의 공황 중 하나인: "The Bank War," presented by Jacob Goldstein and Robert Smith, *Planet Money*, NPR, March 24, 2017, https:// www .npr .org /transcripts /521436839; and Martin A. Armstrong, "Panic of 1837," Armstrong Economics, Princeton Economic Institute, n.d., https:// www .armstrongeconomics .com /panic -of -1837/.

Page 269 또 다른 장기 대공황은: Wikipedia, s.v. "Long Depression," updated December 13, 2020, https:// en .wikipedia .org /wiki /Long _ Depression.

Page 269 "굶어 죽느니 총알에 맞아 죽는 편이 낫다.": U.S. Department of the Interior, National Park Service, "The Baltimore and Ohio Railroad Martinsburg Shops," National Historical Landmark Nomination document, July 31, 2003, 41, https:// npgallery .nps .gov /pdfhost / docs /NHLS /Text /03001045 .pdf.

Page 270 잘 알려지지 않은 노동 운동가: "Her Life: The Woman Behind the New Deal," Frances Perkins Center, 2022, http:// francesperkinscenter .org /life -new/.

Page 270 하지만 그녀는 입각을 위해 조건을 내걸었다: "Her Life."

Page 270 루스벨트 대통령은 그녀가 내건 조건에 동의했고: "Her Life."

Page 271 그녀의 손자 톰린: Tomlin Perkins Coggeshall, founder of the Frances Perkins Center, interview with authors via Zoom, September 16, 2021.

Page 271 "정부에게 중요한 것은 국민이며": 프랜시스 퍼킨스Frances Perkins, J. 폴 St. 슈어J. Paul St. Sure, 《미국 노동 정책에 대한 두 가지 관점Two Views of American Labor》 (Los Angeles: Institute of Industrial Relations, University of California, 1965), 2.

Page 271 우리는 이제 뉴딜 정책이: Brian Dunleavy, "Did New Deal Programs Help End the Great Depression?," History, September 10, 2018, https:// www .history .com / .amp /news /new -deal -effects -great -depression.

Page 272 낮은 지위와 높은 지위: 키스 존스톤Keith Johnstone, 어빙 워들Irving Wardle, 《즉흥연기- 연기와 숨어있는 상상력에 관한 이야기Impro: Improvisation and the Theatre》 (New York: Bloomsbury Academic, 2019).

Page 272 극작가인 키스 존스톤: 존스톤, 《즉흥연기》.

Page 273 상황에 따라 지위가 바뀌며: Assael Romanelli, "The Key to Unlocking the Power Dynamic in Your Life," 《사이컬러지 투데이》, November 27, 2019, https:// www .psychologytoday .com /us /blog /the -other

-side -relationships /201911 /the -key -unlocking -the -power
-dynamic -in -your -life.

Page 273 수전 케인은 여성과 내향적인 사람들은 낮은 지위와 관련된 방식으로 소통하는 경향이 있다고 지적했다: Susan Cain, "7 Tips to Improve Communication Skills," April 20, 2015, https:// susancain .net /7 -ways -to -use -powerless -communication /#.

Page 274 다니엘 골먼과 연구원들은 보스턴에 있는 한 병원으로 눈길을 돌렸다: Daniel Goleman and Richard E. Boyatzis, "Social Intelligence and the Biology of Leadership," *Harvard Business Review*, October 31, 2016, https:// hbr .org /2008 /09 /social -intelligence -and -the -biology -of -leadership.

Page 274 "두 분 다 훌륭한 의사로 각기 학과장이었고": Goleman and Boyatzis, "Social Intelligence."

Page 275 "효과적으로 리더십을 발휘하려면": Goleman and Boyatzis, "Social Intelligence."

Page 276 한 연구에 따르면 공감하는 리더는 직장에서 더 높은 수준의 혁신과 참여, 협력을 불러일으킨다: Tracy Brower, "Empathy Is the Most Important Leadership Skill According to Research," 《포브스*Forbes*》, September 19, 2021, https:// www .forbes .com /sites /tracybrower /2021 /09 /19 / empathy -is -the -most -important -leadership -skill -according -to -research / ?sh = 15d7a3453dc5.

Page 276 공감 능력이 뛰어난 리더는 주변 상황을 빠르게 읽고: Eric Owens, "Why Highly Sensitive People Make the Best Leaders," Highly Sensitive Refuge, March 4, 2020, https:// highlysensitiverefuge .com /why -highly -sensitive -people -make -the -best -leaders/.

Page 276 한국계 미국인 언론인 유니 홍은: Adrienne Matei, "What Is 'Nunchi,' the Korean Secret to Happiness?," *Guardian*, November 11, 2019, https:// www .theguardian .com /lifeandstyle /2019 /nov /11 /what -is -nunchi -the -korean -secret -to -happiness.

Page 276 "한국 아이들은": Matei, "What Is 'Nunchi'?"

예민함의 힘

Page 277 하버드 경영대학원의 에이미 커디와 연구진은 다양한 유형의 리더들의 효과를 조사한 결과: Emma Seppäaläa, "The Hard Data on Being a Nice Boss," *Harvard Business Review*, November 24, 2014, https:// hbr .org /2014 /11 /the -hard -data -on -being -a -nice -boss.

Page 277 그들은 어떤 것이 효과적이고 효과적이지 않는지를 판단하기 위해 모든 세부 사항을 분석하며, 필요에 따라 적응하고 발전할 가능성이 더 높다: Owens, "Make the Best Leaders."

Page 285 "예민한 당신은 사회의 정신적, 도덕적 리더이자 조언자, 사상가로 태어났어요.": 일레인 아론Elaine Aron, 《타인보다 더 민감한 사람The Highly Sensitive Person: How to Thrive When the World Overwhelms You》 (New York: Broadway Books, 1998).

Page 287 "아버지도 대부분의 사람들과 마찬가지로 예민함은 나약함을 드러내는 것이고": Brittany Blount, "Being an HSP Is a Superpower—but It's Almost Impossible to Explain It," Highly Sensitive Refuge, March 4, 2019, https:// highlysensitiverefuge .com /highly -sensitive -person -hsp -superpower/.

Page 288 슈퍼맨이 어떻게 멀리서 아주 작은 핀이 떨어지는 소리를 들을 수 있는지 아나요?: Blount, "Being an HSP Is a Superpower."

Page 288 "나는 네 말을 믿는다.": Blount, "Being an HSP Is a Superpower."

Page 289 '가스라이팅'이라는 용어는: Brian Duignan, "Gaslighting," *Encyclopedia Britannica*, n.d., https:// www .britannica .com /topic /gaslighting.

Page 290 나르시시스트는 "당신은 과민 반응하고 있다."는 말을 통해 당신을 비이성적이거나 지나치게 감정적인 사람으로 몰아붙일 수 있다: Julie L. Hall, "When Narcissists and Enablers Say You're Too Sensitive," 《사이컬러지 투데이Psychology Today》, February 21, 2021, https:// www .psychologytoday .com /us /blog /the -narcissist -in -your -life /202102 /when -narcissists -and -enablers -say -youre -too -sensitive.

Page 291 사람들이 이런 말을 할 때: Hall, "Narcissists and Enablers."

Page 295 '더 강인한 유형의 사람들이 위험이 있다는 것을 깨닫기 훨씬 전에': Kurt Vonnegut, "Physicist, Heal Thyself," 《시카고 트리뷴》, June 22, 1969.

KI신서 11114

예민함의 힘

1판 1쇄 인쇄 2023년 8월 23일
1판 1쇄 발행 2023년 8월 30일

지은이 젠 그랜만, 안드레 솔로
옮긴이 고영훈
펴낸이 김영곤
펴낸곳 (주)북이십일 21세기북스

콘텐츠개발본부이사 정지은
정보개발팀장 이리현
정보개발팀 이수정 강문형 박종수
해외기획실 최연순
본문 디자인 푸른나무디자인
표지 디자인 MOON-C design
교정교열 이보라
출판마케팅영업본부장 한충희
마케팅1팀 남정한 한경화 김신우 강효원
출판영업팀 최명열 김다운 김도연
제작팀 이영민 권경민

출판등록 2000년 5월 6일 제406-2003-061호
주소 (10881) 경기도 파주시 회동길 201(문발동)
대표전화 031-955-2100 **팩스** 031-955-2151 **이메일** book21@book21.co.kr

ⓒ 젠 그랜만, 안드레 솔로, 2023
ISBN 979-11-7117-069-2 03180

(주)북이십일 경계를 허무는 콘텐츠 리더

21세기북스 채널에서 도서 정보와 다양한 영상자료, 이벤트를 만나세요!
페이스북 facebook.com/jiinpill21 **포스트** post.naver.com/21c_editors
인스타그램 instagram.com/jiinpill21 **홈페이지** www.book21.com
유튜브 youtube.com/book21pub